“十三五”国家重点出版物出版规划项目

中国经济治略丛书

福建省社会科学研究基地
FuJian Social Science Research Base

本成果受福建省社科研究基地——福建江夏学院金融风险管理研究中心
与福建江夏学院国家社科基金培育项目（JXS2020005）经费支持。

中国高技术产业核心竞争力研究

Research on Core Competitiveness of China’s High-Tech Industry

陈 伟 著

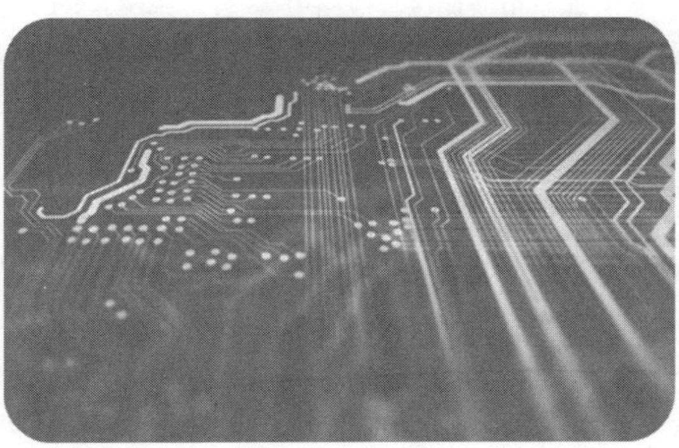

中国财经出版传媒集团
经济科学出版社
Economic Science Press

图书在版编目（CIP）数据

中国高技术产业核心竞争力研究/陈伟著. —北京：经济科学出版社，2021.3
（中国经济治略丛书）
ISBN 978-7-5218-2422-3

Ⅰ.①中… Ⅱ.①陈 Ⅲ.①高技术产业-竞争力-研究-中国 Ⅳ.①F279.244.4

中国版本图书馆 CIP 数据核字（2021）第 039994 号

责任编辑：王红英
责任校对：王苗苗
责任印制：范 艳 张佳裕

中国高技术产业核心竞争力研究
陈 伟 著
经济科学出版社出版、发行 新华书店经销
社址：北京市海淀区阜成路甲 28 号 邮编：100142
总编部电话：010-88191217 发行部电话：010-88191522
网址：www.esp.com.cn
电子邮箱：esp@esp.com.cn
天猫网店：经济科学出版社旗舰店
网址：http://jjkxcbs.tmall.com
北京季蜂印刷有限公司印装
710×1000 16 开 14 印张 250000 字
2021 年 5 月第 1 版 2021 年 5 月第 1 次印刷
ISBN 978-7-5218-2422-3 定价：49.00 元

前 言

高技术产业是“从0到1”的原始创新，以及“从1到N”创新扩散的重要载体。全球经济处于“核心技术封锁”“贸易逆全球化”等多重叠加动荡期的现实背景下，我国提出“制造强国”战略，一系列决定高技术产业发展的核心竞争力问题亟待解决，如什么是高技术产业核心竞争力？高技术产业核心竞争力形成机制与影响机制遵循什么样的经济学逻辑？我国高技术产业核心竞争力真实水平如何？不同产业、不同地区高技术产业核心竞争力内部存在怎样的关联性，外部因素影响效应如何？高技术产业核心竞争力的形成路径、保障制度是什么？本书基于投入产出分析视角，对上述问题进行讨论。

高技术产业核心竞争力形成机制与影响机制遵循波特的产业价值链理论、产业竞争力模型理论（也称钻石模型理论）。高技术产业核心竞争力形成机制可概括为研发人员、研发经费等核心生产要素在产业价值链技术端的要素技术化、技术专利化，市场端的要素产品化、产品市场化，以及品牌端的技术品牌化、产品品牌化、企业品牌化。在上述理论框架下的测算结果表明，我国高技术产业核心竞争力总体表现出“大而不强”的特征，即高技术产业核心生产要素投入规模较大，技术价值、市场价值、品牌价值产出规模上升幅度明显；高技术产业核心生产要素的直接价值产出与投入之比呈逐年上升趋势，但总体水平仍显著偏低，不同发展程度地区、不同类型的高技术产业核心生产要素直接转化为技术价值、市场价值、品牌价值的能力参差不齐。

我国高技术产业核心竞争力“不强”的内部原因在于，技术竞争力、市场竞争力、品牌竞争力在推动核心竞争力向生产前沿面靠近过程中的关系不协调。具体表现为：(1) 除技术竞争力与品牌竞争力外，高技术产业核心竞争力内部的其他竞争力间尚未形成良性互动关系，即高技术产业价值链的技术端与市场端之间、市场端与品牌端之间不存在连贯性推动或拉动关系；(2) 高技术产业技术竞争力、市场竞争力、品牌竞争力对核心竞争力的影响效应大小与其强弱顺序不匹配，如2016年高技术产业技术竞争力相对最弱，但其对核心竞争力的相对贡献率最高，即高技术产业核心生产要素直接价值化效率预测方差的63.4%，可由其技术价值化效率变动解释；(3) 在受到外部影响冲击后，高技术产业技术竞争力、市场竞争力、品牌竞争力将对核心竞争力及其内部其他竞争力产生不同程度的抑制效应，如高技术产业市场竞争力对品牌竞争力的绝对贡献率为负值，即当期给市场竞争力施加1个正标准差新息冲击后，品牌竞争力在当期直接下降至-0.38%；(4) 不同地区、不同类型的高技术产业核心竞争力及其内部其他竞争力间的格兰杰因果关系、相对贡献率、绝对贡献率均等化水平普遍偏低。

我国高技术产业核心竞争力“不强”的外部原因在于，知识型基础设施不完善，引致钻石体系中的政府、机会等外部因素对核心竞争力及其内部其他竞争力的正向影响落地性不足、积极影响效应偏低。具体表现为：(1) 除政府科技财政支持、科技社会组织支持，以及高校、科研院所研发人员支持等外部因素对高技术产业核心竞争力表现出显著性正向影响外，知识产权保护对高技术产业核心竞争力的非显著性促进效应略低于阻碍效应；(2) 知识产权保护制度的制定、实施，科技社会组织的发展规模、服务方式与高技术产业技术竞争力的提升存在“不协调”风险，高校、科研院所研发人员支持对不同条件分布地区高技术产业技术竞争力的正向影响效应普遍偏低，并随条件分布由低端地区向高端地区转移而大幅度下降；（3）知识产权保护对高技术产业市场竞争力具有较小的非显著性负向影响效应，对外开放支持对不同条件分布地区高技术产业市场竞争力的正向弹性影响效应普遍偏低；（4）知识产权保护、政府科技财政支持对高技术产业品牌竞争力具有非显著性负向影响效应。

综上所述，结合我国高技术产业核心竞争力形成路径的北京、上海、深圳实地调研案例，以及技术竞争力、市场竞争力、品牌竞争力所面临的国际机遇与挑战，提出转变高技术产业核心竞争力的提升路径，即由“以政府主导、外部依赖的市场竞争力为突破口，反向驱动技术竞争力、品牌竞争力”的传统提升路径，向“以市场主导、科技社会组织参与的技术竞争力为突破口，内向推动市场竞争力、品牌竞争力”的最优提升路径转移。根据我国高技术产业核心竞争力提升路径、政策路径的变化，构建以科技体制改革为重要突破口，涵盖高技术产业核心竞争力内部组织升级与外部生态优化两大方面的制度保障体系，具体包括高技术人才服务制度、高技术企业服务制度、知识产权保护制度、科技成果转化制度。

CONTENTS 目录

第 1 章

绪　论

1.1　研究背景与意义

1.1.1　研究背景

技术是经济增长的重要推力，更是人类进步的原动力。作为技术创新、技术扩散的重要载体，高技术产业正面临错综复杂的经济生态环境。中国高技术产业研究，尤其是高技术产业核心竞争力研究须考虑以下阶段性大背景：

（1）全球经济正处于“贸易逆全球化”与“核心技术封锁”的双重叠加动荡期。据世界贸易组织数据显示①，2018 年，全球贸易总量增幅回落 1.6 个百分点，其中产品贸易总量回落约 1.3 个百分点，技术贸易总量回落约 2.1 个百分点。发展中国家所受冲击相对最大，如其出口产品贸易总额占比由 2019 年的 29% 下降至 21%，高技术产品贸易总额占比同样由 19% 下降至 13%。如何提升国际贸易竞争力、实现技术自主创新，已成为大部分发展中国家共同面临的重大问题，解决问题的关键突破口在于增强高技术产业核心竞争力。

（2）高技术产业是我国经济增长的助推器和压舱石。据《国民经济和社会发展统计公报》数据显示，2018 年，我国高技术产业（制造业）增加值增长 11.7%，高出工业增加值增长率 5.5 个百分点，高技术产业投

① 资料来源：2019 年 4 月 2 日世贸组织（WTO）公布的《2019 到 2020 全球贸易展望》。

资总额增长率达14.9%，强劲的成长力推动我国总体经济快速增长；我国高技术企业通过自主创新、产学研合作等方式，积极参与技术研发、成果转化、新产品生产等多个环节，成为高效配置高技术人才、社会优质资金等核心创新资源的重要平台，为我国经济高质量发展奠定了坚实基础。

（3）我国高技术产业竞争力正面临褒贬不一的社会评价。正面评价认为，我国高技术产业具有强竞争力。以5G技术为例，德国5G报告数据显示，2019年，中国拥有的5G标准数、核心专利数均居全球首位，其中5G标准21项高于欧洲（14项）、美国（9项）、日本（4项）、韩国（2项）等发达国家或地区；华为、中兴5G核心专利数分别为2160项和1424项，两者共占全球总量的60%。负面评论强调，我国高技术产业竞争力较弱。以中美贸易战为例，美国加征的600亿美元关税产品遍布高性能医疗机械、生物医药、信息技术、航空产品等高技术领域，我国加征的30亿美元关税产品则集中于水果、猪肉等传统农业领域。

（4）我国高技术产业竞争力引发了“Made in China”到底是“中国制造”还是“在中国制造”的学术大讨论。形成上述不同观点的主要原因在于，高技术产业竞争力评价指标的选择差异，如支持“中国制造”的评价指标主要涉及高技术产品出口额绝对数、增长率，高技术产品出口额占世界出口总额比重、增长率（李艳，2009；丁然，2015）；支持“在中国制造”的评价指标则包括工业制成品出口总额中高技术产品占比（常年低于30%）、高技术产品进出口贸易差额（顺差优势不明显），以及内资企业高技术产品出口能力和获利能力（相较于外资企业低）等（郭东杰，2010；李勤昌、刘明霞、焦亚南，2019）。

实际上，我国高技术产业总体正处于由“世界加工厂”向“全球实验室”转型的关键期，外显为由技术引进、制造加工等产业价值链中下游逐渐向自主研发、品牌营销等“微笑曲线”获利高位攀爬。高技术产业核心竞争力反映高附加值产品的内生性创造效率，即研发人员、研发经费等核心生产要素直接价值化能力，包括技术价值化能力、市场价值化能力、品牌价值化能力，三者共同构成完整的产业价值链条。此阶段的高技术产业核心竞争力研究，不宜过分偏向技术竞争力或市场竞争力，而需探索如何在构建由技术竞争力、市场竞争力、品牌竞争力构成的评价指标体系基础上，全面剖析其整体水平、内部经济关联性、外部因素影响效应等现实性问题，以此推动形成符合我国特色社会主义市场经济的高技术产业核心竞争力理论研究体系。

1.1.2　研究意义

以高技术产业核心竞争力为研究主题，以技术竞争力、市场竞争力、品牌竞争力为研究重点，具有如下理论意义与现实意义：

（1）完善高技术产业核心竞争力理论框架。高技术产业核心竞争力不等于技术竞争力、市场竞争力或品牌竞争力，而是三者的有机融合。以产业价值链理论、产业竞争力模型理论为支撑，构建高技术产业核心竞争力形成机制、影响机制，有助于填补高技术产业竞争力理论空白。

（2）掌握我国高技术产业核心竞争力整体脉搏。在高技术产业核心竞争力形成机制理论框架下构建评价指标体系，有助于测度我国高技术产业核心竞争力整体水平，剖析其在不同时期、不同地区、不同产业的内外部经济关系。

（3）提升我国高技术产业核心竞争力总体水平。高技术产业核心竞争力实证结果、形成路径案例，以及技术竞争力、市场竞争力、品牌竞争力的国际机遇与挑战等相关分析，有助于明确我国高技术产业核心竞争力的最优提升路径，构建提升我国高技术产业核心竞争力的适宜性制度保障体系。

1.2　国内外相关研究

1.2.1　高技术产业相关研究

1. 高技术产业界定的相关研究

20世纪90年代以前，世界各国或地区关于高技术产业的界定标准尚未完全统一，大多数国家根据本国实际经济发展水平和技术研发迫切需求，采用列举法对高技术产业进行笼统式划分（Erie，1988；Clark，2001；斋藤优，1996；中国国家科委，1996）。在此期间，高技术产业的技术研发与产品销售同样未完全区分，某些国家甚至将单纯销售高技术产品的企业纳入高技术产业的统计范畴，造成少量隐性泡沫产生（Hardaker，1998）。在高技术产业分类过程中，比较有代表性的国家或地区为美国、中国、日本和欧洲（见表1－1）。

表 1－1　　世界主要国家或地区早期高技术产业分类

国家	高技术产业
美国	飞机及其零件；事务、计算及会计用机器；变电及配套设备；光学及医学仪器；医药品；塑胶原料及人工合成品；发动机和涡轮；农业化学品；专业用及科学度量仪器；工业化学类产品；收音机及电视接收器，共计 11 大类别
中国	微电子科学和电子信息技术产业；空间科学和航空航天技术；光电子科学和光机电一体化技术；生命科学和生物工程技术；材料科学和新材料技术；能源科学和新能源、高效节能技术；生态科学和环保技术；基本物质科学和辐射技术；医药科学和生物科学工程；地球科学和海洋工程技术，共计 10 大类别
日本	工业机器人；集成电路；办公室自动化设备；新工业材料；生物科技；计算机；信息网络系统；光电工业；航空太空工业，共计 9 大类别
欧洲	机械业（金属作业工具机、发动机及非电气发动机械）；运输工业具（乘用动力车辆、商业用动力车辆、电力机车、航空器及零件）；信息电子业（回转式发电设备、核反应器、电信设备、电器医疗设备、照相机、电影摄影机、光学仪器及设备等）；工业化学业（放射性相关材料、其他无机化学品、有机及无机化合物及金属、光学软片及感光纸）；制药工业（医药品），共计 5 大类别

注：主要根据 1987 年 4 月《台湾经济研究》杂志资料整理。

经济合作与发展组织（OECD）1986 年首次以研发密度（研发经费占总收入比重）作为高技术产业界定标准，即选择 10 个典型成员国中的 22 个制造业部门①数据进行计算，以此确定和修订全球高技术产业目录，反映高技术产业发展情况（见表 1－2）。

表 1－2　　OECD 高技术产业界定指标

产业名称	1980 年			1990 年		
	A(%)	B(%)	C(%)	A(%)	B(%)	C(%)
航天航空制造业	17.3	15.0	36.3	16.1	14.1	40.1
计算机即办公设备制造业	14.4	11.5	30.5	11.2	9.0	26.0
医药制造业	11.4	10.5	21.6	8.4	7.6	16.9
电子及通信设备制造业	9.4	8.0	18.7	9.3	8.4	18.4

注：A 代表直接和间接 R&D 经费占总产值比例，B、C 分别代表直接 R&D 经费占总产值、增加值比例。

① 10 个典型国家分别为澳大利亚、加拿大、法国、德国、日本、韩国、新西兰、英国、美国、瑞士。制造业部门按照国际标准行业分类（ISIC）确定。

20 世纪 90 年代以后，高技术产业的界定标准逐渐统一。随着经济全球化不断深化，高技术产品的国际贸易往来日益频繁，大部分国家对 OECD 的划分标准进行改造，即将研发经费占主营业务收入比重、研发人员占从业人员比重作为高技术产业的基本界定依据，并根据自身情况确定具体比例。如美国 2007 年高技术产业研发经费占主营业务收入比重为 5%，日本 2011 年为 4.5%（李向东、季庆庆，2014）。

2. 高技术产业贡献率的相关研究

作为新工业经济代表，高技术产业的规模增长快、知识溢出强、技术积累厚等特征决定了其在推动国民经济快速增长（张达君、赵鑫，2017），促进区域经济协调发展、产业结构优化升级等诸多方面存在明显优势。

大量研究表明，高技术产业推动经济高速增长的特性是放之四海而皆准，推之百世而不悖的。以美国为例，高技术产业发展带来的技术革命，直接推动美国经济增长方式从投资拉动型向技术进步型转化。长期来看，美国高技术产业处于世界领先地位，在其经济持续增长过程中发挥了关键性作用，如美国高技术产业形成的科技因素对经济增长的贡献率由 20 世纪 50 年代的 20% 上升到 70 年代的 50%，90 年代更是高达 70%（金碚、谢晓霞，2001；Simonen，Svento & Juutinen，2014）。在我国，高技术产业通过高技术人才集聚、科技成果高效率转化、高附加值产品生产等方式逐渐释放科技人口红利，直接或间接地推动技术体制改革，为我国经济持续、高速、健康增长打下了坚实基础（苏治、徐淑丹，2015；杨旭、田艳慧、郝翌，2017）。尤其在国际金融危机之后，即 2009～2014 年，我国高技术产业凭借高水平的年平均投资增长率（25.17%），以及不变价增加值的高年平均增长率（22.05%），分别高出 GDP 年平均增长率约 15 个百分点和 13 个百分点，对国民经济下行阶段的贡献率高达 46.92%（张钟文、叶银丹、许宪春，2017）。

在促进区域经济协调发展方面，高技术产业同样存在先天性优势。高技术产业以技术进步为重要支撑的高端化发展模式，将有效打破各地区研发人员、研发经费等创新资源流通壁垒，为各地区在国家创新发展战略中的分工合作与角色定位指明方向（洪嵩、洪进、赵定涛，2014）。我国高技术产业在一定程度上推动了各地区国际产业分工体系建立和高技术企业技术创新合作；以高技术产业发展带动的区域合作，正在逐步实现各地区对外贸易由垂直分工向水平分工转变，快速打破各地区科技与经济、科学研究与产品生产等领域相互分离的状态（唐建，2008；段婕、孙明旭，

2017)。大量实证结果表明，高技术产业的技术创新不仅是区域经济增长的直接原因，更显著（在1%水平下）且直接地促进各地区经济协调发展（李苗苗、肖洪钧、赵爽，2015)；高技术产业增长速度与区域协调度呈明显正相关关系，即在其他条件不变情况下，高技术产业规模每提高1%，区域协调发展指数上升0.86%（苏娜，2011；王建月，2018)。

在促进产业结构优化升级方面，高技术产业长期起到关键性主导作用。高技术产业发展过程中的技术创新推动传统工业、农业等领域技术改造，并在向中低技术产业转移和扩散中，促进后者全要素生产率提升和人才、资金等创新资源配置优化（王伟光、马胜利、姜博，2015)。从实证结果来看，在其他条件不变情况下，高技术产业科技创新能力每提高1%，产业结构优化程度将提高约0.6个百分点，其中电子计算机及办公设备制造业提高0.76个百分点，医药制造业提高0.58个百分点，电子及通信设备制造业提高0.52个百分点（李邃，2010)；在其他条件不变情况下，高技术产业增加值每增加1%，第一产业所占比重下降0.234%，工业全员劳动生产率上升0.79%，工业成本费用利润率上升约0.41%，制造业R&D经费占产品销售收入比重上升约0.45%（赵玉林，2008；张同斌、高铁梅，2012；胡亚茹、陈丹丹，2019)。

3. 高技术产业竞争力的相关研究

自美国哈佛大学商学院教授迈克尔·波特提出著名的“五力模型”和“钻石理论”以来，国内外大量学者将该理论中影响产业获利能力的新加入者威胁、客户议价能力、替代品或服务威胁、供应商议价能力和既有竞争者，以及价值链上的生产要素、需求状况、相关支撑产业等经典阐述融入高技术产业竞争力研究，集中体现在高技术产业竞争力评价与影响因素等应用研究方面。不同评价指标、评价方法以及实证模型，所产生的研究结论存在显著性差异。

在高技术产业竞争力评价研究方面，目前学术界关于评价指标的研究已较为成熟，主要分为内部竞争力评价指标和外部竞争力评价指标（方毅、徐光瑞，2009)，两者均包含研发经费投入强度、研发人员投入强度、有效发明专利强度、新产品销售强度等一般性指标（潘霞、鞠晓峰、陈军，2013)。内部竞争力评价指标与外部竞争力评价指标的主要区别在于，前者更加注重高技术企业的内部资源转化、技术自主创新、市场获利等能力（Mueller，1990；Cefis，2003；Gschwandnter，2005)，后者则侧重于国际竞争力比较，如产业发展环境竞争力、国际市场占有率、技术引进经费占消化吸收经费比重等（李桂春、佟春杰，2009）。高技术产业竞争力评价方法包括因子分析、效率分析，以及双对数回归模型等其他实证模型（李伟铭、刘骋、王浩，2013）。

从高技术产业竞争力评价的实证研究来看，竞争力评价结果出现了较为明显的两个对立阵营。一个阵营认为，我国高技术产业竞争力已处于国际较高水平，主要体现在技术竞争实力、国际市场占有能力显著增强，如研发人员规模、研发经费占比、发明专利申请数量显著提升（徐传谌、周渤，2014），又如高技术产品出口贸易竞争力指数、出口额占全球高技术产品贸易比重、高技术产业增加值占国内制造业和 GDP 比重均不断提高（秦轶，2017）。相反，另一个阵营则强调，我国高技术产业仍处于相对落后水平，尤其体现在全要素增长率、全员劳动生产率、高技术含量产品贸易特化系数、尖端技术研发强度等指标数据上，与美国、欧洲等发达国家之间的差距仍较为显著（武海峰、牛勇平，2009）。

在高技术产业竞争力影响因素研究方面，同样可分为内部影响因素和外部影响因素，前者主要包括高技术企业技术创新能力、市场占有能力、品牌构建能力（冯德连、边英姿，2017），以及促进社会创新能力（张鹏、李悦明，2015）；后者则主要涵盖高技术产业竞争力形成的经济环境（如人均 GDP、市场结构、固定资产投资）、政治环境（如政策支持、知识产权保护）、创新环境（如产学研合作、科技成果转化），以及对外开放程度等重要影响因素（张子林、胡洋，2011）。相对于高技术产业竞争力评价方法，高技术产业竞争力影响因素的实证研究方法分布则较为分散，主要包括柯布道格拉斯生产函数模型、面板数据的回归分位数模型、动态均衡一般模型等（章成帅，2016）。

同样，高技术产业竞争力影响因素的实证结果也存在较大分歧，集中体现在影响的力度、广度和深度上。如大多数学者提出，技术研发效率是正面影响高技术产业竞争力的主要因素，其中内部技术开发能力的影响力度大于技术转化能力（王玉、许俊斌，2011；封伟毅、李建华、赵树宽，2012）。但也有部分实证结果表明，研发人员强度和研发经费强度（内部技术研发效率）对高技术产业竞争力有较大的负面影响，且存在较为明显的滞后性和时效性（邱士雷、吴宗杰、董会忠，2017）。此外，创新环境对我国高技术产业竞争力具有正向推动作用，其中东部地区的推动效应强于中西部地区（王娅莉、杨宏进，2002；顾晓燕、刘丽，2014）。

1.2.2 核心竞争力相关研究

1. 核心竞争力概念的相关研究

核心竞争力研究起源于20世纪50年代，发轫于企业挖掘内部潜力、培育核心产品的“独特竞争力”，根植于“一个企业的发展历史会使其形成特殊的缺陷和能力”著名论断（Selznick，1952）。到60年代，核心竞争力概念逐渐宽泛化和多元化，常被解读为企业获取竞争优势的独特能力（Hofer & Schendel，1978；Hamermesh，1986；Anderw & Kathleen，1997）。

20世纪70年代初期以后，由于环境学派异军突起，学术界关于核心竞争力的研究重点逐渐由组织内部向外部转移（Hannan，1995；Freeman，2014），其概念相应地由微观企业向中观产业、宏观国家延伸。产业外部的生产要素（包括人力资源、自然资源、知识资源、资本资源、基础设施等）、需求要素（包括市场需求规模与结构）、相关和支持产业状况、企业策略、历史性机遇，以及政府产业政策成了产业核心竞争力的关键构成因素；而一国在国际市场上出售其产品，并获得利润的能力则被作为衡量国家核心竞争力的重要指标（Porter，1980；裴长洪、王镭，2002）。

在整个20世纪80年代，随着与环境学派相对立的资源依赖学派不断壮大，着眼于企业内部的核心竞争力概念再次占据上风。企业是特许市场地位的各种专门化资源①的积聚，该内部特征是比反复无常的市场上可变需求更稳定的靠山。如果企业所拥有的资源满足有价值②、稀缺、难以模仿三大条件，即可作为核心竞争力构成要素（Barney，2009）。企业无形资产（通常指企业有潜力产生利润但不在资产负债表上显示的各种财产，包括商誉、品牌、专有技术和消费者忠诚）作为资源的重要内容，是核心竞争力最耐用持久的源泉（ltami & Roehl，1987）。

直至20世纪90年代，“核心竞争力”一词才被正式提出来，取代“独特竞争力”，并沿用至今。目前，学术界普遍认同核心竞争力在企业层面的定义，即企业独特的知识和技能的集合，表现为动态整合市场资源能力，以及提供与环境变化相适应的、难以沟通和模仿的能力（Hamel & Prahalad，1990；Doz，1996）。从产业价值链视角看，企业核心竞争力通常是指企业在

---

① 专门化资源是指企业的资产、知识、信息、能力、特点和组织程序等，可被运用于不同最终产品的生产。

② 资源价值是由可得到开发资源的机会决定的，这些机会有时会发生变化。

研发、设计、制造、营销、服务等价值链某一两个环节上，明显优于并且不易被竞争对手模仿的、能够满足客户价值需要的独特能力（严勇，1999）。

从上述核心竞争力概念可知，核心竞争力是当代经济学和管理学相互交融的最新成果，代表着未来知识经济特征的先进战略管理理念（Porter，1985；严勇、庄建，2000）。显然，核心竞争力可以是能力，也可以是环境优势，更可以是资源优势。分层次来说，企业核心竞争力以技术能力为核心，但又不完全由技术因素决定，即与组织架构、管理文化等因素密切相关，主要由技术诀窍、管理模式、品牌形象构成（樊纲，1998；叶小玲、叶晓倩，2006）；产业核心竞争力关注的也不是现有的、显性的、外在于产业的静态物质资源，而是基于市场竞争的、隐性的、无形的动态能力资源（朱华桂，2002）。

2. 核心竞争力形成的相关研究

学术界关于核心竞争力形成的研究散落于技术、知识、人才、企业、产学研合作、专利等多个核心要素，但基本形成了如下共识：核心竞争力来源于微观企业对技术、人才等创新资源的高效配置，脱胎于中观产业与高校、科研院所的产学研合作，成长于宏观知识产权保护制度的保障。

技术的“无限扩散性”推动着经济社会创新和劳动分工，拉动着研发型企业产生“霍恩德尔现象”[①] 和完成最终产品设计、生产，故常被看作核心竞争力的核心（Lamoreaux & Sokoloff，1996；Dasugupta & David，1994；Bennett & Vaidya，2005）。随着专业化分工理论的不断扩展，劳动分工、能力分工、知识分工已成为核心竞争力形成的充要条件（斯密，1776；哈耶克，1937）。

知识和人才是核心竞争力形成的关键。知识的“收益递增性”“非竞争性”“不可分割性”等特征决定了核心竞争力的复杂性（Winter & Szulanski，2002；Arora & Gambardella，2002）。在核心竞争力形成过程中，不存在“知识从天而降”（Cimini，Gabrielli & Sylos，2014），尽管一个经济主体应用知识绝不会降低另一个经济主体应用同样知识的能力（Winter，2005），但这并不意味着知识复制或模仿很容易或成本低，主要原因在于知识尤其是技术知识具有默会性[②]（Dosi，2005；Nelson & Winter，

---

① 瑞典的霍恩德尔钢铁厂建于1835～1836年间，在此后的15年内没有增加资本和劳动力，年产量每年却以2%的速度增长，其原因是工人们在劳动过程中提高了技术和熟练程度。

② 即参与者甚至是心思缜密的观察者都无法明确表述的“完成创意”程序、解决问题程序、形成行为模式程序等流程程序。国内称之为超常型默示知识（方竹兰，2012）。

1982；Polanyi，1967）。作为技术知识最有效的载体，高技术人才逐渐成了“第一创造力”的代名词，拥有超常型默示知识的原创型人才更是核心竞争力形成的“第一资源”（方竹兰，2012；文丰安、蒋利佳，2013）。和知识资源一样，人才资源也不是“准公共品”。

企业是核心竞争力形成的主战场。激烈的市场竞争要求企业成为技术研发的参与者，而不仅仅是技术的使用者（Highsmith & Cockburn，2001）。数项研究表明，被确定为技术创新者的企业通常能获得更多的收益（Geroski，Machin & Van，1993；Cefis，2003；Cefis & Ciccarelli，2005）。即使是批判大企业垄断发明创造的评论家们，也不得不承认企业是技术变革的重要来源，逐渐崛起的大企业研发实验室正在取代传统的集体创新体系①（Graham，2008）。尽管核心竞争力是企业的独特专长，但在实际形成过程中也是相对的、有条件的、甚至有风险的，会因外部条件的变化而丧失。因此，企业也不可能总是做“发明车轮”的工作，而是侧重于培养自身吸收外部知识的独特能力，探索核心竞争力形成的不同模式和途径（Stobaugh & Hayes，1976）。

产学研合作是核心竞争力形成的重要途径。产学研合作的实质就是高校、科研院所助力企业技术理论化、科学化，企业促进前者的学术发明市场化、商业化（Seppo & Lilles，2012）。大型综合性高校是一座“知识工厂”，在这里，企业可购买技术研究成果，高校教师或学生可利用已掌握的知识自筹研发经费，政府机构可寻求技术创新融资方案，社会捐款者可为慈善事业创造最大化影响（Yusuf & Nabeshima，2007）。企业和高校、科研院所截然不同的运行逻辑，使学术创业（或技术入股）成为产学研合作的另一重要方式②，其作为高校技术专利许可、技术转让的替代品，促进更多的技术专利组合商业化的可行策略形成（Joung & Kim，2017）。但是，高校或科研院所的技术发明者有时并不具备开发或将其发明成果商业化的最佳条件，甚至由于其参与商业化会导致精力分散，并在一定程度上改变企业内部组织结构，进而影响企业内部运行效率或市场化行为（高正、陈志军，2019）。

---

① 集体创新体系源于存在竞争关系的不同组织间共享新技术的设计思路和研发过程。如在19世纪的工业集聚区，受雇于相互之间竞争的知识产权组织的发明者常交流观点和经验，以此共同推动技术进步。

② 主要在于奖励机制的不同，如在私人企业的创新模式中，任何免费开放和无偿传播的专有技术均会削减创新者投资所得利益，而科学家在第一时间发表其发现或发明，并予以传播，则能获得优先求偿权。

以专利为主要表现形式的知识产权保护是核心竞争力形成的重要保障。专利是对某项发明授予的临时财产权，可像其他形式的财产一样进行操作、交易①（出售或通过专利实施许可合同“出租”、转让），或放弃（Guellec & van Pottelsberghe，2007；Jaffe & Lerner，2006）。技术并入资本的历史前提是技术并入市场（赵学增，1997），而目前并入市场的主要方式为专利许可。专利持有者没有义务或权力进行创新活动（Nard & Morriss，2006），但可通过技术交易市场获取超额利润，从而激发、促进技术竞争力的形成。专利持有者一般选择法定权利（也可采用技术限制，如加密）进行自我保护（Varian，2005），此时的专利合同保护制度、知识产权保护制度安排对消除技术交流壁垒，促进技术交易信息不对称问题最小化显得尤为重要（Lamoreaux & Sokoloff，1999）。

3. 核心竞争力测度的相关研究

目前学术界关于核心竞争力测度的研究成果集中于国内，国内学者主要从微观企业、中观地区或产业，以及宏观国家等三个层面进行测度。从测度方法看，核心竞争力测度主要采用评价指标体系与因子分析方法结合，投入产出思维与数据包络分析方法结合等混合方法；从测度内容看，核心竞争力测度对象大致分为技术竞争力、市场（产品）竞争力和品牌竞争力（见表 1－3）。

表 1－3　核心竞争力主要测度指标

测度内容	主要测度指标
技术竞争力	R&D 投入强度、技术资产与无形资产比率、技术人员比例（梁莱歆、张永榜，2005）；发明专利授权数量、R&D 投入规模、R&D 投入结构（刘爱东、刘亚伟，2008）；技术研发、技术整合、技术独占（谢言、高山行，2013）；专利活力指数、专利生命强度（曹明、陈荣、孙济庆，2016）
市场（产品）竞争力	进出口总量、产品分布、进出口地区分布（连燕华、马晓光、李尚昆，2001）；产品规模、生产速度、出口规模（杜莉、谢皓，2011）；出口市场占有率、贸易竞争优势指数、显示性比较优势指数（储昭昉、2011；俞涔、严焰，2012）；出口相似度指数、出口转移指数（杜莉、黄晓辰，2014）；出口结构、恒定市场份额（王正新、郑弘浩、胡稳权，2017）

① 2006 年，美国专利交易合同平均约占颁发专利的 10%～20%。但我国社科院发布的《法治蓝皮书（2017）》披露，从 2012～2014 年，我国共授予国内专利 2787707 件，签订专利许可合同仅为 56067 件，仅占授权专利总数的 2%。

续表

测度内容	主要测度指标
品牌竞争力	产品质量、技术水平、市场占有率（邓剑秋、冯桂林，2003）；知名度、美誉度、忠诚度、市场占有率、超值利润率、扩张潜力（胡大立、谌飞龙、吴群，2005）；研究员工满意度、雇主品牌传播、雇主品牌资产（王磊，2010）；品牌显著度、品牌功效、品牌形象、品牌评价、品牌共鸣度（马轶男，2013）

以评价指标体系测度核心竞争力的结果表明，我国高技术企业技术创新竞争力在核心竞争力中所占权重具有绝对优势，但存在技术创新渠道不畅，产学研结合道路不宽，技术成果转化动力不足等问题（丁任重、蔡竞，2000）；我国高技术产品在美国的市场竞争力强于墨西哥、中国台湾地区，但两者之间的差距正在逐步缩小，主要原因在于我国高技术企业对国际市场调研先天不足、重视不够，以及市场营销方法落后、广告宣传层次低、力度弱等（曾繁华、龙苗，2008）；江苏、湖北等地区产品品牌竞争力正在逐渐下降，突出问题在于品牌影响范围不大，市场占有率不高，市场形象欠佳（江苏主要产品市场竞争力系统分析和市场策略研究课题组，1996；邓剑秋、冯桂林，2003）。

以投入产出思维测度核心竞争力的结果表明，我国高技术产品市场竞争力表现出上升速度快（1980~2005 年），出口规模小、贸易逆差大（1992~2001 年），加工贸易出口占技术产品出口比重高，外资企业在我国高技术产品出口中占主导地位，高技术产品在国际市场上的占有率逐步提高等重要特征；存在高技术产品总体国际竞争力弱、自主创新能力差、核心技术缺乏、赢利能力低等突出问题（江兵、夏晖、刘洪，2000；郭峰濂、盛水源，2006）。我国高技术企业在工业、电子产品等行业的市场竞争优势正在失去，其中央企在金属产品、炼油、采矿和原油生产、公共设施、车辆与零部件五个行业，同国外同行业企业之间的核心竞争力仍存在明显差距（Bargegil，2011；Traill，2011；徐传谌、周渤，2014）。

1.2.3 文献评述

从上述大量文献不难看出，国内外学术界关于高技术产业核心竞争力的研究已取得颇多成果，集中分布于国外的高技术产业核心竞争力概念、形成过程等理论研究，国内的高技术产业竞争力、贡献率测度及其影响因素量化等应用研究，主要得出以下重要结论：

（1）高技术产业在推动经济增长，促进区域经济协调发展、产业结构优化升级等方面具有明显优势。高技术产业的高增长、高关联、高渗透等“三高”特征，直接赋予了其在国民经济发展过程中的助推器和压舱石功能。

（2）企业是高技术产业核心竞争力形成和提升的“核心”。高技术企业是运用市场方式配置“收益递增性”知识、“无限扩散性”技术等研发资源，并以专利技术申请和交易、新产品生产和销售等市场行为实现科技成果商业化的绝对主体。

（3）产学研合作与知识产权保护在高技术产业核心竞争力形成和提升过程中扮演重要角色。高校、科研院所作为“知识工厂”，“生产”技术知识和研发人员；知识产权作为“临时财产权”，激发技术创新、发明创造。

以上结论为高技术产业核心竞争力研究提供了坚实的理论基础与实证支持，即研究高技术产业核心竞争力对促进国民经济增长，提升高技术企业自主创新能力，以及构建良好的创新生态均具有重要现实意义和理论可能性。但关于高技术产业核心竞争力的研究同样存在着以下问题：

（1）尚未完全形成“核心”层面的系统理论。高技术产业核心竞争力理论的碎片化、宽泛化，直接导致了评价指标的差异化、复杂化，评价结果的多样化、表面化。

（2）尚未深入剖析“核心”层面的内部结构。绝大部分学者选择从高技术企业技术创新能力视角分析产业竞争力，缺少对市场占有能力、品牌建设能力的考量，以及三者关系的量化。

（3）缺少全面反映“核心”层面的现实案例。高技术产业核心竞争力相关实证分析数据，大多来源于政府部门的统计年鉴或年度报表，缺少中微观区域实地调研的第一手数据资料补充。

1.3 研究思路与内容

1.3.1 研究思路

本书遵循提出问题—分析问题—解决问题的研究思路。首先，根据研究背景、文献综述提出“高技术产业核心竞争力”问题；其次，构建高技术产业核心竞争力概念、形成机制、影响机制理论体系，并在此理论分析框架下完成我国高技术产业核心竞争力真实水平测度、内部关联性、外部影响因素、形成路径的实证分析与案例分析；最后，结合上述分析结果，以及我国高技术产业核心竞争力的国际机遇与挑战，提出核心竞争力最优提升路径与适宜性制度保障体系。如图 1－1 所示。

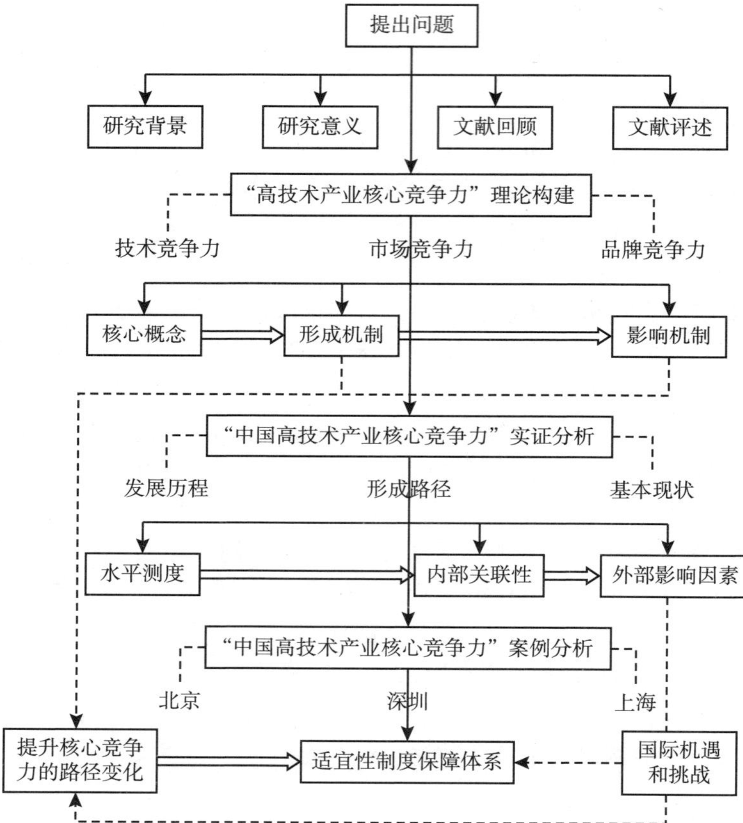

图 1－1　技术路线

1.3.2　研究内容

全书共分为 8 章：

第 1 章：绪论。系统阐述高技术产业核心竞争力研究背景、研究意义，回顾国内外相关研究，介绍研究内容、研究方法，提出创新与不足。

第 2 章：中国高技术产业核心竞争力理论基础。精准界定高技术产业核心竞争力相关概念，构建高技术产业核心竞争力形成机制、影响机制。

第 3 章：中国高技术产业核心竞争力概况。系统分析我国高技术产业发展历程，以及高技术产业核心竞争力形成路径与现状。

第 4 章：中国高技术产业核心竞争力测度。构建高技术产业核心竞争力评价指标体系，测度我国高技术产业核心竞争力绝对水平和相对水平。

第 5 章：中国高技术产业核心竞争力内部关联性。剖析我国高技术产业核心竞争力内部技术竞争力、市场竞争力、品牌竞争力之间的逻辑关系，测算三者对核心竞争力及彼此的绝对贡献率、相对贡献率。

第 6 章：中国高技术产业核心竞争力外部影响因素。测度政府科技财政支持、知识产权保护、对外开放、科技社会组织，以及高校、科研院研发人员等外部因素对我国高技术产业核心竞争力的弹性影响效应。

第 7 章：中国高技术产业核心竞争力形成路径案例。总结北京、深圳、上海高技术产业技术竞争力、市场竞争力、品牌竞争力形成路径。

第 8 章：提升中国高技术产业核心竞争力的适宜制度。结合实证分析、案例分析结果，以及技术竞争力、市场竞争力、品牌竞争力的国际机遇与挑战，提出我国高技术产业核心竞争力的最优提升路径，构建适宜性制度保障体系。

1.4 研究方法

本书强调研究的科学性与严谨性，主要研究方法包括：

（1）定性分析与定量分析：即对高技术产业核心竞争力形成机制与影响机制进行定性分析，以此构建评价指标体系、确定外部影响因素；运用因子分析、数据包络分析、PVAR 模型、双固定效应模型、分位数回归模型等定量分析方法，量化我国高技术产业核心竞争力水平、内部关联性，及其外部因素的弹性影响效应。

（2）总体分析和案例分析：即在对我国高技术产业核心竞争力水平、内部关系、外部影响因素进行总体分析基础上，通过连续 3 年的北京、深圳、上海实地调研，对高技术产业技术竞争力、市场竞争力、品牌竞争力形成路径进行案例分析。

（3）比较分析：即通过比较我国高技术产业核心竞争力在 31 个省

（自治区、直辖市）和28个高技术产业间的差异，总结出符合我国高技术产业发展规律的现实特征；通过比较不同阶段、不同地区、不同高技术产业核心竞争力的不同问题，构建针对性的适宜性制度保障体系。

1.5 创新与不足

1.5.1 创新之处

本书重点突出“核心”分析，主要创新之处在于：

（1）从资源配置效率视角，将高技术产业核心竞争力定义为研发人员、研发经费等核心生产要素在创造价值过程中的直接生产率，突出核心竞争力的效率性、内生性等特征。

（2）从产业价值链视角，将高技术产业核心竞争力分为技术竞争力、市场竞争力、品牌竞争力，以此反映高技术产业核心生产要素在产业价值链技术端、市场端、品牌端的直接价值化能力，以及其内部技术价值化能力、市场价值化能力、品牌价值化能力之间的逻辑关系与数量关系。

（3）高技术产业核心竞争力评价指标体系强调高技术企业微观主体核心生产要素的直接价值化能力，如投入端指标包括企业办研发机构的研发经费、研发人员，产出端指标包括内资高技术企业产品超额利润、世界品牌价值指数。

（4）采用案例分析方法，归纳、总结北京、深圳、上海三大重要城市高技术产业技术竞争力、市场竞争力、品牌竞争力形成路径中的问题与经验，精准把控我国高技术产业核心竞争力的中微观特征。

1.5.2 不足之处

本书的不足之处在于：

（1）未能有效地将产业组织理论和技术创新理论融合，深入剖析产业关联、产业布局、产业升级等内部因素对高技术产业核心竞争力的影响效应。

（2）由于存在国际数据可获得性障碍、国内统计口径变化等因素，客观上降低了部分实证结果的适用性与精准度。

第 2 章

中国高技术产业核心竞争力理论基础

本章在以经济学理论范式给定高技术产业与高技术产业核心竞争力、技术竞争力、市场竞争力、品牌竞争力等核心概念基础上，结合产业价值链理论、产业竞争力模型理论（钻石模型理论）构建包括高技术产业核心竞争力形成机制、影响机制的理论框架，为后续章节奠定理论基础。

2.1 核心概念界定

2.1.1 高技术产业

在总结、借鉴先前研究者（王缉慈，1991；王玉春，2006；姜博、马胜利、王大超，2019）关于高技术产业经典阐述基础上，本书给出如下定义：以研发人员、研发经费为核心生产要素，运用经典科学理论和原创尖端技术从事知识密集型产品（或服务）研发、生产、销售的工业企业集群。

“研发人员、研发经费”作为高技术产业劳动生产要素、资本生产要素的核心变量，具有稀缺性、收益递增性、正外部性等特征；其不仅是世界主要国家确定高技术产业范围的重要参考，更反映出高技术产业的内生性成长路径。高技术产业核心生产要素常以研发人员折合全时当量①、研究人员数占研发人员数比重、企业办研发机构人数占平均从业人员数比重，以及研发经费占主营业务收入比重②、企业办研发机构研发经费占主营业务收入比重、研发经费内部支出中企业资金占比等指标作为衡量标准。

“经典科学理论和原创尖端技术”作为高技术产业核心生产要素创造价值的内在体现，是高技术产业与同时期高新技术产业、战略新兴产业的重要区分标准。科学技术和发明创造在高技术产业中的替代弹性显著低于其他产业；高技术产业一定是高新技术产业，但高新技术产业不一定均是高技术产业。

“从事知识密集型产品（或服务）研发、生产、销售的工业企业”作为高技术产业核心生产要素创造价值的微观基础，强调高技术企业的主体地位和制造业属性；并从产业价值链视角确定高技术企业范围，排除利用简单活劳动从事纯销售高技术产品或服务等市场活动的企业。

结合上述分析，本书参照国家统计局 2017 年颁布的《高技术产业统计分类目录（制造业）》，将我国高技术产业核心竞争力的研究对象设定为医药制造业，航空、航天器及设备制造业，电子及通信设备制造业，计算机及办公设备制造业，医疗仪器设备及仪器仪表制造业，信息化学品制造业 6 大类。

2.1.2 高技术产业核心竞争力

经济学研究的核心问题是有限资源的合理配置。从这个角度看，高技术产业高质量发展的实质是核心生产要素的高效率配置，即有限优质创新资源的高价值创造过程。故本书给出高技术产业核心竞争力的定义为，高技术产业研发人员、研发经费等核心生产要素在价值创造过程中的直接生产率。

与高技术产业一般竞争力不同，核心竞争力略过高技术产业简单劳动、营销资本等中间非核心生产要素，集中反映以研发人员、研发经费为

① 研发人员折合全时当量是研发全时人员（全年从事研发活动累积工作时间占全部工作时间的 90% 及以上人员）工作量与非全时人员按实际工作时间折算的工作量之和。

② 该指标也被 OECD 广泛使用，部分国家采用研发经费占总产值比重；发达国家高技术产业研发投入比重显著高于发展中国家，如美国 2017 年研发经费占工业总产值比重为 16.89%，中国 2011 年仅为 1.63%。

代表的原始型核心生产要素配置效率，即高技术产业核心生产要素直接价值化能力高低。从产业价值链视角看，高技术产业核心竞争力是核心生产要素在价值链技术端、市场端、品牌端创造技术价值、市场价值、品牌价值的综合能力体现。

显然，高技术产业核心竞争力至少包含以下三个方面的深层次内容：其一，高技术产业核心竞争力是一个经济效率概念，即为高技术产品综合价值产出对研发人员、研发经费等核心生产要素投入的直接反映，而非完全的投入端或产出端经济规模效应。其二，高技术产业核心生产要素与其直接创造的高附加值产品具有因果关系和唯一关系，即如果缺少研发人员、研发经费等核心生产要素投入，将难以完成高技术产品价值创造；不是由核心生产要素（如技术引进）直接创造的技术价值、市场价值和品牌价值，均不属于核心竞争力讨论范围。其三，根据完整的产业价值链形成过程，高技术产业核心竞争力可划分为技术竞争力、市场竞争力和品牌竞争力，分别反映高技术产业运用核心生产要素直接获取新技术、抢占新市场，以及形成品牌影响力等内生性能力。

技术竞争力是指高技术产业核心生产要素创造技术价值的直接生产率，即高技术产业研发人员、研发经费等核心生产要素的要素技术化、技术专利化等直接技术化能力，其产出端常外显为高技术产业每千名从业人员拥有有效发明专利数、每千名从业人员 PCT 国际专利申请数。

市场竞争力是指高技术产业核心生产要素创造市场价值的直接生产率，即高技术产业研发人员、研发经费等核心生产要素的要素产品化、产品市场化等直接市场化能力，其产出端常外显为高技术产业新产品销售收入占总销售收入比重、新产品出口额占总出口交货值比重。

品牌竞争力是指高技术产业核心生产要素创造品牌价值的直接生产率，即高技术产业研发人员、研发经费等核心生产要素的技术标准化、产品品牌化、企业品牌化等直接品牌化能力，其产出端常外显为高技术企业参与行业标准和国际标准制定，以及内资高技术企业产品平均超额利润、出口交货值占总出口交货值比重、世界 100 强/500 强品牌价值排名等。

2.2 高技术产业核心竞争力形成机制

高技术产业核心竞争力形成机制遵循产业价值链理论，即研发人员、研发经费等核心生产要素在产业价值链技术端、市场端、品牌端的直接价值化，包括技术价值化、市场价值化、品牌价值化，分别对应技术竞争力、市场竞争力、品牌竞争力形成机制。

总体来看，高技术产业核心竞争力的形成机制具有如下特征：其一，整体性。高技术产业核心生产要素在价值链技术端价值化效率、市场端价值化效率、品牌端价值化效率共同构成核心竞争力，三者缺一不可（陈春宝、杨德林，1997）。其二，层次性。高技术产业核心生产要素在价值链技术端价值化效率是市场端价值化效率的基础，品牌端价值化效率是技术端价值化效率、市场端价值化效率的综合表现形式。其三，循环性。高技术产业技术竞争力、市场竞争力、品牌竞争力在价值链技术端、市场端、品牌端的形成顺序互相可逆，总体可循环。

2.2.1 技术竞争力形成机制

高技术产业技术竞争力形成机制可概括为，研发人员、研发经费等核心生产要素在产业价值链技术端的直接技术化机制，具体包括要素技术化机制和技术专利化机制。

要素技术化是高技术企业在产业价值链技术端配置研发人员、研发经费等核心生产要素，并将其直接转化为具有较高附加值的原创技术、集成创新技术，以及再创新技术的过程（见图2－1）。此过程的研发人员为第一性，研发经费为第二性。具体来说，具有相同特性的技术研发人员，通过合作、对话、头脑风暴等非常规方式学习、质疑与深化经典科学理论，获得支持原始型技术创新的超常型知识，实现原创技术突破；通过不同专业领域的技术研发人员合作，对现有知识重新解读、应用，实现技术的集成创新；改变高技术产业传统技术引进、模仿创新路径，即研发人员在引进国外发达国家先进技术或设备过程中，发现、理解、解释其中的核心隐性知识，推动技术改造和引进、吸收再创新。研发经费是技术研发活动的物质承担者，即作为高技术产业研发人员物质激励的重要来源，保证、提升其研发积极性；作为购买大型研发设备的重要保障，为研发活动的正常运行提供必要支撑；作为研发课题的管理费、服务费以及基本建设支出和外协加工费，促进研发活动高效运行。

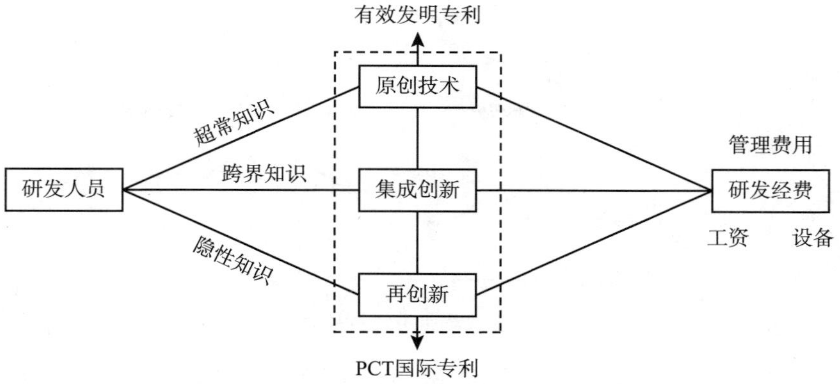

图 2－1　高技术产业技术竞争力形成机制

技术专利化是高技术企业在产业价值链技术端，将上述技术研发成果高效转化为有效发明专利、PCT 国际专利等高质量专利，提升产业价值链技术端价值产出规模的过程（见图 2－1）。此过程离不开独立第三方提供专业的专利申请服务，相关费用常计入研发费用当中。总之，在高技术产业技术竞争力形成过程中，投入端始终为研发人员、研发经费等核心生产要素，作用端为产业价值链技术端，产出端则常表现为高质量专利申请比重。

2.2.2　市场竞争力形成机制

高技术产业市场竞争力的形成机制可概括为，研发人员、研发经费等核心生产要素在产业价值链市场端的直接市场化机制，具体包括要素产品化机制与产品市场化机制。

要素产品化是高技术企业在产业价值链市场端配置研发人员、研发经费等核心生产要素，生产由其直接创造的新产品过程（见图 2－2）。此过程的研发活动以试验开发为主，即研发人员、研发经费为试验人员与试验经费，两者共同提升产业价值链市场端价值产出规模。具体来说，高技术产业根据技术研发的科学规律与市场现实需求，将由核心生产要素直接创造的成熟技术转化为高质量新产品，即通过高技术企业内设的技术中心、开发中心等应用型研发机构技术检验，实验室、测试车间等试验发展机构的小试、中试等产品实验环节，生产符合大部分消费者需求的新产品，实现从技术研发到生产领域的成功跨越（Lee，1986；Mohr，2001；Thieme，2003）。

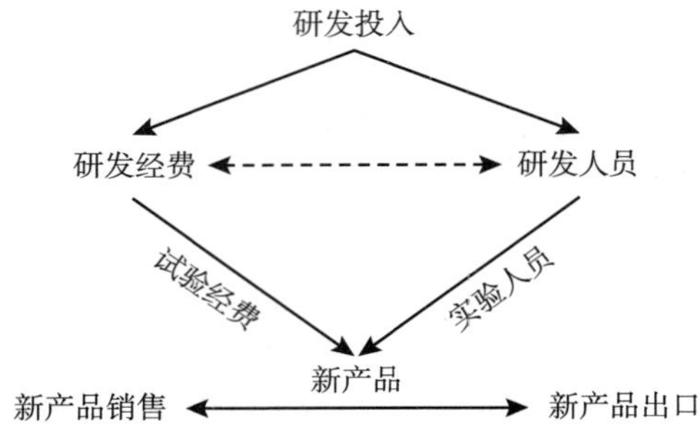

图 2-2　高技术产业市场竞争力形成机制

产品市场化是高技术企业在产业价值链市场端配置研发人员、研发经费等核心生产要素，销售由其直接创造的新产品过程（见图 2-2）。具体来说，由核心生产要素直接创造的新产品，通过市场消费者（一级销售商）性价比比较、“从众心理”等方式，提升产业价值链市场端产品销售规模，实现从生产领域向贸易领域的成功跨越（袁建文，2003；Fulvio，2008）。

需要说明的是，高技术产业市场竞争力形成机制的产出端应为新产品销售规模、技术交易规模，但技术交易包括技术转让、技术服务、专利交易等多种形式，客观上造成相关统计数据难获取、难区分，故学术界常以兼具技术和市场性质的新产品作为市场竞争力产出端的研究对象（Davies，1997；Chung，2004）。因此，高技术产业市场竞争力的投入端始终为研发人员、研发经费等核心生产要素，作用端为产业价值链市场端，产出端常外显为新产品销售规模、新产品出口规模。

2.2.3　品牌竞争力形成机制

高技术产业品牌竞争力形成机制可概括为，研发人员、研发经费等核心生产要素在产业价值链品牌端直接价值化机制，包括技术品牌化机制、产品品牌化机制与企业品牌化机制。

技术品牌化是高技术企业在产业价值链品牌端配置研发人员、研发经费等核心生产要素，并凭借由其直接创造的高水平技术成果，参与制定国家标准、行业标准、国际标准，完成专利的行业布局、国际布局，获取技术交易产生的超额利润过程（见图 2-3）。具体来说，主要由来自国家、行业和国际等不同层面的同行或第三方，根据高技术企业的技术水平、产品质量、企业规模等硬性指标，选择购买该企业技术或邀请其参与相关技术标准制定。

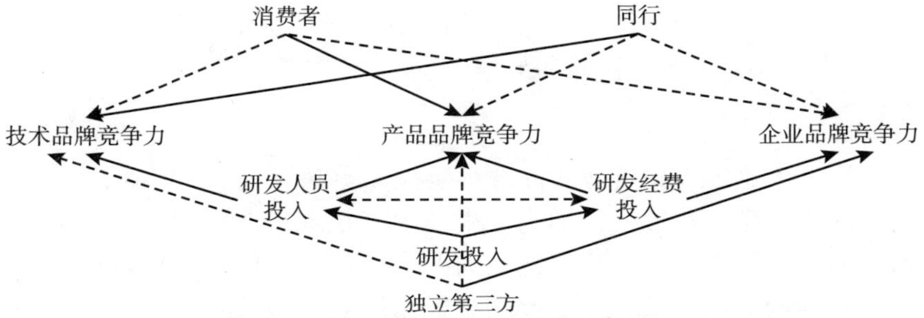

图 2－3　高技术产业品牌竞争力形成机制

产品品牌化是高技术企业在产业价值链品牌端配置研发人员、研发经费等核心生产要素，并通过由其直接创造的高质量产品，获取顾客忠诚度、独立第三方认可度的过程（见图 2－3）。具体来说，主要由消费者或独立第三方通过对由核心生产要素直接创造的产品特性、文化、价值观等商标认可，增强其扩大产品市场占有率能力，以此形成品牌竞争力。由于法律对于专利、版权、商标以及政府市场准入许可证的保护，竞争对手难以模仿，所产生的超额利润可在较大程度上提高产业价值链品牌端价值产出规模。

企业品牌化是高技术企业在产业价值链品牌端配置研发人员、研发经费等核心生产要素，实现核心要素直接品牌化的过程（见图 2－3）。具体来说，独立第三方根据消费者、企业选择，以及高技术企业文化、价值观、企业形象，对高技术企业品牌做出客观评价，提升其抢占市场份额、获取超额利润能力。总之，高技术产业品牌竞争力形成机制的实质是高技术企业与消费者、同行之间关系性契约形成的过程。在高技术产业品牌竞争力形成过程中，投入端始终为研发人员、研发经费等核心生产要素，作用端为产业价值链品牌端，产出端常为参与技术标准制定数、产品超额利润规模、企业品牌价值等。

2.3 高技术产业核心竞争力影响机制

2.3.1 内部影响机制

高技术产业核心竞争力的内部影响关系具有普遍性和客观性，其影响机制同样遵循产业价值链理论，表现为高技术产业研发人员、研发经费等核心生产要素在产业价值链上的技术价值创造效率、市场价值创造效率、品牌价值创造效率相互影响。根据影响效应的正负关系，高技术产业核心竞争力内部影响机制分为良性互动影响机制和消极阻碍影响机制。

1. 良性互动影响机制

高技术产业研发人员、研发经费等核心生产要素在直接创造价值过程中，必然产生与其直接价值化效率高度正相关的技术溢出效应、市场溢出效应与品牌溢出效应（Yingyi，2009；Jie，2013），三种溢出效应构成产业价值链技术端、市场端、品牌端良性互动影响的源动力。高技术产业价值链技术端、市场端、品牌端均可作为溢出效应的起点，不同起点的良性互动影响机制显著不同。

以高技术产业价值链技术端作为溢出效应起点的良性互动影响机制可大致表述为，技术竞争力正向推动市场竞争力、品牌竞争力，双向推动核心竞争力提升（见图2－4）；即在高技术产业核心生产要素投入规模不变情况下，提升其直接技术价值化效率所产生的产业价值链技术端溢出效应，将有效提升价值链市场端价值产出规模、品牌端价值产出规模，从而提高整个产业价值链高附加值产品价值规模。比如，高技术产业价值链技术端的溢出效应所产生的，以新技术、有效发明专利、高质量新产品等产出为代表的集成式创新、再创新或原创颠覆性创新，将从内部提升产品市场化、技术品牌化能力，甚至创造市场新供给或改变消费者消费习惯、消费偏好，提升市场价值、品牌价值产出规模。

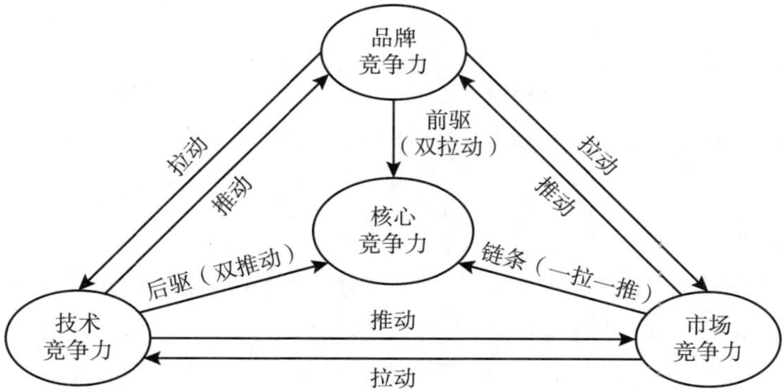

图2-4　高技术产业核心竞争力内部良性互动影响关系

以高技术产业价值链市场端作为溢出效应起点的良性互动影响机制可表述为，市场竞争力反向拉动技术竞争力、正向推动品牌竞争力，前后驱动核心竞争力提升（见图2-4）；即在高技术产业核心生产要素投入规模不变情况下，提升其直接市场价值化效率所产生的产业价值链市场端溢出效应，将有效提升价值链技术端价值产出规模、品牌端价值产出规模，从而提高整个产业价值链条高附加值产品价值规模。比如，高技术产业价值链市场端溢出效应所产生的超额利润，将有效带动研发技术改进或研发方向转变；或推动参与国际标准制定，促进实现高技术产业核心生产要素研发成果由初级市场向高级市场扩散的惊险跳跃。

以高技术产业价值链品牌端作为溢出效应起点的良性互动影响机制可大致表述为，品牌竞争力反向拉动技术竞争力、市场竞争力，双向带动核心竞争力提升（见图2-4）；即在高技术产业核心生产要素投入规模不变情况下，提升其直接品牌价值化效率所产生的产业价值链品牌端溢出效应，将有效提升价值链技术端价值产出规模、市场端价值产出规模，从而提高整个产业价值链条高附加值产品价值规模。比如，高技术产业价值链品牌端溢出效应所产生的产品品牌、技术品牌、企业品牌、顾客忠诚度，将扩大新产品、新技术的交易范围，提高市场价值产出规模；或形成国内外相关领域顶尖研发人员、优质研发资金等研发资源集聚效应，提高技术价值产出规模。

2. 消极阻碍影响机制

高技术产业核心生产要素在直接价值化过程中的趋利性、竞争性、不可替代性、多样性等特征，直接引致产业价值链技术端、市场端、品牌端之间产生摩擦性、结构性、周期性阻碍效应，不同效应的消极阻碍影响机制显著不同。

其一，摩擦性阻碍机制。高技术产业研发人员、研发经费等核心生产要素是产业价值链技术端、市场端、品牌端价值产出的相同且唯一源泉。在高技术产业核心生产要素投入规模不变情况下，核心生产要素的趋利性和不可替代性等特征，推动其在高技术产业价值链技术端、市场端、品牌端之间无规则流动，竞争性摩擦的“挤出效应”必然造成“厚此薄彼”的非均衡现象。一旦产业价值链任何一端的价值产出规模下降，将在一定程度上破坏高技术产业核心竞争力内部良性互动关系，外显为直接引致产业价值链其他端竞争力下降，甚至阻碍核心竞争力整体提升。

其二，结构性阻碍机制。高技术产业研发人员、研发经费等核心生产要素，以及价值链技术端、市场端、品牌端价值产出形式具有多样化特征，如研发人员分为理论研究人员、应用技术研发人员、试验发展研究人员。在核心生产要素投入规模不变情况下，产业价值链任何一端价值产出的内部结构严重失衡，无疑将降低其他端价值产出规模。比如，当高技术产业价值链技术端价值产出以一般专利为主，发明专利、原创技术专利比重严重偏低时，“虚假”提升的结构性失衡将导致盲目追求无用专利申请，抑制研发技术的市场扩散速度，从而降低价值链市场端、品牌端价值产出规模，外显为阻碍市场竞争力、品牌竞争力提升。

其三，周期性阻碍机制。高技术产业发展、技术研发的周期性可能形成阻碍效应；即在核心生产要素投入规模不变情况下，产业价值链技术端、市场端、品牌端不同时期、不同阶段的价值产出规模变化，将直接降低整个产业价值链的价值产出规模。如在高技术产业发展初期，常以“市场换技术”为重要发展路径，长期路径依赖可能造成“市场饱和、技术空窗”，此时提升核心生产要素直接市场价值化效率所产生的边际溢出效应接近于0，间接挤占产业价值链技术端、品牌端的核心生产要素投入，外显为阻碍技术竞争力、品牌竞争力提升。

2.3.2 外部影响机制

高技术产业核心竞争力的外部因素影响机制同时遵循产业价值链理论

与产业竞争力模型理论。钻石模型理论指出，生产要素、需求条件、相关和支持产业，以及企业战略、结构和同业竞争四大因素共同决定产业竞争力，政府因素和机会因素是钻石体系中影响四大因素相互配合效率的重要外部因素。对高技术产业而言，核心竞争力无疑是上述四大因素配合效率的内在表现形式，故高技术产业核心竞争力的外部影响因素可分为政府因素和机会因素。

结合产业价值链理论，政府因素、机会因素对高技术产业核心竞争力的影响机制可大致概括为，钻石体系中的政府、机会因素通过改变高技术产业研发人员、研发经费等核心生产要素投入规模，以及高技术产业价值链条上的技术价值产出规模、市场价值产出规模、品牌价值产出规模，直接或间接地影响高技术产业核心竞争力。政府因素影响机制的实质是政府通过配置所属创新资源，营造良好的生态环境，具体表现为政府科技财政支持、知识产权保护；机会因素影响机制的实质是市场、社会配置研发人员、研发经费等相关创新资源，提高产学研合作可能性、合作效率，弥补政府、市场双失灵缺陷，具体表现为对外开放支持、高校和科研院所研发人员支持，以及科技社会组织支持。

在高技术产业核心竞争力外部因素影响过程中，不同外部因素对核心竞争力的影响起点和影响重点各不相同。如政府科技财政支持、高校和科研院所研发人员支持的影响起点分别为高技术产业研发经费端、研发人员端，又如知识产权保护、对外开放支持、科技社会组织支持的影响重点几乎涉及高技术产业核心竞争力形成的整个过程（见图 2－5）。此外，不同外部因素对高技术产业核心竞争力的影响效应正负不同、大小各异。

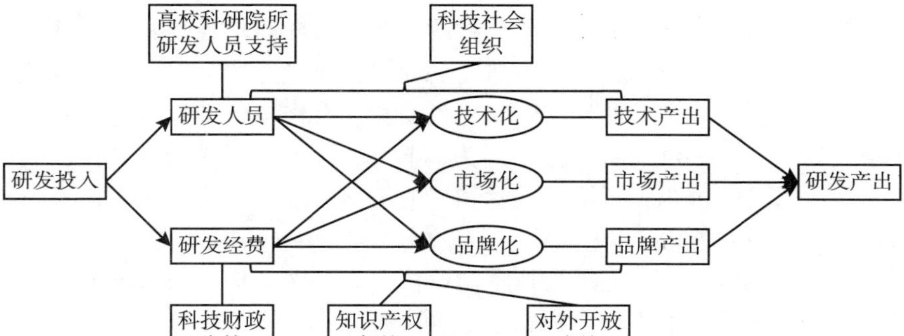

图 2－5　高技术产业核心竞争力与外部影响因素关系

1. 政府科技财政支持对高技术产业核心竞争力的影响机制

作为高技术产业研发经费中政府资金的重要组成部分，政府科技财政支持针对基础研究风险性高、预期收入不确定，以及中小型高技术企业研发经费不足等现实问题，以直接财政补贴、政府项目委托、合作技术开发等方式，给予高技术产业研发经费支持（见图2－6）；即在高技术产业研发经费总体投入规模不变情况下，直接或间接地提升高技术产业价值链技术端、市场端、品牌端价值产出规模，有效增强高技术产业核心竞争力。

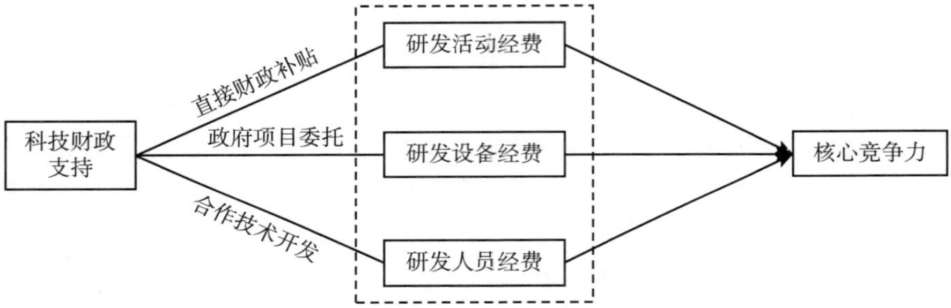

图2－6 政府科技财政支持对高技术产业核心竞争力的影响机制

具体来说，政府科技财政支持对高技术产业核心竞争力的正向影响主要表现在以下两个方面：其一，政府科技财政支持通过直接财政补贴从绝对量上提升高技术产业总体研发经费，为高技术产业购买研发设备、引进高水平研发人员提供经费支持。此外，政府直接财政补贴在一定程度上降低了高技术产业内部研发经费中企业所占比重，客观上缓解了高技术企业高运营成本压力；其二，政府科技财政支持通过政府项目委托、合作技术开发等方式，为高技术企业从事研发活动提供研发经费支持，间接降低了高技术企业研发成本。此外，政府项目委托、合作技术开发可为高技术产业培训研发人员提供经费支持，即为高技术产业研发人员提供研发经验，使其在项目验收过程中了解该技术领域的最新标准，提升高技术产业研发人员的自主研发能力。

政府科技财政支持促进高技术产业核心竞争力的提升效果并不总是立竿见影，甚至可能会出现阻碍效应（刘楠、杜跃平，2005）。上述问题的主要原因在于，政府科技财政支持难以真正地流向高技术企业；后者是否将支持性研发经费用于技术研发，同样尚未有明确结论或监督渠道。具体来说，一是政府科技财政支持落地性不够，如大多数政府科技财政支持申请程序烦琐，各项申报指标要求过高、针对性不强，直接导致部分中小型高技术企业申请积极性偏低，客观上阻碍了其普遍性、“雪中送炭”效应；二是政府科技财政支持易造成高技术企业的长期依赖，降低其从事原始技术创新研发活动的主观能动性。

2. 知识产权保护对高技术产业核心竞争力的影响机制

知识产权保护的实质是对创造性智力劳动成果所有者收益权的保护。对高技术产业而言，知识产权保护对象主要为技术专利所有者，即保障其在一定时期内获得超额垄断利润的权益。从全球范围看，高技术产业之争主要是高技术企业之争，高技术企业之争主要是专利之争，专利之争主要是国家知识产权保护制度之争（Malaga，2014）。

以专利保护为主的知识产权保护，对高技术产业核心竞争力的直接性影响重点为研发人员、研发经费等核心生产要素投入端，以及高技术产业价值链条上的市场价值产出端、品牌价值产出端（见图 2－7）；即通过公正、高效处理高技术产业专利侵权、专利假冒、专利纠纷等案件，提高高技术产业核心生产要素投入积极性，降低其持续性研发成本。

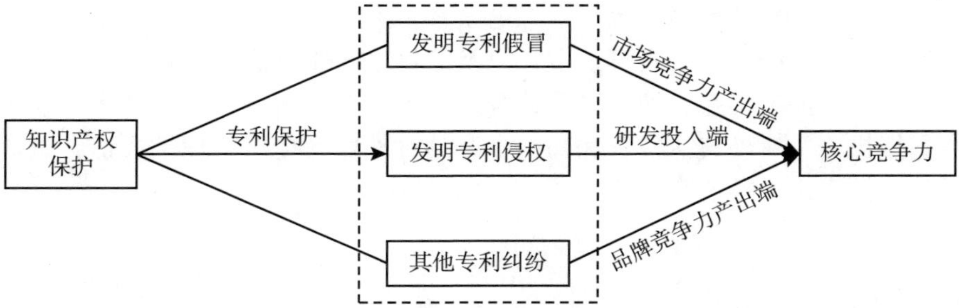

图 2－7　知识产权保护对高技术产业核心竞争力的影响机制

具体来说，知识产权保护对高技术产业核心竞争力的正向影响主要表现在以下三个方面：其一，有利于促进高技术产业提升研发人员、研发经费等核心生产要素投入规模，增强其技术研发能力。一方面，知识产权保护提高了技术偷窃成本、模仿成本，直接推动中小型高技术企业合作研发或自主研发；另一方面，知识产权保护增加了核心生产要素产生的保护性超额利润，成为大型高技术企业坚持自主研发的不竭动力；其二，有利于提高高技术产业价值链市场端价值产出规模。知识产权保护在提高高技术产业研发效率的同时，产生大量具有高附加值的新技术和新产品，前者通过申请专利、专利布局获取技术交易超额利润，后者通过扩大销售规模抢占市场份额（Fang－Mei，2009）；其三，有利于提高高技术产业价值链品牌端价值产出规模。知识产权保护制度的不断完善，有助于在全球范围内打造高技术产业的行业品牌、国家品牌，促进高技术企业的行业交流和国际交流，扩宽大型高技术企业的国际视野，为其参与制定国际技术标准、市场准则奠定基础。

知识产权保护对高技术产业核心竞争力的负向影响主要表现在，引致不同国家间形成技术壁垒，一定程度上阻碍发展中国家与发达国家高技术产业间的技术扩散（郑亚莉、宋慧，2012），降低前者高技术产业核心竞争力。

3. 对外开放对高技术产业核心竞争力的影响机制

对外开放主要指人才、资金、信息等重要生产资料在不同国家间的无阻碍流动。目前学术界主要从资金流动、产品流动两个视角，将对外直接投资额与接受外商直接投资额之和占 GDP 比重、出口贸易总额与进口贸易总额之和占 GDP 比重作为衡量某个国家对外开放程度指标（Ming－Chin，2007；Kris，2009）。

对外开放支持对高技术产业核心竞争力的影响主要作用于研发人员、研发经费等核心生产要素投入端，以及高技术产业价值链的技术价值产出端、市场价值产出端；即通过开放金融市场、产品市场，为高技术产业外商直接投资、对外直接投资和高技术产品对外贸易提供全球性通道，以此提升高技术产业核心竞争力（见图 2－8）。

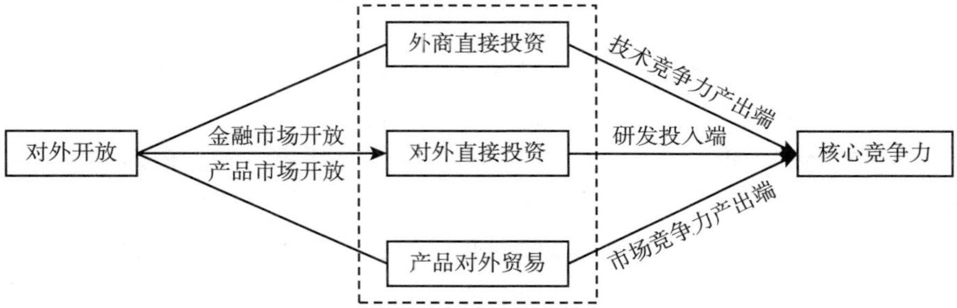

图 2－8　对外开放对高技术产业核心竞争力影响机制

具体来说，对外开放支持对高技术产业核心竞争力的正向影响主要表现在如下三个方面：其一，对外开放的外商直接投资有利于提高高技术产业研发经费规模。一般来说，外商直接投资具有规模大、偏好风险等特征，其通过积极监督、为管理者承担创新项目选择失败成本等方式，有效弥补接收国高技术产业研发经费不足、研发风险性高等现实问题。此外，外商直接投资有效带动高水平的高技术企业、技术，以及研发活动的先进管理经验等无形资产投资，提升接收国高技术产业研发人员、研发经费等核心生产要素配置效率；其二，对外开放的对外直接投资有利于提高高技术产业价值链技术端价值产出规模。对外直接投资的规模大、偏好风险等特征，有效推动输出国运用接收国低成本生产要素开展研发活动，增加前者在后者的有效发明专利规模，实现高技术产业的技术专利国外布局；其三，对外开放的产品对外贸易有助于提高高技术产业价值链市场端价值产出规模。以新产品为主要交易对象的国际贸易，推动高技术产业抢占国际市场份额。此外，高技术产品的国际贸易将在较大程度上促进高技术企业掌握国际贸易准则，为其参与技术标准制定、获取市场超额利润奠定基础。

对外开放支持对高技术产业核心竞争力的负向影响主要表现为，大量相关高技术企业涌入所造成的高技术企业国内竞争国际化、国际竞争国内化，提高了内资高技术企业留住顶尖研发人才和配置优质研发资金的隐性成本。

4. 高校、科研院所研发人员对高技术产业核心竞争力的影响机制

高校、科研院所研发人员普遍具有理论水平高、超常型默示知识集聚等特征，有助于从外部提升高技术产业劳动者对现存实物资本的使用效率、知识创造与传播效率，以及技术进步效率，即有效消化研发的阶段性成果，快速获取独特的、排他的、高附加值的最终研发成果（方竹兰，2003；Brignall，1991）。

高校、科研院所研发人员的规模常以研发人员折合全时当量指标衡量，其对高技术产业核心竞争力的正向影响主要体现在产学研合作和科技成果转化两个方面，前者主要作用于技术竞争力，后者主要作用于市场竞争力。具体来说，在产学研合作方面，不同产学研合作方式对高技术产业核心竞争力的影响机制差异较大。如高校、科研院所研发人员选择以个人名义与高技术企业展开合作，即将个人所拥有的理论知识运用于企业研发部门，与之形成研发成果共享的互利关系（见图2-9），直接提升高技术产业技术研发水平，即高技术产业价值链技术端价值产出规模。该产学研合作方式的大部分主体为大型高技术企业，具有买方市场特征，即高技术企业的议价能力相对较强。

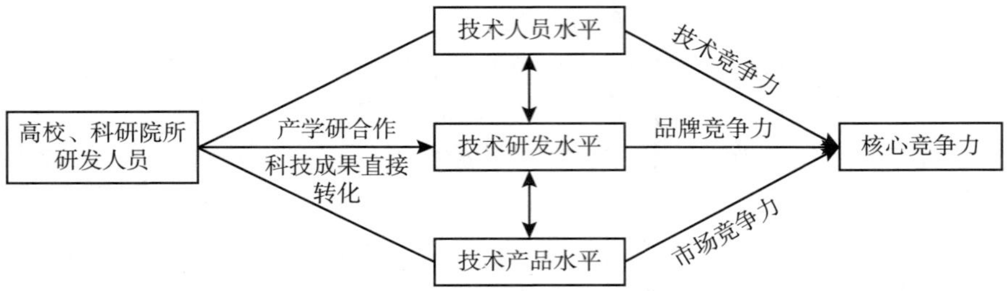

图 2-9　高校、科研院所研发人员对高技术产业核心竞争力的影响机制

又如高校、科研院所研发人员选择以单位名义与高技术企业合作，即以研发项目委托等方式，根据高技术企业技术需求，运用高校或科研院所的实验设备从事研发活动，将研究成果使用权有偿转让给高技术企业，以此间接提升高技术企业的技术应用能力，高技术产业价值链条技术端价值产出规模。该产学研合作方式的大部分主体为中小型高技术企业，具有买方市场特征，即高校、科研院所的议价能力相对较强。在上述两种产学研合作方式中，高技术企业内部研发人员均可通过参与研发活动，提升、扩展自身研发能力和研发视野，内向推动由高技术产业价值链技术端、市场端，向品牌端逐渐靠拢，最终形成完整的产业链条，提升高技术产业核心生产要素的价值端产出水平。

在科技成果转化方面，随着高校、科研院所研发能力增强，高水平科研成果规模大幅度提升。但高校和科研院所偏重教育培养、理论研究，绩效评价、职称评估以论文、著作、专利为主，其科技成果转化具有自发性、零散性特征，仅小部分成果实现内部转化，即通过校办企业、学校转化办公室等平台实现研发成果市场化。在此背景下，掌握市场需求的高技术企业可直接通过市场化买卖方式，将高校、科研院所的研究理论应用化、市场化，以此提升高技术产业价值链条技术端、市场端价值产出规模。

企业的“市场属性”与高校、科研院所的“行政体制”存在天然冲突，客观上造成高技术产业产学研高效合作成为世界级理论难题，表现为产学研合作次数少、时间短，产学研合作参与者在科研成果转化中存在互不信任、利益不共享、风险不共担等消极关系，直接降低了高校、科研院所研发人员对高技术产业核心竞争力的正向影响效应。

5. 科技社会组织对高技术产业核心竞争力的影响机制

从行政管理角度看，科技社会组织主要指由科研人员自发成立，归民政部管理的学会、研究会以及高技术产业联盟等组织，具有专业性、独立性、自发性、自治性等特征。但如果从研究角度看，科技社会组织的概念限制应有所放宽，即只要是能直接或间接服务于高技术产业的社会组织，均应纳入科技社会组织范畴，故科技社会组织还包括科技研究型社会团体、提供科技资金支持的基金会，以及科技服务型民办非企业单位等（陈伟、方竹兰，2019）。

科技社会组织对高技术产业核心竞争力的正向影响集中体现在服务高技术企业，即根据不同成长阶段的高技术企业需求提供针对性、专业化服务。"促进高技术企业增加销售额规模"是衡量其影响效应大小的重要指标。

具体来说，高技术企业的成长分为孵化、成长、成熟、衰退（转型）4 个阶段[①]，不同阶段企业的创新服务需求不尽相同。如孵化阶段的高技术企业对确定创新方向、整合创新资源的需求较为关注，对创新信息、创新人才、创新资金等服务需求尤为重视；成长阶段的高技术企业则主要集中于开展创新活动、形成创新产品，对研发支持、科技成果转换与保护的服务需求相对看重；成熟阶段的高技术企业热衷于抢占创新市场、扩大创新影响，偏向于寻求提升国际影响力和前沿科技探索能力的服务，为二次创新奠定基础（见图 2－10）。

科技社会组织对高技术产业核心竞争力的正向影响主要体现在，针对上述不同阶段高技术企业需求举办活动、搭建平台，有效整合社会创新资源，为高技术企业创新提供服务支持。不同类型科技社会组织提供的服务各有侧重，如学会、研究会等社会组织偏重于基础性理论研究、人才培养与交流、标准创制、课题研究、产业咨询等服务；基金会、孵化器着重于科技创新资金支持服务；民办非企业单位则主要服务于创新成果、创新影响力，其主要服务方式包括成果转化和保护、宣传推广（见图 2－10）。

---

① 衰退（转型）阶段的高技术企业倾向挖掘新的创新需求点，但处于该阶段的高技术企业既具有孵化阶段企业的首次创新需求，也拥有成熟阶段企业的自我开发能力，故其创新服务需求与上述两个阶段的企业重叠，在此不再单独对其分析。

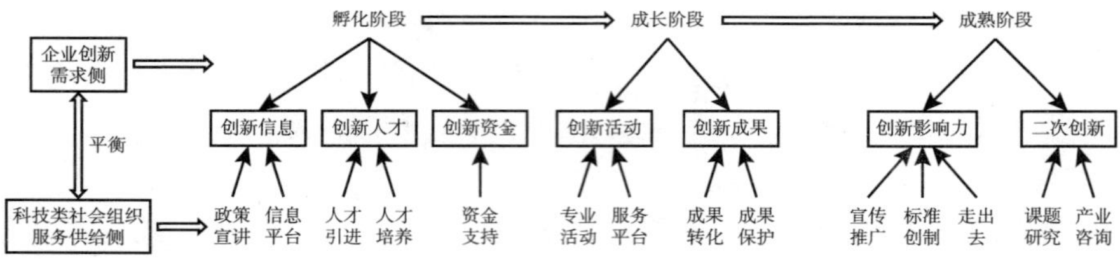

图 2－10 科技社会组织对高技术企业影响机制

科技社会组织对高技术产业核心竞争力的负向影响主要表现为，大部分科技社会组织服务的专业化水平偏低，客观上降低了其服务高技术企业的效率，由此产生的高机会成本在一定程度上阻碍高技术产业核心竞争力形成。

2.4 本章小结

本章以经济学范式分析高技术产业核心竞争力基本概念、形成机制、影响机制等理论问题，主要得出以下重要结论：其一，高技术产业核心竞争力是研发人员、研发经费等核心生产要素在价值创造过程中的直接生产率，包括技术竞争力、市场竞争力、品牌竞争力；其二，高技术产业核心竞争力形成机制可概括为，研发人员、研发经费等核心生产要素在产业价值链技术端的要素技术化、技术专利化，市场端的要素产品化、产品市场化，以及品牌端的技术品牌化、产品品牌化、企业品牌化；其三，高技术产业核心竞争力外部影响机制可概括为，钻石体系中的政府科技财政支持、知识产权保护支持、对外开放支持、科技社会组织支持，以及高校、科研院所研发人员支持等政府因素、机会因素，通过改变高技术产业研发人员、研发经费等核心生产要素投入规模，以及高技术产业价值链条上的技术价值产出规模、市场价值产出规模、品牌价值产出规模，直接或间接地影响高技术产业核心竞争力。

第 3 章

中国高技术产业核心竞争力概况

本章在高技术产业核心竞争力理论框架下，首先纵向分析我国高技术产业发展历程，通过将其划分为初创萌芽期、重点开拓期、快速成长期和逐渐成熟期四大阶段，掌握我国高技术产业核心竞争力形成环境的总体变化情况；其次从生产要素配置视角，阐述我国高技术产业核心竞争力形成过程，总结出引进国外专业人才、先进技术，培养国内技术人才、领先企业，以及以产学研一体化、科技成果转化为重点的自主创新等重要途径；最后以投入产出视角，系统介绍我国高技术产业核心生产要素投入端，以及产业价值链技术价值、市场价值、品牌价值产出端现状，归纳总结出具有我国特色的高技术产业核心竞争力特征，初步回答我国高技术产业核心竞争力大小（非强弱）问题。

3.1 中国高技术产业发展历程

根据高技术产业价值创造过程中的研发人员、研发经费等创新资源配置顺序，以及提高各类生产要素配置效率的政策制定、实施情况，将我国高技术产业发展分为初创萌芽期、重点开拓期、快速成长期和逐渐成熟期四大阶段。

3.1.1 初创萌芽期

我国高技术产业初创萌芽期大致为第 1 ~5 个“五年计划”，即1953 ~ 1980 年。在此时期，我国基本完成了社会主义改造，确立了“优先发展重工业”战略，建立了由政府主导和布局的科技体系，培养、引进了一大批高技术人才（陈俐、冯楚健、陈荣，2016），为高技术产业的萌芽和成长提供了良好的生态环境。初创萌芽期具有代表性的相关重大政策如下：

首先，制定了我国第一个《1956～1967 年科学技术发展长远规划》，开拓了核、宇航、计算机、半导体、自动化、无线等国防相关技术领域，建立了符合高技术产业发展的科技体系。1966 年，我国已初步形成了由中科院、高校、产业部门、地方科研单位和国防科技部门构成的科技体系，拥有 1700 多个科研机构和 12 万名科研人员①。

其次，制定了《1978～1985 年全国科学技术发展规划纲要》，培养了一大批科技人才，建立了科技人员的职称、岗位责任制和进修、考核制度，加强了国际科技合作和交流。1980 年，我国共有科技人员 529.6 万人，其中工程技术人员 186.2 万人，科学研究人员 32.3 万人，平均每万人中的上述人才数量分别为 53.9 人、18.9 人、3.3 人。

最后，将改革开放作为基本国策。改革开放的实质是对内改革和对外开放，前者扩大了国有企业的自主经营权，在一定程度上明确了以企业为中心的高技术产业体系，后者则鼓励引进国外适用且先进的技术设备。在此背景下，1980 年，中科院物理所科研人员自发组成了“等离子体学会先进技术发展服务部”，成为我国最早以准企业方式将科技成果转化为社会生产力的专业组织，并直接催生出京海、科海等 11 家科技企业。

3.1.2 重点开拓期

我国高技术产业重点开拓期大致为第 6～10 个“五年计划”，即 1981～2005 年。在此时期，我国先后明确了“以经济建设为中心，科学技术是第一生产力”的发展路线、发展理念，并通过“国家高技术研究发展计划”（简称“863 计划”）、“国家重点基础研究发展计划”（简称“973 计划”）、“火炬计划”等成系统的科技发展战略，逐步开拓了电子计算机、生物工程等重要高技术领域，推动高技术产业快速发展、合理分类。重点开拓期具有代表性的相关重大政策如下：

首先，制订了“以技术研发为重点”的 863 计划和“以基础研究为重点”的 973 计划，为提升高技术产业技术竞争力打下了坚实基础。高技

① 如未特别说明，本章所涉及的数据均来源于国家统计局。

术产业统计年鉴数据显示，2005 年，我国高技术产业的发展重点为医药制造、电子及通信设备、医疗仪器仪表设备等行业，上述行业 R&D 活动人员折合全时当量为 17.3 万人 · 年，R&D 经费内部支出达 36.2 亿元，有效发明专利 6658 项，参与制定行业标准 365 项、国际标准 109 项，吸引跨国公司设立研发机构超过 700 家。

其次，制订了以“技术成果转化，技术成果产业化、国际化”为重点的火炬计划，在较大程度上推动我国高技术产业市场化，集中体现在信息、新材料、生物技术、新能源、先进制造业等高技术产业（陈来，2008）。2005 年，我国高技术产品销售收入达 3.4 万亿元，其中新产品销售收入达 6914.7 亿元，占总销售额的 20.3%；高技术产品出口额达 2183 亿美元，年均增长 43%，占全国外贸出口总额的 28.6%，占全球比重超过 10%。

最后，首次对我国高技术产业进行分类（见表 3 – 1），为实现高技术产业的重点开拓和快速发展指明了方向。截至 2005 年，我国高技术产业总体规模世界第 3，产业增加值占 GDP 比重为 4.4%，高技术企业 17527 个，从业人员年平均人数为 663 万人，对我国经济增长的贡献率为 35%（赵玉林，2010）。

表 3 – 1　　2002 年重点开拓期的高技术产业分类

大类	中类	备注
医药制造业	化学药品制造；中成药制造；生物、生化制品制造（3 类）	此次分类相对注重国内高技术产业市场需求，国际化程度较低。其中大类有 8 个，中类有 19 个
航空、航天器及设备制造业	飞机制造及修理；航天器制造；其他飞行器制造（3 类）	
电子及通信设备制造业	通信设备制造；雷达及配套设备制造；广播电视设备制造；电子器件制造；电子元件制造；家用视听设备制造；其他电子设备制造（7 类）	
计算机及办公设备制造业	电子计算机整机制造；计算机网络设备制造；电子计算机外部设备制造；办公设备制造（4 类）	
医疗仪器设备及仪器仪表	医疗仪器设备及器械制造；仪器仪表制造（2 类）	
信息化学品制造业	—	
核燃料加工	—	
公共软件服务	—	

3.1.3 快速成长期

我国高技术产业快速成长期大致为第 11 ~ 12 个“五年规划”，即 2006 ~ 2015 年。此时期在制定高技术产业整体规划基础上，强调技术与市场两个方面的快速成长，逐步实现高技术产业技术从模仿创新向自主创新转化，高技术产品市场从国内市场向国外市场转移，推动我国高技术产业总体由加工制造向技术研发、品牌营销等附加值高位靠拢。快速成长期具有代表性的相关重大政策如下：

首先，制定了《高技术产业发展“十一五”规划》，强调通过建立一批国家工程中心、国家工程实验室和企业技术中心，实现从加工装配为主向自主研发制造延伸。高技术产业统计年鉴①显示，在技术研发方面，2015 年，我国拥有研发机构的高技术内资企业达 6560 个（占内资企业 29.7%）；内资企业拥有研发机构 8550 个，机构人员 533651 人，仪器设备 8554091 件，有效发明专利 183403 件，与 2006 年相比，增长率分别为 537%、305%、453%、3825%，但其占总数②比重却仅分别为 74.2%、67.9%、69.7%、55.4%。在市场销售方面，内资企业销售收入达 7.1 万亿元，出口交货值 0.9 万亿元，其中新产品销售收入为 2.03 万亿元，出口交货值为 0.4 万亿元，相对于 2006 年，其增长率分别为 519%、215%、7753%、7749%，占总数的比重分别为 50.4%、19.2%、48.9%、24.4%。

其次，公布了《国务院关于加快培育和发展战略性新兴产业③的决定》，强调坚持充分发挥市场基础性作用与政府引导推动相结合，坚持科技创新与实现产业化相结合。据战略性新兴产业数据库资料显示，2015 年上半年，战略性新兴产业重点行业收入和利润增速均超过 10%，九大类重点战略性新兴产业固定资产投资为全国城镇固定资产投资增速的 1.5 倍。作为与高技术产业高度相关的产业，战略性新兴产业的发展路径与发展速度无疑将推动前者高质量发展。

---

① 《高技术产业统计年鉴》的企业统计口径为年主营业务收入 2000 万元以上的法人工业企业。下同。

② 总数包括内资企业、国有企业、港澳台投资企业和外商投资企业。

③ 根据《国务院关于加快培育和发展战略性新兴产业的决定》，战略性新兴产业是指以重大技术突破和重大发展需求为基础，对经济社会全局和长远发展具有重大引领带动作用的知识技术密集、物质资源消耗少、成长潜力大、综合效益好的企业集群。

最后，进一步明确了我国高技术产业范围（见表 3－2）。

表 3－2　快速成长期的高技术产业分类（2013 年）

大类	中类	备注
医药制造业	化学药品制造；中药饮片加工；中成药生产；兽用药品制造；生物药品制品制造；卫生材料及医药用品制造（6 类）	相对 2002 年的高技术产业分类，此次的大类基本与国际分类标准一致，中类仍存在较小差异
航空、航天器及设备制造业	飞机制造；航天器及运载火箭制造；航空、航天相关设备制造；其他航空航天器制造；航空航天器修理（5 类）	
电子及通信设备制造业	电子工业专用设备制造；光纤、光缆制造；锂离子电池制造；通信设备制造；广播电视设备制造；雷达及配套设备制造；视听设备制造；电子器件制造；电子元件制造；其他电子设备制造（10 类）	
计算机及办公设备制造业	计算机整机制造；计算机零部件制造；计算机外围设备制造；其他计算机制造；办公设备制造（5 类）	
医疗仪器设备及仪器仪表	医疗仪器设备及器械制造；仪器仪表制造（2 类）	
信息化学品制造业	信息化学品制造（1 类）	

3.1.4　逐渐成熟期

我国高技术产业逐渐成熟期大致为第 13 个“五年规划”至今，即 2016 年至今。在此时期，我国高技术产业在创造高附加值产品过程中逐渐表现出技术化、市场化、品牌化和国际化等重要特征，高技术企业的主体地位和主导作用日益突出，为高技术产业技术创新完成从“官本创新”向“民本创新”转变，从“精英独占”向“草根分享”转变，从“内化创新”向“创新外化”转变（史及伟，2007）等 4 大转变提供了微观基础。此外，逐渐成熟期基本确定了我国高技术产业范围（见表 3－3），尤其是新加入的智能消费设备制造、信息安全设备制造等战略新兴产业，为抢占高技术产业技术高地指明了方向。

表 3-3 逐渐成熟期的高技术产业分类（2017 年）

大类	中类	备注
医药制造业	化学药品制造；中药饮片加工；中成药生产；兽用药品制造；生物药品制品制造；卫生材料及医药用品制造；药用辅料及包装材料（7 类）	该分类有助于区分高技术产业（制造业）与高技术产业（服务业），为高技术产业形成高精尖发展模式奠定基础
航空、航天器及设备制造业	飞机制造；航天器及运载火箭制造；航空、航天相关设备制造；其他航空航天器制造；航空航天器修理（5 类）	
电子及通信设备制造业	电子工业专用设备制造；光纤、光缆及锂离子电池制造；通信设备、雷达及配套设备制造；广播电视设备制造；非专业视听设备制造；电子器件制造；电子元件及电子专用材料制造；智能消费设备制造；其他电子设备制造（9 类）	
计算机及办公设备制造业	计算机整机制造；计算机零部件制造；计算机外围设备制造；工业控制计算机及系统制造；信息安全设备制造；其他计算机制造；办公设备制造（7 类）	
医疗仪器设备及仪器仪表	医疗仪器设备及器械制造；通用仪器仪表制造；专用仪器仪表制造；光学仪器制造；其他仪器仪表制造业（5 类）	
信息化学品制造业	信息化学品制造（1 类）	

以上分析表明，我国高技术产业在国民经济高速发展过程中所产生的各类生产要素推动下，逐步实现了从无到有、由小变大的历史性突破。在政府重大战略部署和相关政策支持下，基本完成了形成具有技术竞争力、市场竞争力、品牌竞争力等国际竞争力所必需的研发人员、研发经费等核心生产要素的原始积累，共同为实现由大变强的实质性、内生性转变，探索符合我国基本国情的高技术产业高质量发展路径奠定了坚实的物质基础。

3.2 中国高技术产业核心竞争力形成路径

3.2.1 引进国外专业人才和先进技术

从高技术产业核心竞争力形成机制看，引进国外专业人才、先进技术等生产要素是从外部推动高技术产业核心竞争力形成的重要第一步（王勇，2012），由此带来的国外先进设备、研发活动管理经验有效提升高技术产业价值创造能力；从世界各国高技术产业发展历程看，同样尚未出现任何国家在发展初期完全依靠国内人才、技术资源实现高技术产业的高质量发展（孙芳丽，2009）。我国引进国外人才和技术集中在高技术产业发展的初创萌芽期和重点开发期。

1. 引进国外专业技术人才

改革开放前，我国主要从苏联和东欧引进高技术产业相关技术人才。1950～1960 年的 10 年间，我国共引进约 2 万名苏联专家，主要分布于重点建设项目、大专院校和科研机构。国外技术人才作为研发项目的骨干，有效促进了我国高技术产业重点项目的制定和实施（刘永志、何敬中，2005）。

改革开放至 2009 年，我国引进国外技术人才规模逐渐扩大。1979 年，在华工作的境外人才仅 820 人次，2009 年超过 46 万人次（高文书，2010）。引进国外人才的领域逐渐向第三产业倾斜。第三产业引进国外人才占比由 2000 年的 13.44% 上升至 2009 年的 52.6%，教科文卫类国外人才占比相应由 11.37% 上升至 34.26%（见图 3－1），为培养国内高技术产业相关技术人才提供了大量优质师资。

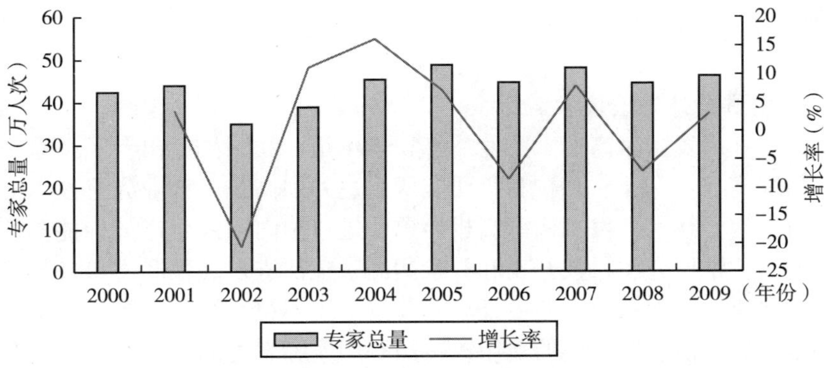

图 3－1　2000～2009 年中国引进国外人才的总量及增长率

资料来源：《境外来中国大陆工作专家统计调查资料汇编》，国家统计局、国家外国专家局。

2009 年以后，我国引进专业技术人才逐渐表现出规模化、高端化和国际化特征。《国家中长期人才发展规划纲要（2010～2020 年）》提出，大力吸引海外高层次人才和急需紧缺专门人才，扩大国际科技合作项目规模和范围。截至 2016 年底，国家“千人计划”共引进海外人才 6089 人。2010 年至 2017 年，来华合作项目数和出国合作项目数的年平均增长率分别为 9.3% 和 4.8%，来华合作研究由 1995 年的 4029 人次上升至 2010 年的 13139 人次，再上升为 2017 年的 24595 人次；出国合作研究由 1995 年的 6873 人次上升至 2010 年的 10617 人次，再上升为 2017 年的 24620 人次（见图 3－2）。

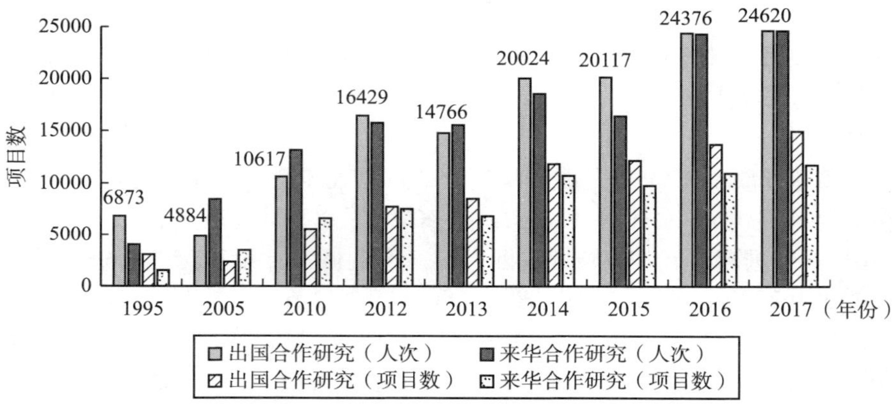

图 3－2　1995～2017 年国际科技合作项目状况及出国合作研究人次

资料来源：《中国科技统计年鉴》，国家统计局、科技部。

2. 引进国外先进技术

为弥补后发国家高技术产业技术积累不足，我国先后出台了一系列政策，鼓励高技术企业、高校和科研院所引进外国高技术产业先进技术。如对科研机构、技术开发机构、高校等单位进口国内不能生产或性能不能满足需要的科学研究、科技开发和教学用品，免征进口关税和进口环节增值税、消费税；又如取消企业委托境外研发费用不得加计扣除限制，即委托境外进行研发活动所发生的费用，按照费用实际发生额的 80% 计入委托方的委托境外研发费用①。

在上述政策支持下，我国引进国外先进技术逐渐呈规模化、多元化特

① 出自财政部、海关总署、国家税务总局联合发布的《关于“十三五”期间支持科技创新进口税收政策的通知》和《关于支持科技创新进口税收政策管理办法的通知》，有效期为 2016 年 1 月 1 日至 2020 年 12 月 31 日。

征，并成为聚集高技术产业核心生产要素的重要途径（程进、陈小文、王晖，2003）。近年来，我国向国外购买技术合同数和合同金额均呈逐年上升趋势，如向外商企业购买技术合同数由 2006 年的 5680 项，上升至 2017 年的 104441 项；合同金额也相应地由 266.7 亿元，上升至 921 亿元（见表3－4）。

表 3－4　2006～2017 年购买外商投资企业技术成交合同金额及项目数量

类别	项目	2006 年	2010 年	2012 年	2013 年	2014 年	2015 年	2016 年	2017 年
金额（亿元）	港澳台商投资企业	17.9	95.2	113.9	138.0	179.5	146.3	190.6	268.3
	外商投资企业	266.7	512.1	835.1	818.0	793.3	1011.3	838.3	921.0
合同（项）	港澳台商投资企业	785	2454	2958	2512	3048	2780	2977	3267
	外商投资企业	5680	10245	10793	10686	9718	8462	9792	10441

资料来源：《中国科技统计年鉴》，国家统计局、科技部。

我国高技术产业技术引进方式正在由单纯的模仿引进向消化吸收、再创新转移。《高技术产业统计年鉴》数据显示，我国高技术产业引进技术经费由 2005 年的 47 亿元上升至 2016 年的 99.8 亿元，所占技术改造经费、消化吸收经费和购买国内技术经费总和的比重则相应地由 30% 下降至 17%。

此外，我国还通过外商高技术企业、外商资金为一体的混合引进模式，带动国外人才引进、技术引进，提升高技术产业国际化水平。据《中国外商投资报告（2018）》数据显示，2017 年，我国高技术制造领域新增外商投资企业 1032 个，同比增长 29.3%；实际使用外资 98.9 亿美元，同比上升 7.6%①。

3.2.2　培养国内技术人才和骨干企业

人才和企业作为高技术产业高质量发展的源动力和动力装置（苏玉

① 分类看，电子及通信设备制造业利用外资达 64 亿美元，同比上升 4.5%；医药制造业利用外资 21.4 亿美元，同比上升 1.8%；医疗仪器设备及仪器仪表制造业利用外资 8.7 亿美元，同比上升 23.1%；计算机及办公设备制造业利用外资 3.7 亿美元，同比上升 65.7%；航空、航天器及设备制造业利用外资 0.8 亿美元，同比上升 110.2%；信息化学品制造业利用外资 0.4 亿美元，同比上升 737.4%。

娟、董华，2001），是形成和提升高技术产业核心竞争力的关键因素。前者是核心生产要素的重要组成部分，后者是核心生产要素高效配置的微观基础，两者共同推动高技术产业价值创造、价值实现。我国培养国内技术人才和骨干企业贯穿整个高技术产业发展阶段，集中体现在重点开发期和快速成长期。

1. 培养国内技术人才

从培养能力看，作为高技术产业技术人才培养的主要机构，我国高校和科研院所规模、研发能力呈明显上升趋势。如高校数从2005年的1792个上升至2010年的2358个，再上升为2017年的2631个；科研院所机构数则从2005年的3901个，上升至2010年的3696个，再上升为2017年的3547个。高校和科研院所R&D人员全时当量（基础研究R&D人员全时当量）、经费内部支出（基础研究经费支出）、发明专利申请授权数等研发能力指标显著上升（见图3－3、图3－4），共同为我国高技术产业技术人才培养奠定了坚实的人力资源基础。

从政策保障看，我国先后出台了一系列扩宽高校、科研院所科研自主权，鼓励地方企业参与高校、科研院所人才培养等相关政策，为高技术产业向价值链前沿研发端转移注入新鲜血液。在研发自主权方面，赋予高校、科研院所技术路线决策权，鼓励教师和科研人员结合技术研发需求，依法依规地适度参与兼职兼薪研发工作；在收入分配权方面，推动形成体

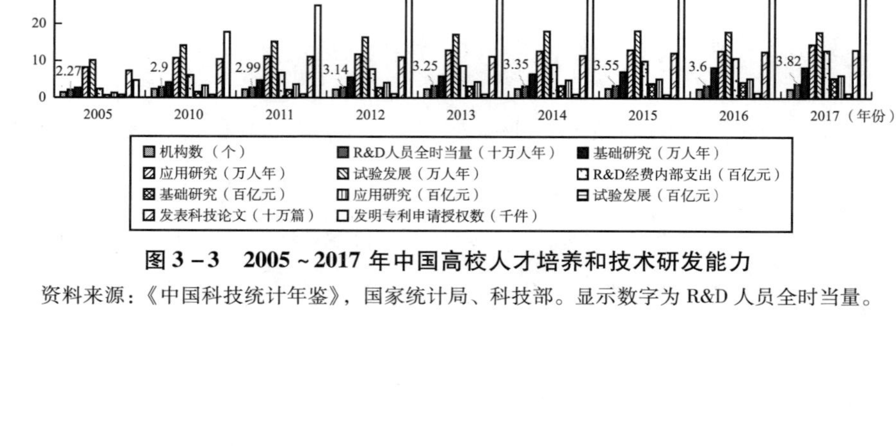

图3－3　2005～2017年中国高校人才培养和技术研发能力

资料来源：《中国科技统计年鉴》，国家统计局、科技部。显示数字为R&D人员全时当量。

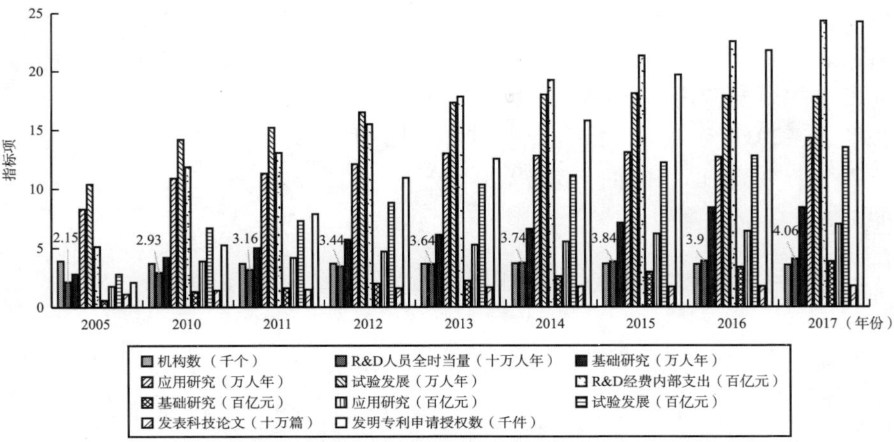

图3－4　2005～2017年中国科研院所人才培养和技术研发能力

资料来源：《中国科技统计年鉴》，国家统计局、科技部。显示数字为R&D人员全时当量。

现增加知识价值的收入分配机制，扩大高校、科研院所收入分配自主权，落实其在岗位设置、人员聘用、绩效工资分配、项目经费管理等方面的自主权；在日常管理方面，支持和鼓励高校、科研院所选派专业技术人员到企业挂职、参与项目合作、兼职创新或在职创办企业①。另据《中国科技统计年鉴》数据显示，2017年，我国共有47个地方企业参与普通高校人才培养，1个地方企业参与研究生机构人才培养。

从培养效果看，我国高校和科研院所招生、毕业生和在校生规模逐渐扩大。从图3－5可知，研究生招生数由2005年的36.5万人增加至2010年的53.8万人，2017年为80.6万人（博士研究生招生数相应从5.5万人到6.4万人再到8.4万人），普通本科生招生数从2005年的236.4万人增加至2010年的351.3万人，2017年为410.8万人（工学专业本科招生数从2010年的15.4万人增加至2017年的28.2万人，年平均增长幅度高出总体水平约8.3个百分点）。

2. 培育国内高技术骨干企业

我国主要以政策支持与市场资金支持相结合的方式培育高技术企业，提升其参与研发人员、研发经费等核心生产要素配置的积极性和研发能力。在政策支持方面，《中华人民共和国企业所得税法》《高新技术企业

① 见《关于实行以增加知识价值为导向分配政策的若干意见（2016年）》《关于支持和鼓励事业单位专业技术人员创新创业的指导意见（2017年）》。

认定管理办法（2016）》[①] 指出，高新技术企业的企业所得税减免 10%（即按 15% 征收，非高新企业为 25%）；科技型中小企业[②]研发活动中实际发生的研发费用，未形成无形资产计入当期损益的，在按规定据实扣除基础上，2017 年 1 月 1 日至 2019 年 12 月 31 日期间，再按照实际发生额的 75% 在税前加计扣除；形成无形资产的，在上述期间按照无形资产成本的 175% 在税前摊销。

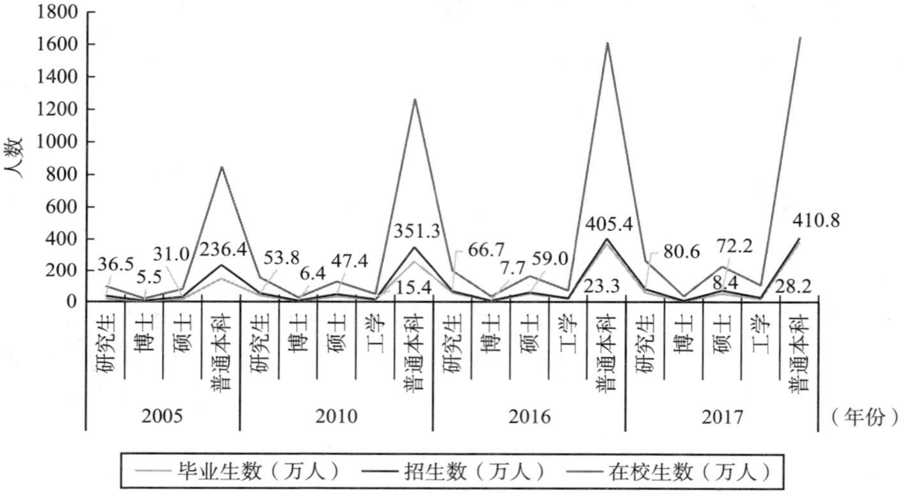

图 3-5 中国国内培养国内技术人才状况

资料来源：《中国科技统计年鉴》，国家统计局、科技部。显示数字为招生人数。

在市场资金支持方面，我国促进高技术企业发展的创业风险投资规模逐年上升。2008 年，我国高技术企业获得创业风险投资项目仅为 3845 项，2017 年上升至 8851 项，增长幅度达 130.2%；高技术企业获得创业风险投资项目金额由 2008 年的 427.4 亿元增加至 2017 年的 1627.3 亿元，增长幅度高达 280.7%（见表 3-5）。

---

① 2008 年的《高新技术企业认定管理办法》已废止。

② 2017 年，科技部、财政部、国家税务总局出台的《科技型中小企业评价办法》指出：科技型中小企业评价指标包括科技人员、研发投入、科技成果，科技人员指标按科技人员数占企业职工总数的比例分档评价；研发投入指标按企业研发费用总额占销售收入总额或成本费用支出总额的比例分档评价；科技成果指标按企业拥有的在有效期内的与主要产品（或服务）相关的知识产权类别和数量（知识产权应没有争议或纠纷）分档评价。此外，如近 5 年内获得过国家级科技奖励（在获奖单位中排在前三名），或拥有经认定的省部级以上研发机构，以及近 5 年内主导制定过国际标准、国家标准或行业标准的企业均为科技型中小企业。

表3－5 2008～2017年中国高技术企业获得创业风险投资状况

项目	2008年	2009年	2010年	2011年	2012年	2013年	2014年	2015年	2016年	2017年
项目数（项）	3845	4737	5160	5940	6404	6779	7330	8047	8490	8851
项目金额（亿元）	427.4	405.1	808.8	1038.6	1193.1	1302.1	1401.9	1493.1	1566.8	1627.3

资料来源：《中国高技术产业统计年鉴》，国家统计局、科技部。

从培育效果看，我国内资高技术企业和小微高技术企业①的生产经营状况稳中向好，正逐渐成长为高技术产业核心竞争力的中坚力量。据《中国高技术产业统计年鉴》数据显示，我国内资高技术企业数由1995年的14253个上升至2016年的23615个，小微企业数相应的由16866个上升至22550个；前者利润总额由70亿元上升至6506亿元，后者则由38亿元上升至2034亿元（见表3－6），基本符合学术界关于小型高技术企业平均增长幅度高于大中型高技术企业的论断（Coad，2008；Bottazzi & Secchi，2010）。

表3－6 内资高技术企业和小微高技术企业生产经营状况

类别	项目	1995年	2000年	2005年	2013年	2014年	2015年	2016年
内资企业	企业数（个）	14253	6767	11036	18841	20179	22070	23615
	从业人员平均人数（万人）	—	272	294	579	639	683	735
	主营业务收入（亿元）	2189	4037	9132	50120	59338	71328	84470
	利润总额（亿元）	70	266	495	4071	4637	5658	6506
	出口交货值（亿元）	—	511	1491	6139	8209	9805	12124
小微企业	企业数（个）	16866	7805	14073	19085	19970	21510	22550
	从业人员平均人数（万人）	—	167	191	242	252	264	270
	主营业务收入（亿元）	1458	3965	5133	24414	24308	27723	30947
	利润总额（亿元）	38	239	269	1769	1587	1821	2034
	出口交货值（亿元）	—	1625	1364	3586	2756	3072	3469

资料来源：《中国高技术产业统计年鉴》，国家统计局、科技部。

我国内资高技术企业固定资产投资情况同样总体向好，为提高内资高

① 小微高技术企业数据是高技术企业数据与大中型高技术企业数据的差值。

技术企业国际竞争力，带动高技术产业结构优化和转型升级奠定了坚实的微观基础。如内资高技术企业施工项目数由2000年的2270个上升至2016年的21424个，项目建成投产率相应的由46.56%上升至63.74%，投资额由300.49亿元上升至19370.63亿元（见表3－7）。

表3－7　　内资高技术企业固定资产投资状况

类别	2000年	2005年	2013年	2014年	2015年	2016年
施工项目数（个）	2270	5424	15952	16672	18275	21424
新开工项目数（个）	1372	3422	10657	10991	12934	15981
全部建成投产项目数（个）	1057	2394	9567	10834	12987	13656
项目建成投产率（%）	46.56	44.14	59.97	64.98	71.06	63.74
投资额（亿元）	300.49	1150.48	13168.47	15128.22	17303.78	19370.63
新增固定资产（亿元）	234.07	699.11	8387.56	10036.35	12539.13	11149.74
固定资产交付使用率（%）	77.9	60.77	63.69	66.34	72.46	57.56

资料来源：《中国高技术产业统计年鉴》，国家统计局、科技部。

3.2.3 以产学研一体化实现自主创新

以企业、高校、科研院所为微观主体的产学研合作，是高技术产业自主创新的重要途径，更是高技术产业核心竞争力内生性增长的动力源泉。我国通过高技术产业园区有效聚集高技术企业、高校、科研院所等自主创新主体，为促进高技术产业产学研一体化、科技成果转化提供了坚实保障，该保障效应集中体现在高技术产业的快速成长期和逐渐成熟期阶段。

1. 自主创新中的产学研一体化

近年来，我国不断探索产学研研发联盟模式、产业园区模式、企业孵化器模式、专利许可和技术转让模式等不同合作模式，鼓励各方协作搭建专业性公共服务平台，提供技术研发、成果转化、资本运作、知识产权、标准制定、产品检测、人才服务、企业孵化和品牌推广等专业服务。据工信部数据显示，截至2015年底，国家中小型高技术企业公共服务示范平台511家，为高技术企业、高校和科研机构参与产学研合作提供了专业性、高效率服务。

从产学研合作效果看，高技术企业参与高校、科研院所研发项目的积极性有所提高，但合作深度和广度仍有待加强。从表 3 – 8 可以看出，高校研发经费中企业资金由 2005 年的 88. 9 亿元上升至 2017 年的 360. 4 亿元，年平均增长幅度为 23. 5%，但企业资金所占比重存在较为明显的下降，即由 36. 7% 下降至 28. 5%。科研院所研发经费中企业资金由 2005 年的 17. 6 亿元上升至 91. 9 亿元，上升幅度高达 422. 2%，企业资金所占比重总体呈小幅度上升，即由 2005 年的 3. 43% 上升至 2017 年的 3. 77%；但该比重仍面临着变动幅度过大问题，如由 2007 年的 3. 81% 下降至 2008 年的 3. 48%，再下降至 2009 年的 2. 99%。

表 3 – 8　2005 ~ 2017 年高校和科研机构 R&D 经费内部支出中企业资金规模及比例

类别	项目	2005 年	2006 年	2007 年	2008 年	2009 年	2010 年	2011 年	2012 年	2013 年	2014 年	2015 年	2016 年	2017 年
高校	金额（亿元）	88. 9	101. 2	110. 3	134. 9	171. 7	198. 5	242. 9	260. 5	289. 3	302. 7	301. 5	310. 5	360. 4
	比例（%）	36. 7	36. 6	35. 0	34. 6	36. 7	33. 2	35. 3	33. 4	33. 8	33. 7	30. 2	29. 0	28. 5
科研院所	金额（亿元）	17. 6	17. 3	26. 2	28. 2	29. 8	34. 2	39. 9	47. 4	60. 9	62. 9	65. 4	90. 4	91. 9
	比例（%）	3. 43	3. 05	3. 81	3. 48	2. 99	2. 88	3. 05	3. 06	3. 42	3. 27	3. 06	4. 00	3. 77

资料来源：《中国科技统计年鉴》，国家统计局、科技部。

从表 3 – 9 可以看出，在科研机构的研发课题中，企业委托的科技项目由 2005 年的 5190 项，上升至 2017 年的 6447 项，其中与境内外商独资企业合作项目由 51 项上升至 55 项，与境内注册的其他企业合作课题由 3081 项上升至 3662 项，与国内独立研究机构合作课题由 5357 项上升至 8105 项，与国内高等学校合作项目由 2354 项上升至 3335 项，研发人员、投入经费均呈较为明显的上升趋势。通过横向对比发现，科研机构接受企业委托的科技项目和与境内注册企业合作项目的投入经费、投入人员，均低于其与国内独立研究机构合作的投入，表明高技术产业产学研合作的深度仍有待提高。

表 3-9　　按来源和合作形式分科研机构 R&D 课题状况

年份	指标	企业委托科技项目	与境内注册的外商独资企业合作	与境内注册的其他企业合作	与国内独立研究机构合作	与国内高等学校合作
2005	R&D 课题数（项）	5190	51	3081	5357	2354
	投入人员（人年）	11097	146	9035	20979	6052
	投入经费（万元）	229604	1288	122469	422672	87713
2010	R&D 课题数（项）	2693	37	2099	7080	3256
	投入人员（人年）	7602.7	85.9	7018.8	27081.4	10614.7
	投入经费（万元）	248584.7	2381.9	183062.5	823893.8	276315.5
2015	R&D 课题数（项）	4737	36	2919	7918	3430
	投入人员（人年）	12534	83	7667	32879	12562
	投入经费（万元）	411066	2289	279637	1893839	364968
2016	R&D 课题数（项）	5268	43	3071	7596	3185
	投入人员（人年）	10770	84	7019	32393	8718
	投入经费（万元）	418416	2390	293435	2150911	311309
2017	R&D 课题数（项）	6447	55	3662	8105	3335
	投入人员（人年）	12097	80	9905	31668	9060
	投入经费（万元）	513046	2392	337992	1936667	321786

资料来源：《中国科技统计年鉴》，国家统计局、科技部。

2. 自主创新中的科技成果转化

为保证高技术产业产学研合作的科技成果转化为现实生产力，我国先后出台了一系列相关政策性文件[①]。在科技成果转化奖励方面，规定成果转化重要贡献者应当从技术转让或许可所取得的净收入中获得不低于50%的奖励（相较于 1999 年提升 30%），北京、山东等地这一比例更是高达 80%；在高校、科研院所科技成果转化方面，推进实施“蓝火计划”和

① 主要包括《中华人民共和国促进科技成果转化法》《产业技术创新能力发展规划（2016～2020 年）》《关于加强高等学校科技成果转移转化工作的若干意见》《关于技术转让所得减免企业所得税有关问题的公告（2013）》《关于促进科技成果转化有关个人所得税问题的通知（1999）》《关于居民企业技术转让有关企业所得税政策问题的通知（2010）》《关于技术转让所得减免企业所得税有关问题的公告（2013）》《关于完善技术先进型服务企业有关企业所得税政策问题的通知（2014）》《关于科技企业孵化器税收政策的通知（2016）》等。

“海桥计划”①，对高校、科研院所的技术转让收入，以及服务于技术成果转让、技术培训、技术咨询、技术服务、技术承包所取得的技术性服务收入免征营业税、企业所得税和个人所得税；在企业科技成果转化方面，对经认定的技术先进型服务企业减按15%的税率征收企业所得税，对符合条件的孵化器自用以及无偿或通过出租等方式提供给孵化企业使用的房产、土地，免征房产税和城镇土地使用税，对符合非营利组织条件的孵化器按照企业所得税法及其实施条例和有关税收政策规定享受企业所得税优惠政策，对纳税人提供技术转让、技术开发和与之相关的技术咨询、技术服务企业免征增值税。

此外，我国还对高技术产业的知识产权进行了保护，如《知识产权综合管理改革试点总体方案（2016）》《知识产权服务民营企业创新发展若干措施（2018）》等一致强调，建立高效的知识产权综合管理体制，构建便民利民的知识产权公共服务体系，提升综合运用知识产权促进创新驱动发展的能力；依法严格保护民营企业知识产权，扩大民营企业知识产权质押融资覆盖面，引导知识产权运营基金服务民营企业创新发展。据国家知识产权局数据显示，2019 年 8 月，我国发明专利纠纷案件超过 2000 项，其中受理 1987 项，真正处理和调节的分别为 138 项和 239 项，撤诉率仅为13%，较大程度上提升了高技术产业技术成果转化效率，为高技术产业由加工制造向技术研发转移提供了良好的生态环境。

以上分析表明，我国高技术产业核心竞争力的形成路径表现出较为明显的梯度性、适宜性特征，即根据我国高技术产业的不同发展阶段，逐步从外部引进向内部培养转移，突出解决自主创新过程中的产学研一体化和科技成果转化等现实性重难点问题，总体符合后发国家高技术产业提升核心竞争力的路径范式。

3.3 中国高技术产业核心竞争力现状

高技术产业核心生产要素的内在投入及其直接创造的价值产出是核心竞争力的重要表现形式。从投入产出视角系统分析高技术产业核心生产力

① “蓝火计划”是构建良好的高校成果转化环境和技术转移服务体系，通过实施专项计划助力学生创新创业和科技成果转移扩散；“海桥计划”是通过建设国际创新园区汇聚国际创新资源要素，促进一批跨国技术转移项目落地实现产业化。

现状，将有助于从一般统计描述意义上掌握我国高技术产业核心竞争力的基本面。

3.3.1 核心竞争力投入端现状

1. 核心生产要素初始投入现状

内资高技术企业、国有高技术企业是高技术产业核心生产要素内在投入的重要微观主体，研发人员、研发经费是高技术产业核心生产要素的初始形式（叶文锦，2012；冯德连、边英姿，2017）。我国高技术产业研发人员、研发经费等初始投入已成规模，但与外资高技术企业仍存在差距。

在研发人员投入方面，2016 年，我国高技术产业研发人员折合全时当量达 752634 人年，有研发活动的企业总数达 14942 个，内资企业研发人员、全时人员、研究人员和研发人员折合全时当量所占比重分别为 69.6%、68.7%、72.2%和 68.4%。但从微观层面看，平均每个港澳台投资企业、外商投资企业的研发人员折合全时当量分别约为 74 人年、61 人年，而我国平均每个内资企业的研发人员折合全时当量仅约为 44 人年（见表 3－10）。

表 3－10 中国高技术产业研发人员投入状况

类型	有 R&D 活动的企业数（个）	R&D 人员（人）	全时人员（人）	研究人员（人）	R&D 人员折合全时当量（人年）
内资企业	11607	706521	551179	275110	515116
国有企业	112	26849	21740	12270	21953
港澳台投资企业	1489	149491	122912	48107	110259
外商投资企业	1734	132088	104575	45466	105306
高技术企业	14942	1014949	800406	380953	752634

资料来源：《中国高技术产业统计年鉴》。如未加说明，本节所有数据均来自高技术产业统计年鉴。

在研发经费投入方面，2016 年，我国高技术产业研发经费内部支出和外部支出分别达 2990 亿元、273 亿元，人员劳务经费和设备经费分别约为 1160 亿元、264 亿元，来源于企业和政府的研发经费分别约为 2718 亿元、230 亿元，表现出总体投入规模大、人员经费投入多、企业自主投入能力强等特征。但从微观层面看，平均每个内资高技术企业研发经费支出约为1827万元，远低于外资高技术企业的2700万元；平均每个内资高技术企业从业人员的企业资金投入约为34.6万元，低于外资企业的35.3万元（见表3－10、表3－11），表明我国单个内资高技术企业研发经费投入仍相对较低。

表3－11　中国高技术产业研发经费投入状况　单位：万元

类型	R&D经费内部支出	人员劳务费	仪器和设备	政府资金	企业资金	R&D经费外部支出
内资企业	21209256	8306415	1891977	1916988	19074326	2234505
国有企业	744428	260693	83557	164526	572593	47244
港澳台投资企业	4022322	1537843	326727	74780	3841374	152210
外商投资企业	3925884	1494483	335434	138764	3690737	299187
高技术企业	29901890	11599434	2637695	2295058	27179030	2733146

2. 核心生产要素中间投入现状

高技术产业核心生产要素中间投入以实现生产要素初始投入的高效配置为目标，通过构建企业研发机构和改善技术经费结构等重要途径，提升高技术产业核心竞争力（王伟光、马胜利、姜博，2015）。我国高技术产业核心生产要素中间投入已逐渐表现出内生性特征，但内资高技术企业仍面临国际竞争力不足问题。

在企业研发机构构建方面，2017年，我国高技术产业拥有研发机构总数达13882个，拥有研发机构的企业总数达10902个，即平均每个拥有研发机构的企业约有1.3个研发机构。高技术企业研发机构中的人员规模达89万人，经费支出约2627亿元，为我国高技术产业由技术引进[①]向技术改造的自主创新转变奠定了坚实基础。但从微观层面看，内资企业机构人员、经费支出、仪器设备的占比分别为68.7%、71.9%、59.9%，均低于其企业数占比（74.7%）和机构数占比（75.8%）。在与外商投资企业的

① 技术引进指通过国际间的技术交流和转移，有计划、有重点、有选择地从国外取得先进技术的活动，包括引进生产工艺技术、设备制造技术，如购买设备制造图纸和工艺、产品设计、测试方法、材料配方等技术资料以及获得有关技术专利的使用权；引进作为国内消化、吸收、研制、革新用的样机，如购买关键设备、成套设备或招包工程；引进人才，如聘请外国专家、委托培训人员等；引进科学的经营管理技术。

个体对比中发现，内资企业平均每个研发机构所拥有机构人员、经费支出和仪器设备均低于外资企业，如前者平均每个机构的经费支出为 1794 万元，而后者则为 2243 万元（见表 3－12）。

表 3－12　　中国高技术企业拥有研发机构状况

类型	有研发机构的企业数（个）	机构数（个）	机构人员（人）	机构经费支出（万元）	仪器设备（件）
内资企业	8148	10526	615616	18884684	10888141
国有企业	75	141	16097	395835	492195
港澳台投资企业	1250	1559	135576	3271483	2327564
外商投资企业	1429	1656	128238	3714419	4534403
总计	10902	13882	895527	26266421	18242303

在改善技术经费结构方面，2017 年，我国高技术产业技术经费总额达 658 亿元。从技术经费内部结构看，技术改造经费和引进技术经费分别为 464 亿元和 103 亿元，约占技术经费总额的 70% 和 16%；从技术经费使用主体结构看，内资企业、国有企业、港澳台投资企业和外商投资企业的技术改造经费占技术经费总额的比重分别为 77.4%、2.7%、13.2% 和 6.7%，引进技术经费占技术经费总额的比重分别为 80.3%、0.1%、3.8% 和 15.8%（见表 3－13）。

表 3－13　　中国高技术企业技术经费使用状况　　单位：万元

类型	引进技术经费支出	消化吸收经费支出	购买境内技术经费支出	技术改造经费支出	总计
内资企业	829742	58351	741827	3593661	5223581
国有企业	1064	195	1380	126638	129277
港澳台投资企业	39670	11889	32543	610107	694209
外商投资企业	162714	22946	36863	312761	535284
总计	1033190	93381	812613	4643167	6582351

上述分析表明，经过研发人员、研发经费等核心生产要素的初始投入和中间投入，我国高技术产业核心竞争力的投入端逐渐表现出规模化、结

构化、内生化等特征，共同为技术价值、市场价值、品牌价值的高效率创造提供了不竭的源动力。

3.3.2　核心竞争力产出端现状

1. 技术价值产出现状

高技术产业核心生产要素直接创造的技术价值常外显为技术专利，由此形成的临时财产权和市场垄断权是高技术企业获取高额专利收入和超额市场利润的重要保障（温军、张森，2018；陶用之、曾艳、袁界平，2006）。我国高技术产业技术专利表现出规模大、内生性强，以及质量和国际化水平偏低等特征。

在专利申请方面，2016 年，我国高技术产业专利申请总数达 189624 项，其中发明专利为 104098 项，有效发明专利数① 323192 项。内资企业专利申请总数、发明专利、有效发明专利数分别为 143476 项、77260 项、246538 项，所占比重分别为 75.7%、74.2% 和 76.3%（见表 3－14）。

表 3－14　　中国高技术产业专利申请状况　　单位：项

类型	专利申请数	发明专利	有效发明专利数
内资企业	143476	77260	246538
国有企业	3711	2263	6498
港澳台投资企业	21154	10824	33931
外商投资企业	21283	13751	36225
总计	189624	104098	323192

从产业层面看，2018 年，我国高技术产业 PCT 国际专利申请 RSI 指数②较高。试听技术和计算机技术均排名第 1，数字通信技术排名第 3，半

① 有效发明专利是指发明专利申请被授权后，仍处于有效状态的专利。即该专利权还处在法定保护期限内，并已按规定完成年费缴纳。

② RSI 指数修正了国家大小的影响，并着重于特定技术领域的集中。它反映了一个国家的 PCT 国际专利申请者在某些技术领域的申请倾向是低还是高，如为正值则说明该国拥有 PCT 申请中与该技术领域相关的比例相对较高。计算公式如下：$RSI = Log\left(\frac{F_{cr}\sum F_{cr}}{\sum F_c \sum F_r}\right)$，其中 F_c 和 F_r 分别表示来自 C 国和 R 国在技术领域的应用。

导体技术排名第5；医疗技术和药物技术则相对靠后，排名分别为第16和第14（见表3－15）。

表3－15　中国高技术产业PCT国际专利申请的RSI指数

国家	视听技术	计算机技术	数字通信技术	医疗技术	药物技术	半导体技术
中国	0.208	0.211	0.331	－0.300	－0.240	0.011
美国	－0.154	0.143	－0.019	0.181	0.22	0.046
韩国	0.163	－0.044	0.143	－0.077	－0.036	0.037
日本	0.151	－0.176	－0.332	－0.104	－0.396	0.184
法国	－0.213	－0.270	－0.280	－0.134	0.002	－0.220
英国	－0.249	－0.050	－0.387	0.065	0.205	－0.287
德国	－0.309	－0.431	－0.576	－0.166	－0.285	－0.088

资料来源：世界知识产权组织："Patent Cooperation Treaty Yearly Review（2019）"。根据PCT国际专利申请全球前16强的国家数据整理。

从企业层面看，2018年，我国共有8个高技术企业入选PCT国际专利申请数量的全球50强，其中排名前20的有4个，总体占有率为16%（日本为28%、美国为24%、德国为10%、韩国为6%）。具体来说，我国高技术企业PCT国际专利申请总数为12512项，占全球比重23.6%（日本为26.2%、美国为22.9%、韩国为8.8%、德国为8.2%），其中华为PCT国际专利申请量位居全球第1名，申请数量高达5405项，占全球申请总数的10.2%；深圳华星光电科技、武汉华星光电科技均在1%以下（见表3－16）。

表3－16　中国高技术企业PCT国际专利申请数量

排名	企业名称	PCT申请数量（项）	申请量占比（%）
1	华为	5405	10.20
5	中兴	2080	3.93
7	京东方	1813	3.42
17	OPPO	1042	1.97
28	腾讯	661	1.25
29	大疆	656	1.24

续表

排名	企业名称	PCT 申请数量（项）	申请量占比（%）
39	深圳华星光电科技	463	0.87
49	武汉华星光电科技	395	0.75

注：数据由 WIPO 组织年报中 PCT 国际专利申请数量居全球前 50 的高技术企业数据整理获得。

在专利转化方面，2018 年，我国一般专利转化为 PCT 国际专利的转化率[①]仅为 0.04，处于全球第 20 名，远低于排名第 1 的以色列，以及英国、美国、日本等其他发达国家（见图 3－6）。

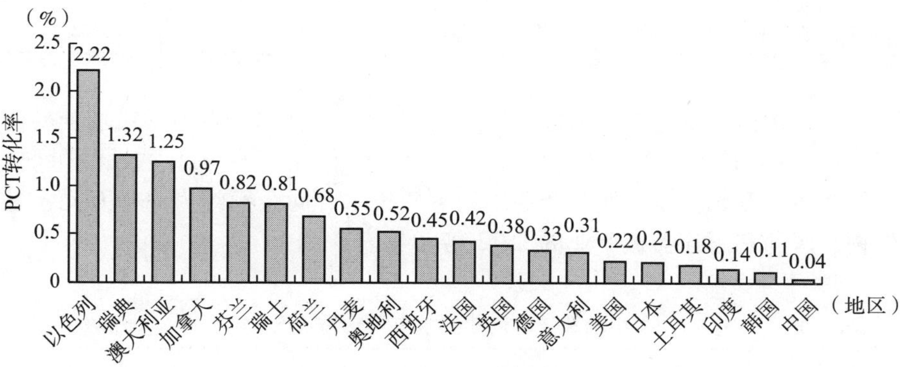

图 3－6　全球 PCT 国际专利转化率对比情况

资料来源：WIPO "Patent Cooperation Treaty Yearly Review (2019)"。根据全球 PCT 申请数量前 20 的国家数据整理。

2. 市场价值产出现状

高技术产业核心生产要素直接创造的市场价值常外显为技术、产品的市场价格和销售量，以及与之相关的主营业务收入、技术交易额、产品销售收入、出口交货值等（孙文全，2003；李金华，2018）。我国高技术产业市场价值产出总体表现出销售规模大、内生性不足、差异化显著等特征。

---

① PCT 专利转化率是指 PCT 申请专利数与一般专利数的比值。由于申请程序上的差异，统计上有可能会出现大于 1 的情况。

据《中国高技术产业统计年鉴》数据显示，2016年，我国高技术产业主营业务总收入达153769亿元，利润总额达为178亿元；从相对水平来看，内资高技术企业平均每个企业的主营业务收入和利润总额均低于外资高技术企业，如前者平均每个企业利润总额为2755万元，仅约为后者的50%（见表3－17）。

表3－17　中国高技术产业市场价值产出总体状况　单位：万元

企业类型	平均每个从业人员主营业务收入	平均每个企业主营业务收入	平均每个从业人员利润总额	平均每个企业利润总额
高技术企业	114.6	49937.0	7.7	3345.0
内资企业	115.0	35769.8	8.9	2755.0
外商投资企业	130.3	97313.2	7.3	5472.9

在技术市场价值产出方面，2017年，我国高技术产业技术市场交易合同数达220461项，技术合同交易金额达6621亿元，平均每项技术合同金额约为300万元。航天航空产业平均每项技术合同金额约为409万元，是生物、医药和医疗器械产业的1.72倍（见表3－18）。

表3－18　中国高技术产业技术市场交易状况

交易合同	电子信息产业	航空航天产业	生物、医药和医疗器械产业	先进制造产业	合计
合同数（项）	143633	10396	29796	36636	220461
合同金额（万元）	38607227	4254075	7502520	15843314	66207136
平均金额（万元）	268.79	409.20	251.80	432.45	300.31

资料来源：《中国科技统计年鉴》。

从技术市场交易的微观主体看，2017年，我国高技术企业技术销售合同数、销售合同金额均高于购买合同数、购买合同金额（见表3－19）。技术贸易竞争力指数①为0.04，其中内资企业为0.05，仅约占外资企业的33%。

① 技术贸易竞争力指数＝(技术销售合同数/金额－购买合同数/金额)/(技术销售合同数/金额＋购买合同数/金额)，此处取两者的平均值。

表 3 – 19　高技术产业技术交易市场状况

企业类型	技术销售合同数（项）	技术销售合同金额（万元）	技术购买合同数（项）	技术购买合同金额（万元）	技术贸易竞争力指数
内资企业	232329	102259774	228059	84190424	0. 05309363
外商投资企业	10441	9209708	9695	5130969	0. 160732769
高技术企业	250126	118752821	250016	103126956	0. 035322428

资料来源：《中国科技统计年鉴》，高技术企业包括内资企业、外商投资企业、港澳台投资企业、个体经营企业和国外企业，在此仅选择前 2 个。

从技术市场交易类型看，我国高技术产业技术市场交易种类达 12 种，主要集中于技术开发、技术服务等市场领域，技术转让、技术咨询的市场交易规模则相对较小。2017 年，我国高技术产业技术开发合同数达 169466 项，合同金额达 4748 亿元，分别是技术咨询交易的 6. 3 倍和 10. 5 倍；技术转让、专利权转让、专利申请权转让等领域的市场交易规模显著偏低（见图 3 – 7）。

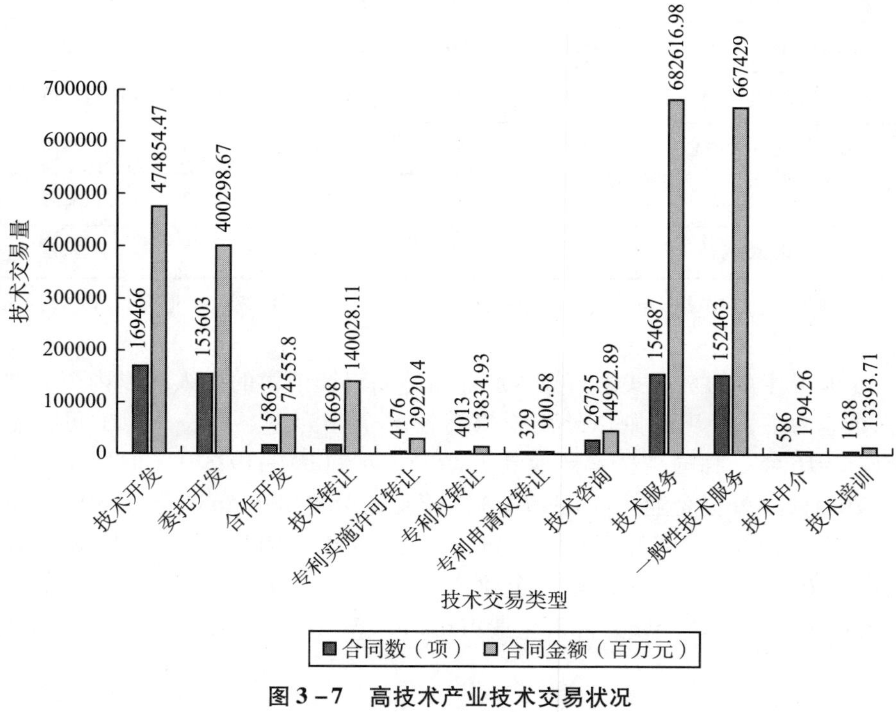

图 3 – 7　高技术产业技术交易状况

在产品市场价值产出方面，2017 年，我国高技术产品进出口贸易总额达 1. 25 万亿美元，其中出口贸易总额达 0. 67 万亿美元，进口贸易总额达 0. 59 万亿美元，进出口贸易顺差仅为 0. 08 万亿美元（贸易竞争力指数为 0. 07）。具体来说，除计算机与通信技术产品存在较大规模的贸易顺差外（贸易竞争力指数为 0. 6），其余高技术领域产品均表现出进出口贸易规模偏低、贸易逆差明显等特征，如生物技术产品进出口总额仅为 0. 002 万亿美元（约为计算机与通信技术产品的 0. 4%），进出口贸易逆差达 0. 0017 万亿美元，贸易竞争力指数为 -0. 43（见表3 -20）。

表 3 -20　　中国高技术产品进出口状况　　单位：百万美元

产品	进出口贸易总额	出口贸易总额	进口贸易总额	进出口贸易差额	贸易竞争力指数
高技术产品	1257548	670815	586733	84082	0. 06686186
计算机与通信技术产品	574717	460703	114013	346690	0. 60323603
生命科学技术产品	61119	28037	33082	-5045	-0. 0825439
电子技术产品	429358	120019	309339	-189320	-0. 4409374
计算机集成制造技术产品	60350	14553	45797	-31244	-0. 5177133
航空航天技术产品	42398	7259	35139	-27880	-0. 6575782
光电技术产品	73736	31459	42276	-10817	-0. 146699
生物技术产品	2475	706	1769	-1063	-0. 429495

资料来源：《中国科技统计年鉴》，材料技术贸易竞争力指数为 0. 27。

值得注意的是，我国高技术产业新产品市场销售的投入端以内资高技术企业为主，产出端则以外商投资高技术企业为主。从表 3 -21 可以看出，2016 年，我国高技术产业新产品开发项目达 94192 项（内资企业占比 76. 1%，外资企业占比 11. 7%），开发经费支出达 3633 亿元（内资企业占比 71. 1%，外资企业占比 14. 2%）；新产品销售收入为 4818 亿元（内资企业占比 54. 4%，外资企业占比 22%），新产品出口为 1817 亿元（内资企业占比 29. 5%，外资企业占比 33. 1%）。

表3-21　　中国高技术产业新产品销售状况

类型	新产品开发项目数（项）	新产品开发经费支出（万元）	新产品销售收入（万元）	出口（万元）
内资企业	71685	25847456	262173511	53644195
国有企业	1051	747936	2587142	75729
港澳台投资企业	10392	4588220	110945504	67823417
外商投资企业	11064	5153585	106123418	60195975
总计	94192	36337197	481829575	181739316

3. 品牌价值产出现状

作为高技术产业核心生产要素直接创造价值的高端产出形式，品牌价值内生于技术价值和市场价值，外显为技术品牌价值、产品品牌价值和全球品牌价值，是技术价值和市场价值的升级版和综合版（袁建文，2003；李和宇，2005）。技术标准制定、产品市场占有率和超额利润，以及全球品牌价值排名是高技术产业品牌价值产出的重要评价指标，集中反映研发、生产领域竞争者、合作者的技术认可度，以及市场消费者的产品忠诚度（倪珊，2016）。我国高技术产业品牌价值产出总体表现出逐年上升、内部差异显著、国际竞争力偏低等特征。

在技术标准制定方面，2017年，我国高技术企业参与制定行业标准数为16个，占总标准数的84.2%，其中医疗仪器及仪器仪表制造业为11个，占该行业总标准数的57.9%；参与（包括牵头）制定国家标准数为157个，占总标准数的87.7%，其中电子及通信设备制造业为106个，占该行业总标准数的90.6%；参与制定国际标准数为159946个，仅占总国际标准数的19.6%，其中医药制造业、医疗仪器及仪器仪表制造业，以及航天、航空器及设备制造业占总国际标准数的比重均低于5%（见表3-22）。

表3-22　　中国高技术企业参与制定标准数

产业	行业标准数（个）	占比（%）	国家标准数（个）	占比（%）	国际标准数（个）	占比（%）
高技术产业	16	84.2	157	87.7	159946	19.6
航空、航天器及设备制造业	0	0	2	33.3	1415	1.3

续表

产业	行业标准数（个）	占比（%）	国家标准数（个）	占比（%）	国际标准数（个）	占比（%）
电子及通信设备制造业	2	10.5	106	90.6	32463	23.7
计算机及办公设备制造业	3	15.8	43	10.0	49762	15.2
医药制造业	0	0	0	0	3766	4.1
医疗仪器设备及仪器仪表制造业	11	57.9	6	46.2	72540	3.2

资料来源：中国行业标准全文数据库，国家标准信息公共服务平台，世界知识产权组织年报。

严格意义上说，行业标准略高于国家标准，显著高于强制性国家标准。2017 年，我国高技术产业行业标准指数①为 1.28，其中电子及通信设备制造业为 0.61，医疗仪器设备及仪器仪表制造业为 0.95，计算机及办公设备制造业和医药制造业均为 0.83，其余均为 0。具体来说，参与制定行业标准的高技术企业数为 66，其中电子及通信设备制造业、计算机及办公设备制造业、医疗仪器设备及仪器仪表制造业参与制定行业标准的高技术企业数分别为 5、9 和 52，其余产业参与制定行业标准的高技术企业数为 0；牵头制定行业标准的企业数为 7，其中电子及通信设备制造业、计算机及办公设备制造业、医疗仪器设备及仪器仪表制造业牵头制定行业标准的企业数分别为 1、2 和 4，其余产业牵头制定行业标准的企业数为 0。

在产品市场占有率和超额利润方面，2016 年，我国高技术企业出口交货总值为 52445 亿元，内资高技术企业出口交货总值为 12124 亿元，即内资高技术企业国际市场总体占有率约为 24%。从微观层面看，内资高技术企业平均每位从业人员出口交货值约为 16.5 万元，仅约占外商投资高技术企业（不含港澳台）的 21%；平均每个内资企业出口交货值约为 5134 万元，仅约占外商投资高技术企业（不含港澳台）的 8.9%（见表 3 -23）。此外，经测量发现，2016 年，我国内资高技术企业平均超额利

① 行业标准指数 = 参与标准的企业数占全部企业数比重 + 企业参与的标准数占总标准数比重 + 企业牵头的标准数占企业参与标准数的比重。详见 4.3.2。

润[①]为 1%，其中医药制造业为 -0.65%，航天、航空器及设备制造业为 -1.2%，电子及通信设备制造业 0.65%，计算机及办公设备制造业为 4.01%。

表 3-23　中国高技术产业出口交货值状况　单位：万元

企业类型	平均每个从业人员出口交货值	平均每个企业出口交货值
内资企业	16.49530289	5134.152022
外商投资企业	77.06238961	57550.663
高技术企业	39.07973174	17028.70316

在全球品牌价值排名方面，2018 年，我国高技术企业品牌价值为 4754 亿美元，占所有产业部门（包括银行、保险、房地产等，总计 18031 亿美元）的 26.4%。进入全球前 100 的高技术企业品牌价值总计约 2652.2 亿元，约占全国所有企业（世界前 500）品牌价值的 20.3%，占全球高技术企业前 100 的 21.2%（全球总共 20 个，个数占比为 30%），其中华为的品牌价值约为 622.8 亿美元，国际排名和国内排名分别为 12 和 3，分别上升 13 和 4 个名次；腾讯（QQ）和百度的国际排名和国内排名均出现较小幅度下降；淘宝、天猫 2 个企业品牌进入全球品牌价值排行榜前 100（见表 3-24）。

表 3-24　中国高技术企业品牌价值国际排名（前 100）

企业名称	品牌价值（百万美元）	变化幅度	国际排名	变化幅度	国内排名	变化幅度
华为	62278	63.70%	12	13	3	4
微信	50707	126.20%	20	27	9	5
QQ	49701	21.90%	21	-1	10	-4
淘宝	46628	—	23	—	11	—
天猫	36430	—	35	—	13	—
百度	19478	-7.50%	87	-23	22	-6

资料来源：Brand Finance：《全球品牌价值排行榜百强榜（2019）》。

① 内资企业产品平均超额利润率 = 内资企业利润率 - 高技术企业总体利润率。

进一步测度发现，我国高技术产业品牌价值指数和品牌指数[①]均处于全球中下水平。从图3－8可知，2017年，我国高技术产业品牌价值指数为0.45，其中电子及通信设备制造业品牌价值指数为0.38，计算机及办公设备制造业为0.07，其余产业均为0；高技术产业品牌指数为0.71，其中电子及通信设备制造业品牌指数为0.59，计算机及办公设备制造业和航天、航天器及设备制造业均为0.06，其余产业均为0。

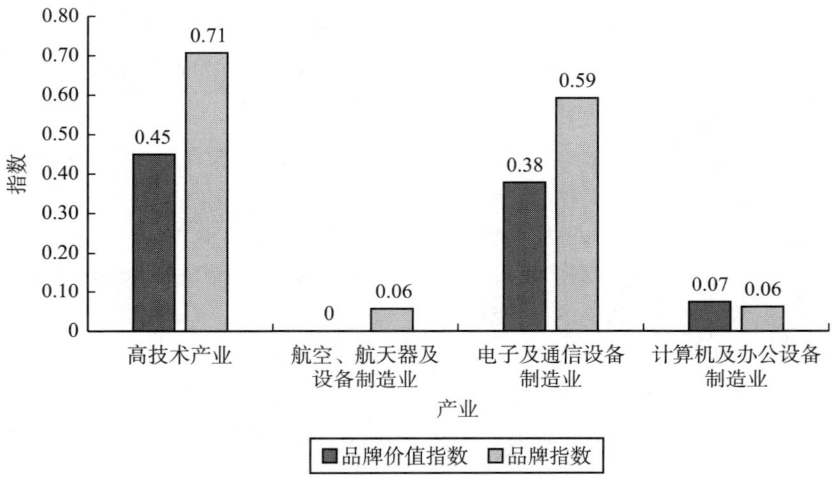

图3－8　中国高技术产业品牌价值指数和品牌指数

3.4　本章小结

本章在厘清我国高技术产业发展历程、核心竞争力形成路径基础上，系统分析我国高技术产业核心竞争力现状，主要得出以下重要结论：（1）我国高技术产业的发展经历了从无到有、从小变大，正处于由大变强的关键期；（2）我国高技术产业核心竞争力的形成离不开研发人员、研发经费等核心生产要素的长期积累和高效配置，以及国外人才、资金引进，国内高技术企业培养和知识产权保护等“政策型基础设施”建设；（3）我国高技术产业核心竞争力总体表现出研发人员、研发经费等核心生产要素内生

① 品牌价值指数、品牌指数计算详见公式4－2、公式4－3。

性投入规模大，产业价值链技术价值、市场价值、品牌价值外在性产出水平偏低，内资高技术企业核心生产要素直接价值化能力显著低于外资投资高技术企业等重要特征。

第 4 章

中国高技术产业核心竞争力测度

本章在掌握我国高技术产业基本发展状况基础上，以高技术产业核心竞争力形成机制为理论支撑，构建以技术价值、市场价值、品牌价值创造链为核心的高技术产业核心竞争力评价指标体系，并分别采用因子分析法和数据包络分析法，分产业、分地区、分阶段地测度我国高技术产业核心竞争力的整体性绝对水平（大小问题）和结构性相对水平（强弱问题），以此全面、准确反映我国高技术产业核心竞争力水平。

4.1 高技术产业核心竞争力评价指标体系构建

4.1.1 构建原则

为保证高技术产业核心竞争力评价指标体系的科学性和准确性，在构建评价指标体系时主要遵循以下三大原则。

一是科学性原则，即以现有价值链理论（Frisch，1950；Harrell、Debreu，1959；卫兴华，2000）、高技术产业创新理论（Weinstock、Miller，1975；吴晓波、张好雨，2018）、创新经济流程理论（方竹兰、于畅，2017），以及高技术企业发展规律理论（余春生、吴添祖、冯勤，2000；Rüger S，2012）为基础，深入反映高技术产业核心生产要素直接创造价值过程和核心竞争力内涵。

二是全面性原则，即保证评价指标体系层次化、多元化、合理化，最大程度反映高技术产业技术竞争力、市场竞争力、品牌竞争力等核心竞争力内部构成要素，实现各项指标的互相配合、相互联系（谢章澍、朱斌，2001；刘玉芬、张目，2010）。

三是可操作性原则，即在最大化利用《中国高技术产业统计年鉴》《中国科技统计年鉴》《世界知识产权组织年报》等现有统计资料基础上，尽可能选择可量化、可比较指标，为采用定量评价方法奠定基础（张维群，2006）。

4.1.2　层级确定

高技术产业核心竞争力评价指标体系是由若干个反映核心生产要素投入与价值产出指标所组成的有机整体，即结合核心生产要素创造价值的具体过程，将各项既相对独立、又相互联系的指标进行重新整合归类，以此确定目标层、准则层、约束层和指标层，以及各个层级所涉及的各项指标，为科学全面测度高技术产业核心竞争力水平奠定基础。

高技术产业核心生产要素创造价值过程大致如下：首先，高技术产业以形成或提升核心竞争力为总目标，投入研发人员、研发经费等核心生产要素，为创造技术价值、市场价值、品牌价值提供源动力；其次，通过高技术企业办研发机构、产学研合作开展研发活动，实现高技术产业核心生产要素高效配置，促进核心生产要素技术化、市场化、品牌化；最后，形成包括发明专利、新产品、顾客忠诚度等内在价值的技术产出、市场产出和品牌产出（见图4-1）。

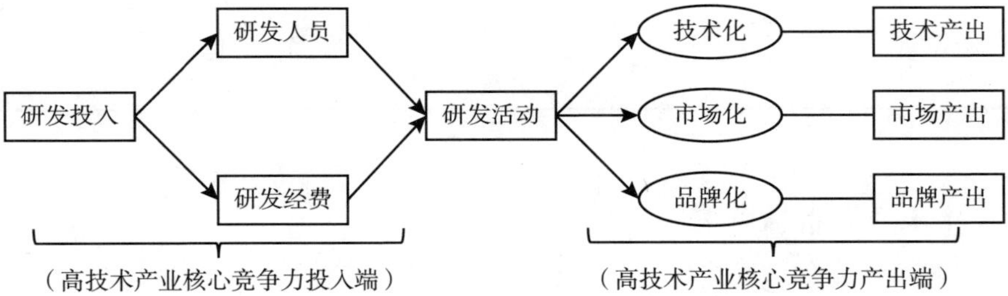

图4-1　高技术产业核心竞争力形成路径

根据图4-1从下向上的逻辑思路，高技术产业核心竞争力评价指标体系可设置4个层级。具体来说，以测度高技术产业核心竞争力水平为目标，将目标层设置为高技术产业核心竞争力；以投入、产出为准则，将准则层设置为投入端竞争力、产出端竞争力；以核心生产要素分类、价值产出分类为约束条件，将约束层设置为研发人员投入竞争力、研发经费投入竞争力，以及技术产出竞争力、市场产出竞争力和品牌产出竞争力（见表4－1）。

表4－1 高技术产业核心竞争力评价指标体系

<table>
<tr><th>目标层</th><th>准则层</th><th>约束层</th><th>指标层</th><th>指标单位</th></tr>
<tr><td rowspan="3">高技术产业核心竞争力</td><td rowspan="3">投入端竞争力</td><td rowspan="3">研发人员投入竞争力</td><td>研发人员折合全时当量</td><td>万人·年</td></tr>
<tr><td>研究人员数占研发人员数比重</td><td>%</td></tr>
<tr><td>企业办研发机构人数占平均从业人员比重</td><td>%</td></tr>
<tr><td rowspan="13">高技术产业核心竞争力</td><td rowspan="3">投入端竞争力</td><td rowspan="3">研发经费投入竞争力</td><td>研发经费占主营业务收入比重</td><td>%</td></tr>
<tr><td>研发经费内部支出中企业资金占比</td><td>%</td></tr>
<tr><td>企业办研发机构研发经费占主营业务收入比重</td><td>%</td></tr>
<tr><td rowspan="10">产出端竞争力</td><td rowspan="2">技术产出竞争力</td><td>每千名从业人员拥有有效发明专利数</td><td>个</td></tr>
<tr><td>每千名从业人员 PCT 国际专利申请数</td><td>个</td></tr>
<tr><td rowspan="2">市场产出竞争力</td><td>新产品销售收入占总销售收入比重</td><td>%</td></tr>
<tr><td>新产品出口额占总出口交货值比重</td><td>%</td></tr>
<tr><td rowspan="6">品牌产出竞争力</td><td>企业参与行业标准制定指数</td><td>—</td></tr>
<tr><td>参与国际标准制定数</td><td>个</td></tr>
<tr><td>内资企业出口交货值占总出口交货值比重</td><td>%</td></tr>
<tr><td>内资企业产品平均超额利润率</td><td>%</td></tr>
<tr><td>世界 100 强企业品牌价值指数</td><td>—</td></tr>
<tr><td>世界 500 强企业品牌指数</td><td>—</td></tr>
</table>

4.1.3 指标选择

高技术产业核心竞争力评价指标体系的指标层在目标层、准则层、约束层的逻辑框架下，遵循高技术产业核心竞争力形成机制理论，即以核心生产要素直接价值化视角选择符合高质量、内生性、国际化和可操作性等特征的指标。

投入端竞争力反映高技术产业研发人员、研究人员、企业办研发机构人员，以及研发经费、研发经费内部支出和企业办研发机构研发经费等劳动、资本要素投入状况，强调要素比重与企业自主研发等投入性指标，如企业办研发机构人数占平均从业人员比重、研发经费内部支出中企业资金占比等（见表4－1）。

产出端竞争力反映高技术产业技术专利化、技术市场化、产品市场化、技术品牌化、产品品牌化、品牌价值化等产出状况。具体来说，技术专利化作为技术产出竞争力的重要指标，强调有效发明专利、PCT 国际专利申请（秦臻、秦永和，2007）；技术市场化、产品市场化作为市场产出竞争力的重要指标，强调新产品（技术、产品市场化结晶）国内外销售；技术品牌化、产品品牌化、品牌价值化作为品牌产出竞争力的重要指标，分别强调内资高技术企业参与行业标准、国际标准制定（保永文、马颖，2018），抢占和获取市场占有率、超额利润率，以及在国际专业独立第三方的品牌价值排名（见表4－1）。

需要说明的是，为更加全面地反映高技术产业核心竞争力，以综合性指数表示企业参与行业标准制定、世界100强企业品牌价值、世界500强企业品牌3个品牌产出竞争力指标，以此反映内资高技术企业参与或牵头行业标准制定，以及品牌价值总额和品牌综合排名（见下面数据处理部分）。至此，高技术产业核心竞争力评价指标体系已构建完毕，具体涵盖6个投入性指标和10个产出性指标，后者包括2个技术产出指标、2个市场产出指标、6个品牌产出指标。显然，总产出与投入比值即为高技术产业核心竞争力，技术产出、市场产出、品牌产出与投入比值分别为技术竞争力、市场竞争力和品牌竞争力。

4.1.4 指标数据说明

1. 指标数据来源

本章指标数据时间跨度为2006年至2016年，涉及我国31个省（自治区、直辖市）和23个中类高技术产业[①]，其中企业参与行业标准制定指数指标数据来源于《中国行业标准全文数据库》，企业参与国际标准制定数指标数据来源于《世界知识产权组织（WIPO）年报》《国家知识产权局专利统计年报》，世界100强企业品牌价值指数、世界500强企业品牌

① 为保证评价的全面性、可比性，根据高技术产业类别变化、统计资料可获得性，确定23个中类产业。

指数2个指标数据分别来源于Inter brand与Brand Finance发布的《全球品牌价值榜单》和世界品牌实验室（World brand）发布的《世界品牌500强榜单》①；其余指标数据由《中国高技术产业统计年鉴》《中国火炬统计年鉴》《中国统计年鉴》《中国科技统计年鉴》，以及世界银行的《世界发展指标2017》等统计资料中整理而来。

需要特别说明的是，由于部分数据缺失，西藏2006年、2007年、2008年的研发人员折合全时当量、研发经费占主营业务收入比重指标数据，以及新疆2012年企业办研发机构人数占平均从业人员比重、研发经费占主营业务收入比重指标数据均采用指数平滑法予以补充。

2. 指标数据处理

高技术产业核心竞争力评价指标体系中的企业参与行业标准制定指数、世界100强企业品牌价值指数、世界500强企业品牌指数计算公式分别如下：

$$ISI_{it} = \frac{iseq_{it}}{ISEQ_{it}} + \frac{isiq_{it}}{ISIQ_{it}} + \frac{isiqr_{it}}{isiq_{it}} \quad (4-1)$$

其中，ISI为各地区或产业高技术企业参与行业标准制定指数，i为各地区或产业，t为年份；$iseq_{it}$为各地区或产业参与行业标准制定的高技术企业数，$ISEQ_{it}$为各地区或产业高技术企业总数，两者之比表示参与制定行业标准的高技术企业比重；$isiq_{it}$为各地区或产业高技术企业参与制定的行业标准数，$ISIQ_{it}$为各地区或产业的行业标准总数，两者之比表示高技术企业参与制定行业标准比重；$isiqr_{it}$为各地区或产业牵头制定行业标准的高技术企业数量，$isiqr_{it}/isiq_{it}$表示高技术企业牵头制定行业标准比重。

$$BVI_{it} = \frac{bvq_{it}}{BVQ_{it}} + \frac{bvrq_{it}}{BVRQ_{it}} + \frac{bvv_{it}}{BVV_{it}} \quad (4-2)$$

其中，BVI为各地区或产业世界100强高技术企业品牌价值指数，i为各地区或产业，t为年份；bvq_{it}为各地区或产业进入世界100强品牌价值榜的高技术企业数，BVQ_{it}为进入世界100强品牌价值榜的高技术企业总数，两者之比表示进入世界100强的高技术企业数量比重；$bvrq_{it}$为各地区或产

① 全球品牌价值榜单的参评企业利润至少有1/3来自国外，其评价指标包括品牌强度、品牌授权潜在价值、未来销售额等，评价过程涉及品牌未来收益的归属，以及品牌的公众熟悉程度、忠诚度、推广活动、营销投资、员工满意度等；品牌世界500强的评价指标则主要包括品牌影响力、市场占有率、品牌忠诚度、全球领导力。显然，两者各有侧重，共同反映高技术产业品牌产出竞争力。

业进入世界 100 强品牌价值榜的高技术企业排名总和，$BVRQ_{it}$ 为进入世界 100 强品牌价值榜的高技术企业排名总和，两者之比表示进入世界 100 强品牌价值榜的高技术企业排名比重；bvv_{it} 各地区或产业进入世界 100 强品牌价值榜的高技术企业价值总额，BVV_{it} 为进入世界 100 强品牌价值榜的高技术企业价值总额，两者之比表示进入世界 100 强品牌价值榜的高技术企业品牌价值比重。

$$BI_{it} = \frac{bq_{it}}{BQ_{it}} + \frac{brq_{it}}{BRQ_{it}} \quad (4-3)$$

其中，BI 为各地区或产业世界 500 强高技术企业品牌指数，i 为各地区或产业，t 为年份；bq_{it} 为各地区或产业进入世界 500 强品牌榜的高技术企业数量，BQ_{it} 为进入世界 500 强品牌榜的高技术企业总数，两者之比表示进入世界 500 强品牌榜的高技术企业数量比重；brq_{it} 为各地区或产业进入世界 500 强品牌榜的高技术企业排名总和，BRQ_{it} 为进入世界 500 强品牌榜的高技术企业排名总和，两者之比表示进入世界 500 强的高技术企业排名比重。

4.2　中国高技术产业核心竞争力绝对水平测度

我国高技术产业核心竞争力绝对水平的测度主要运用降维、分类思想，全面反映高技术产业核心生产要素投入规模、价值产出规模的综合水平，即重点强调我国高技术产业核心竞争力“量”的特征①。

4.2.1　测度方法

从测度理论看，高技术产业核心竞争力评价指标体系涉及指标多，各项指标间相关性较强，在一定程度上导致回归分析评价方法的参数估计不显著（林海明、张文霖，2005）。从实际测度需求看，高技术产业核心竞争力绝对水平测度是一个系统性工程，即将评价体系中的 16 个指标按照产业价值链技术端、市场端、品牌端进行重新归类组合，从不同角度、不同层次反映高技术产业内部绝对水平及关系。综上所述，采用因子分析方

① 绝对水平测度的实质是高技术产业价值链技术端、市场端、品牌端原始数据的描述统计分析。以投入规模、产出规模为测度对象，有助于从“量”上反映高技术产业核心竞争力绝对水平及其内部关系，为后面相对水平测度、内部关联性分析提供重要论证依据。

法对所构建的评价指标体系进行降维分类处理，以此全面、准确地测度我国高技术产业核心竞争力的绝对水平。

4.2.2 测度过程

1. 适用性检验

适用性检验通过对多维数据的相关性分析，判断其是否满足降维处理要求，以此保证因子分析结果的科学性和准确性（任胜钢、彭建华，2007）。从表4-2不难看出，我国高技术产业核心竞争力评价指标数据的适用性检验结果较为显著，其中KMO值为0.73，Bartlett检验中的F值为0.000，表明所构建的评价指标数据显著相关，相关系数矩阵为单位根矩阵，符合适用性检验要求。

表4-2　　　　KMO和Bartlett球形检验

Kaiser - Meyer - Olkin 的检验		0.73
Bartlett 的球型度检验	Approx. Chi - Square	3395.959
	df	120
	Sig.	0.000

2. 提取公共因子

采用最大方差法对我国高技术产业核心竞争力的全部指标数据进行降维处理，并以最大特征值的大小确定公共因子个数（舒予，2015）。结果表明，在我国高技术产业核心竞争力评价体系的16个指标中，存在6个公共因子的初始特征值大于1；公共因子旋转后的方差平方和为68.246%，表明所提取的公共因子能够在较大程度上代表全部数据信息（见表4-3）。

表4-3　　　　总方差解释

成分	初始特征值			提取平方和载入			旋转平方和载入		
	合计	方差的%	合计的%	合计	方差的%	合计的%	合计	方差的%	合计的%
1	3.357	20.979	20.979	3.357	20.979	20.979	3.049	19.058	19.058
2	2.852	17.822	38.801	2.852	17.822	38.801	2.873	17.954	37.012

续表

成分	初始特征值			提取平方和载入			旋转平方和载入		
	合计	方差的%	合计的%	合计	方差的%	合计的%	合计	方差的%	合计的%
3	1.35	8.435	47.236	1.35	8.435	47.236	1.296	8.098	45.111
4	1.239	7.746	54.982	1.239	7.746	54.982	1.293	8.083	53.193
5	1.103	6.893	61.875	1.103	6.893	61.875	1.227	7.666	60.859
6	1.019	6.371	68.247	1.019	6.371	68.247	1.182	7.387	68.246

3. 计算公共因子得分

将高技术产业核心竞争力的指标数据进行因子旋转，并根据旋转成分矩阵中各个成分数值大小，将 16 个指标分别归入 6 个公共因子当中，以此实现合成降维处理之目的。

从旋转后的公共因子载荷矩阵可以看出，我国高技术产业核心竞争力的 6 大公共因子构成如下：第 1 公共因子（F_1）包括研发人员折合全时当量、研发经费占主营业务收入比重、企业办研发机构人数占平均从业人员比重、企业办研发机构研发经费占主营业务收入比重、每千名从业人员拥有有效发明专利数 5 个投入产出性指标，第 2 公共因子（F_2）包括企业参与行业标准制定指数、参与国际标准制定数、世界 100 强企业品牌价值指数、世界 500 强企业品牌指数 4 个产出性指标，第 3 公共因子（F_3）包括每千名从业人员 PCT 国际专利申请数和内资企业出口交货值占总出口交货值比重 2 个产出性指标，第 4 公共因子（F_4）包括新产品销售收入占总销售收入比重和新产品出口额占总出口交货值比重 2 个产出性指标，第 5 公共因子（F_5）包括研发经费内部支出中企业资金占比和研究人员数占研发人员数比重 2 个投入性指标，第 6 公共因子（F_6）仅包括内资企业产品平均超额利润率 1 个产出性指标（见表 4－4）。

表 4－4　　旋转后的因子载荷矩阵

指标	成分					
	1	2	3	4	5	6
研发人员折合全时当量	<u>0.883</u>	0.0894	－0.013	0.088	0.082	0.008
研究人员数占研发人员数比重	0.141	－0.013	0.009	－0.09	<u>0.884</u>	0.759

续表

指标	成分					
	1	2	3	4	5	6
企业办研发机构人数占平均从业人员比重	0.802	-0.003	0.026	0.111	0.038	0.148
研发经费占主营业务收入比重	0.759	-0.051	-0.058	-0.001	-0.286	-0.013
企业办研发机构研发经费占主营业务收入比重	0.917	-0.023	-0.035	0.063	0.035	0.05
研发经费内部支出中企业资金占比	0.02	0.084	0.085	0.062	0.889	0.051
每千名从业人员拥有有效发明专利数	0.838	0.139	0.078	0.115	0.149	-0.096
每千名从业人员 PCT 国际专利申请数	-0.088	-0.1	0.787	-0.068	0.169	-0.115
新产品销售收入占总销售收入比重	0.462	0.085	-0.154	0.645	0.003	-0.012
新产品出口额占总出口交货值比重	0.032	0.013	0.06	0.896	0.043	-0.021
企业参与行业标准制定指数	-0.063	0.525	-0.32	-0.033	0.073	-0.086
参与国际标准制定数	-0.065	0.841	-0.062	-0.066	0.031	0.000
内资企业出口交货值占总出口交货值比重	0.061	-0.107	0.606	0.058	-0.507	0.058
内资企业产品平均超额利润率	-0.068	-0.009	-0.076	0.058	0.109	0.731
世界 100 强企业品牌价值指数	0.144	0.591	0.375	0.047	0.09	-0.079
世界 500 强企业品牌指数	0.018	0.827	-0.102	0.074	-0.044	0.069

注：从横向看，下划线数字表示该项指标在不同公共因子间的最优选择。

根据各个公共因子涵盖指标的实际经济意义，可将 F_1 称为显性技术竞争力因子，F_2 称为隐性品牌竞争力因子，F_3 称为隐性市场竞争力因子，F_4 称为显性市场竞争力因子，F_5 称为隐性技术竞争力因子，F_6 称为显性品牌竞争力因子。

显然，F_1 和 F_5 可合称为技术竞争力因子，F_3 和 F_4 可合称为市场竞争力因子，F_2 和 F_6 可合称为品牌竞争力因子。结合各个公共因子的贡献率可初步得出如下重要结论：首先在我国高技术产业核心竞争力绝对水平的内部构成中，技术竞争力因子的贡献率最大，约为 39.16%；其次为品牌因子竞争力，约为 37.13%；最后为市场因子竞争力，约为 23.71%[①]（表 4-3）。

最后，根据因子分析得分计算理论（林海明，2006），结合公共因子贡献率可知，我国高技术产业核心竞争力绝对水平的综合得分计算公式可确定为：

$$F = 27.93\% \times F_1 + 26.31\% \times F_2 + 11.87\% \times F_3 + 11.84\% \times F_4 + 11.23\% \times F_5 + 10.82\% \times F_6 \quad (4-4)$$

其中，F 为我国高技术产业核心竞争力绝对水平综合得分，F_1、F_2、F_3、F_4、F_5、F_6 分别为第 1、2、3、4、5、6 公共因子得分，各公共因子前面的系数分别为其贡献率。利用公式（4-4）即可分地区、分产业地测度我国高技术产业从 2006 年至 2016 年核心竞争力总体绝对水平。

4.2.3　测度结果

1. 中国高技术产业核心竞争力绝对水平分析

总体来看，我国高技术产业核心竞争力绝对水平表现出明显的上升趋势，即核心生产要素投入规模、价值产出规模上升幅度较大。自 2006 年以来，我国高技术产业核心竞争力绝对水平综合得分由 -0.5 逐渐上升至 2014 年的 0.25，2015 年更是高达 1.28（见图 4-2）。

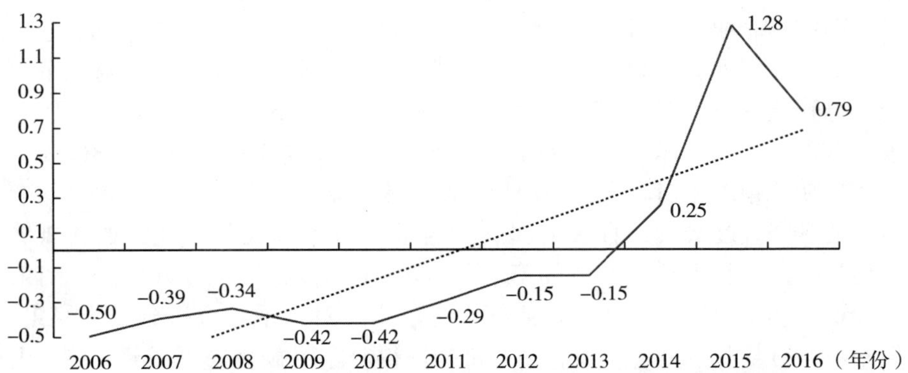

图 4-2　2006～2016 年中国高技术产业核心竞争力绝对水平综合得分

① 公共因子贡献率由旋转平方和载入中的方差百分比与合计百分比（68.246%）比值构成，如技术竞争力公共因子的贡献率 =(19.058% +7.666%)/68.246%。

分阶段看，相对于“十二五时期”，我国高技术产业核心竞争力绝对水平在“十一五”时期上升相对缓慢。简单测算发现，“十一五”时期，我国高技术产业核心竞争力绝对水平综合得分年平均增长幅度仅为2.52%[①]，其中2007年增长幅度为20.46%，2008年为14.42%；受国际金融危机和全球贸易保护主义蔓延影响，国外研发人员、研发资金等高技术产业核心生产要素的配置成本上升，在一定程度上导致2009年的增长幅度下降至-25.44%，2010年仅为0.64%。

“十二五”时期，我国高技术产业核心竞争力绝对水平综合得分呈明显上升趋势，年平均增长幅度高达158.8%。2014年以后，我国高技术产业核心竞争力绝对水平处于相对稳定的中高层阶段。2015年，我国高技术产业核心竞争力绝对水平综合得分显著上升，其主要原因在于2014年底中央经济工作会议首次提出积极发现新的增长点，发现新增长点本身就是高技术产业由大变强的过程，培育新增长点则更多的是依靠高技术企业内生性创新力量。

2016年，我国高技术产业核心竞争力绝对水平综合得分仍处于较高水平，但存在较为明显的下降趋势，这与我国部分相关政策落地性不够有关。如我国在2016年全面实行营改增的财税政策，主要涉及研发和技术服务、信息技术等高技术产业。但通过调研深圳、上海的高技术企业发现，高技术产品具有高附加值、交易次数少等特征，“营改增”政策红利主要流向房地产、交通运输等传统行业，反而导致国内外风险投资偏好前者，高技术企业技术研发积极性下降。

从区域层面看，我国四大经济区域高技术产业核心竞争力绝对水平综合得分普遍偏低，各区域内部变化幅度、区域间差异较为显著。具体来说，东部地区高技术产业核心竞争力绝对水平综合得分基本处于最高水平，但变化幅度相对较大；西部地区高技术产业核心竞争力绝对水平综合得分的升降幅度最大，直接引起其排名呈“过山车式”变化，如从2006年的第四直线上升至2009年的第一，再在下降至2013年、2014年的第四；中部地区和中部地区高技术产业核心竞争力绝对水平综合得分较为稳定，但两者得分均长期处于负值，与东部地区得分差距显著（见图4-3）。上述分析表明，我国高技术产业核心生产要素投入规模、价值产出规模在各

① 以每一年的得分为基数，按时间先后顺序进行权重赋值，计算“十一五”“十二五”时期的最终得分。即权重的分母为1+2+…+11=66，分子为年数顺序。本小节各地区、产业最后得分的算法亦是如此。

地区的分布不均，纵向变动幅度大。

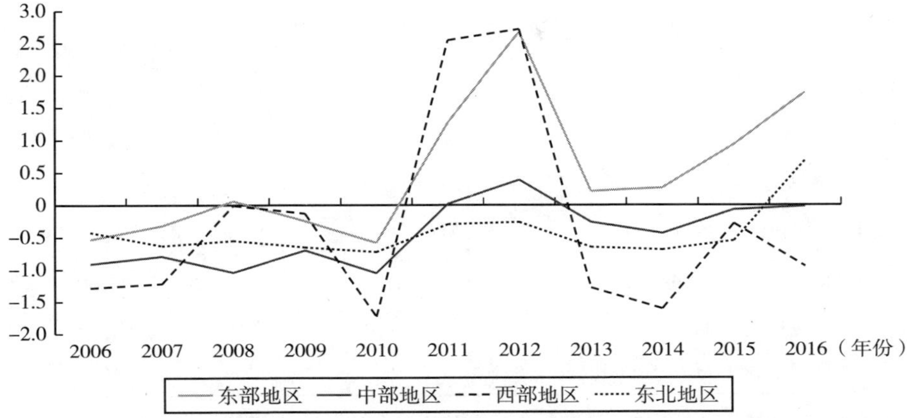

图 4－3　2006～2016 年中国高技术产业核心竞争力绝对水平综合得分（分地区）

从产业层面看，各高技术产业核心竞争力绝对水平综合得分同样表现出“上升明显、差异显著”特征。如经测算发现，2006～2016 年，电子及通信设备制造业核心竞争力绝对水平综合得分上升幅度高达 179.23%，医药制造业核心竞争力绝对水平综合得分上升幅度为 109.13%；其余三个产业核心竞争力绝对水平综合得分也存在上升趋势，但在大多数年份中的综合得分均小于 0，与电子及通信设备制造业、医药制造业的差距较为显著（见图 4－4）。以上分析表明，我国高技术产业核心生产要素投入规模和价值产出规模在不同产业间表现出逐年上升、差异明显特征。

通过测算还发现，四大经济地区高技术产业核心竞争力绝对水平综合得分的排名依次为东部地区、中部地区、西部地区和东北地区，其中广东、上海、浙江、福建、北京分别位于前 5 位，山西、吉林、青海、辽宁、江西分别位于后 5 位，各省份间综合得分的差距仍较为显著（见附表 1）。产业综合得分排名依次为电子及通信设备制造业、医药制造业、航空航天器及设备制造业、计算机及办公设备制造业、医疗仪器设备及仪器仪表制造业，其中，通信终端设备制造、通信系统设备制造、通信设备制造居前 3，半导体分立器件制造、计算机外围设备制造位列后 2 位，中类产业间的绝对差距值高达 50%（见附表 2）。

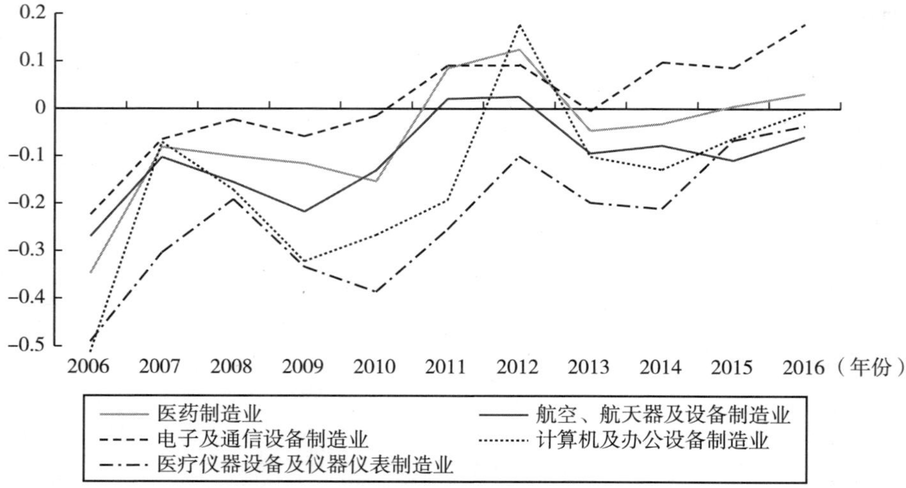

图 4－4　2006～2016 年中国高技术产业核心竞争力绝对水平综合得分（分产业）

2. 中国高技术产业技术竞争力绝对水平分析

我国高技术产业技术竞争力绝对水平总体呈上升趋势，如技术竞争力绝对水平得分由“十一五”时期的－0.784，上升至“十二五”时期的－0.318，直至2016年的－0.155；又如显性技术竞争力绝对水平得分相应地由－0515上升至－0.137，再上升至0.134（见表4－5）。结合各公共因子的经济含义可知，我国高技术产业总体研发投入规模、技术价值产出规模逐年增加，但企业办研发机构经费、研发人员等内生性核心生产要素投入规模仍处于较低水平。

表 4－5　　中国高技术产业技术竞争力绝对水平得分

行业	技术竞争力	显性技术竞争力	隐性技术竞争力	阶段/年份	技术竞争力	显性技术竞争力	隐性技术竞争力	区域
医药制造	－0.042	－0.136	0.094	“十一五”	1.959	－0.326	2.285	东部地区
	0.420	0.006	0.413	“十二五”	7.283	0.865	6.418	
	0.424	－0.015	0.439	2016	9.428	3.538	5.890	
航天航空	－2.026	－0.164	－1.861	“十一五”	－3.911	－0.862	－3.049	中部地区
	－1.914	－0.071	－1.843	“十二五”	0.972	－0.249	1.221	
	－1.456	0.462	－1.918	2016	2.453	－1.033	3.486	

续表

行业	技术竞争力	显性技术竞争力	隐性技术竞争力	阶段/年份	技术竞争力	显性技术竞争力	隐性技术竞争力	区域
电子通信	0.149	-0.049	0.198	“十一五”	0.972	-0.249	1.221	西部地区
	0.240	0.072	0.168	“十二五”	-3.016	-0.638	-2.378	
	0.260	0.206	0.054	2016	-0.909	-1.075	0.166	
计算机	0.081	-0.253	0.334	“十一五”	-3.016	-0.638	-2.378	东北地区
	0.705	-0.065	0.770	“十二五”	-1.821	-0.554	-1.267	
	0.550	-0.266	0.816	2016	-3.914	-2.882	-1.032	
医疗仪器	-0.174	-0.330	0.156	“十一五”	-0.784	-0.515	-0.269	全国
	0.103	-0.149	0.252	“十二五”	-0.318	-0.137	-0.181	
	0.570	0.251	0.319	2016	-0.155	0.134	-0.289	

注：表中的全国综合得分是根据区域和产业的所有指标数据计算得出。其中医药制造全称为医药制造业，航天航空全称为航天、航空器及设备制造业，电子通信全称为电子及通信设备制造业，计算机全称为计算机及办公设备制造业，医疗仪器全称为医疗仪器设备及仪器仪表制造业。下同。

从区域层面看，除西部地区外，我国其余地区高技术产业技术竞争力绝对水平均呈上升趋势，即大部分地区高技术产业技术性生产要素投入规模和技术价值产出规模均出现不同程度的上升。如东部地区技术竞争力绝对水平得分由“十一五”时期的1.959大幅度上升至“十二五”时期的7.283，2016年更是高达9.428；其显性技术竞争力、隐形技术竞争力绝对水平得分同样表现出明显的上升（见表4-5）。

从产业层面看，各高技术产业技术竞争力绝对水平表现出“水平较高、差异显著”特征。由表4-5可知，除航空、航天器及设备制造业外，其他产业技术竞争力在“十一五”时期后的绝对水平得分均大于0；但各产业间技术竞争力和产业内部显性技术竞争力、隐形技术竞争力绝对水平得分差距明显，如2016年，医疗仪器设备及仪器仪表制造业技术竞争力绝对水平得分为0.57，显著高于航天、航空器及设备制造业的-1.46；又如计算机及办公设备制造业技术竞争力、显性技术竞争力、隐形技术竞争力绝对水平得分分别为0.55、-0.266、0.816，三者绝对差异较大。

通过测算发现，2006~2016年，我国高技术产业技术竞争力绝对水平得分在地区间的排名依次是东部地区、中部地区、西部地区、东北地区，与核心竞争力绝对水平综合得分的总体排名一致；在产业间的排名依次为医药制造业、航天航空器及设备制造业、电子及通信设备制造业、计算机及办公设备制造业、医疗仪器设备及仪器仪表制造业。

3. 中国高技术产业市场竞争力绝对水平分析

我国高技术产业市场竞争力绝对水平表现出“先降后升、总体上升”的特征，即高技术产业新产品国内外销售规模总体上升。如市场竞争力绝对水平得分由“十一五”时期的 0.057 下降至“十二五”时期的 -0.385，再上升至2016 年的2.765；又如隐性市场竞争力绝对水平得分相应地由1.499 下降至 -0.03，再上升至0.203（见表4 -6）。

表4 -6　　中国高技术产业市场竞争力绝对水平得分

行业	市场竞争力	隐性市场竞争力	显性市场竞争力	阶段/年份	市场竞争力	隐性市场竞争力	显性市场竞争力	区域
医药制造	0.742	0.896	-0.154	“十一五”	-1.958	-2.485	0.527	东部地区
	1.289	1.208	0.081	“十二五”	-1.420	-3.841	2.420	
	1.640	1.348	0.292	2016	6.521	1.417	5.104	
航天航空	-0.038	-0.129	0.091	“十一五”	1.752	3.560	-1.808	中部地区
	0.412	0.179	0.233	“十二五”	2.940	1.965	0.975	
	0.165	-0.565	0.729	2016	4.729	2.532	2.197	
电子通信	-0.860	-1.074	0.214	“十一五”	-0.151	0.536	-0.687	西部地区
	-0.009	-0.641	0.632	“十二五”	0.360	0.673	-1.713	
	1.063	-0.051	1.114	2016	0.665	0.837	0.529	
计算机	-1.238	-0.350	-0.888	“十一五”	-1.031	0.770	-1.801	东北地区
	-0.383	-0.518	0.135	“十二五”	1.234	2.522	-1.288	
	-0.038	-0.183	0.144	2016	1.658	3.244	1.414	
医疗仪器	-1.997	-1.046	-0.951	“十一五”	0.057	-1.442	1.499	全国
	-1.225	-0.665	-0.560	“十二五”	-0.385	-0.355	-0.030	
	-0.958	-0.559	-0.399	2016	2.765	2.562	0.203	

从区域层面看，各地区高技术产业市场竞争力绝对水平上升趋势明显，总体处于较高水平。2016 年，所有地区高技术产业市场竞争力、隐性市场竞争力、显性市场竞争力绝对水平得分均高于0，其中东部地区高技

术产业市场竞争力绝对水平得分最高（6.521），西部地区得分最低（0.665）。但前两者的隐性市场竞争力绝对水平得分低于中部地区和东北地区，表明东部地区、西部地区内资高技术企业产品销售等市场产出规模相对偏低。

从产业层面看，各高技术产业市场竞争力绝对水平的差异化较为显著，如医药制造业市场竞争力绝对水平得分为 1.640，显著高于医疗仪器设备及仪器仪表制造业的 -0.958；又如航空、航天器及设备制造业市场竞争力绝对水平得分为 0.165，显著高于隐形市场竞争力（-0.565），低于显性市场竞争力（0.729）。

通过测算发现，2006~2016 年，我国高技术产业市场竞争力绝对水平得分在地区间的排名依次是西部地区、中部地区、东北地区、东部地区，在产业间的排名依次是医药制造业、计算机及办公设备制造业、医疗仪器设备及仪器仪表制造业、电子及通信设备制造业、航空航天器及设备制造业。

4. 中国高技术产业品牌竞争力绝对水平分析

我国高技术产业品牌竞争力绝对水平总体表现出水平偏低，以及上升、下降交替变化特征。如显性品牌竞争力绝对水平得分始终为正数，表明我国高技术产业国际品牌价值产出规模较大；又如品牌竞争力绝对水平得分由“十一五”时期的 -3.274，上升至 -3.135，再小幅度下降至 -3.571；再如隐性品牌竞争力绝对水平得分偏低（见表 4-7），表明相对于制定技术标准，我国内资高技术企业获取超额利润能力较低，这与现状分析结果基本一致。

从区域层面看，各区域高技术产业品牌竞争力绝对水平普遍偏低。从表 4-7 可知，东部地区、中部地区、西部地区、东北地区高技术产业品牌竞争力绝对水平得分均低于 0。2016 年，高技术产业品牌竞争力、显性品牌竞争力、隐性品牌竞争力绝对水平得分最高的区域分别为东北地区（-2.470）、东部地区（3.115）、东北地区（-1.563），表明大部分区域高技术产业获取超额利润规模仍处于较低水平。

从产业层面看，各产业间品牌竞争力绝对水平差异化程度普遍低于区域间。如 2016 年，高技术产业显性品牌竞争力、隐性品牌竞争力绝对水平得分在产业间的极差分别为 3.076、0.523，在区域间的极差分别为 7.029、4.499（见表 4-7），表明高技术产业间品牌价值产出规模均等化水平高于区域间，其主要原因在于高技术产业间技术溢出效应和上下游关联效应强于区域间横向合作效应。

表 4-7　　中国高技术产业品牌竞争力绝对水平得分

行业	品牌竞争力	显性品牌竞争力	隐性品牌竞争力	阶段/年份	品牌竞争力	显性品牌竞争力	隐性品牌竞争力	区域
医药制造	-0.538	-0.202	-0.336	“十一五”	0.036	-0.516	0.551	东部地区
	-0.158	0.086	-0.244	“十二五”	-3.091	1.117	-4.208	
	-0.380	0.106	-0.486	2016	-2.946	3.115	-6.062	
航天航空	-0.321	-0.103	-0.218	“十一五”	-1.408	-2.001	-0.407	中部地区
	-0.332	-0.049	-0.283	“十二五”	-3.784	-1.982	-1.801	
	-0.550	-0.001	-0.550	2016	-2.641	-2.388	-3.253	
电子通信	1.548	1.406	0.141	“十一五”	-3.411	-4.362	-3.049	西部地区
	2.553	2.259	0.295	“十二五”	-2.078	-3.298	1.221	
	2.952	3.075	-0.123	2016	-4.862	-3.914	-5.948	
计算机	-0.077	0.067	-0.144	“十一五”	-0.357	-0.795	0.438	东北地区
	0.277	0.660	-0.383	“十二五”	-1.892	-0.962	-0.930	
	0.584	0.921	-0.338	2016	-2.470	-0.907	-1.563	
医疗仪器	0.626	1.065	-0.438	“十一五”	-3.274	-4.275	-0.001	全国
	0.714	1.229	-0.515	“十二五”	-3.135	-3.883	0.052	
	0.806	1.452	-0.646	2016	-3.571	-3.757	-0.186	

通过测算发现，2006～2016 年，我国高技术产业品牌竞争力绝对水平在地区间的排名依次是东部地区、东北地区、中部地区、西部地区，在产业间的排名依次是医疗仪器设备及仪器仪表制造业、计算机及办公设备制造业、电子及通信设备制造业、医药制造业、航空航天器及设备制造业。

此外，为准确反映我国高技术产业核心竞争力绝对水平分布现状，以 2016 年为例，对 31 个省（直辖市、自治区）和 28 个产业（5 大类、23 中类）做详细分析。从区域层面看，2016 年，各区域高技术产业核心竞争力绝对水平分布较为复杂，东部沿海地区绝对水平得分普遍较高，西部地区大多数省份绝对水平得分偏低；技术竞争力绝对水平得分在中西部大部分省市处于中等水平，低得分省份占比较小；市场竞争力绝对水平得分在大部分区域均处于中等水平，品牌竞争力绝对水平得分在大部分区域处于中下等水平。

从产业层面看，2016 年，各高技术产业核心竞争力绝对水平总体分布较为均匀，大部分产业绝对水平得分较高（基本处于 0 层以外），通信系统设备制造业核心竞争力绝对水平得分最高；技术竞争力、市场竞争力绝对水平得分普遍偏高（处于外层），前者在飞机制造业、电子器件制造业得分较低，在通信系统设备、航空航天制造等产业得分较高；后者在视听设备制造、通信系统设备、中成药生产等产业得分较高，在医疗仪器设备、电子真空器件等产业得分较低。品牌竞争力绝对水平得分偏低，且分布不均匀；如其在电子及通信制造、通信系统设备等产业得分较高（这与 5G 技术突破有关），而在中成药生产、半导体分立器件等中类产业得分则明显偏低（见图 4－5）。

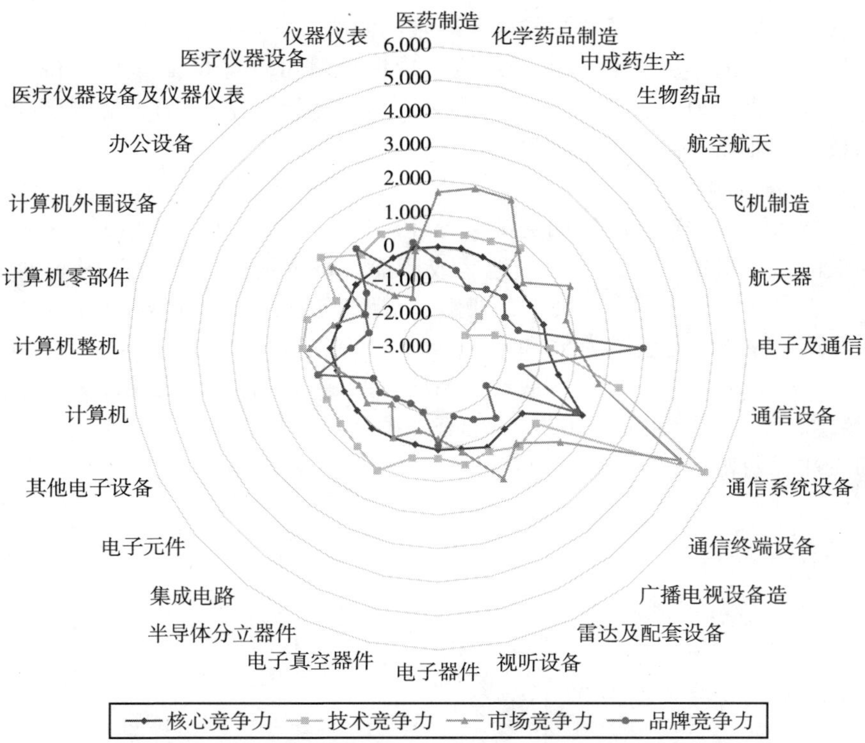

图 4－5　2016 年中国高技术产业核心竞争力绝对水平的产业分布

4.3 中国高技术产业核心竞争力相对水平测度

我国高技术产业核心竞争力相对水平测度运用投入与产出思想，以核心生产要素投入规模与价值产出规模比重为测度对象，直接反映高技术产业核心生产要素在创造价值过程中的直接生产效率（核心竞争力真实水平），即重点突出我国高技术产业核心竞争力“质”的特征。

4.3.1 测度方法

数据包络分析方法（Data Envelopment Analysis，DEA）是以相对效率为研究对象，运用投入、产出指标数据分析同质决策单元（Decision Making Units，DMU）的非参数效率评价方法（Charnes & Cooper，1978）。结合研发人员、研发经费等核心生产要素的源头性、不可替代性，以及我国高技术产业的不完全竞争市场结构、规模报酬可变等特征（肖仁桥，钱丽，陈忠卫，2012），选择投入导向型的 BCC 模型静态、动态地测度我国高技术产业核心竞争力相对效率水平。

1. 静态测度方法

静态测度方法反映同期决策单元（DMU）相对其他决策单元（DMU）的横向效率水平。假设有 n 个地区或产业，每个地区或产业使用 m 种投入，生产获得 s 种产出；其中，任意一个地区或产业（DMU）的第 i 种投入和第 r 种产出可表示为 x_{ij} 和 y_{rj}（i = 1，2，…，m；r = 1，2，…，n；j = 1，2，…，n），则每个地区或产业的所有产出与所有投入之比即为效率值（余学林，1992；谢菲，2003）。静态测度高技术产业核心竞争力相对水平的线性规划如下：

$$\mathrm{Min}[\theta-\varepsilon(e^{T}s^{-}+e^{T}s^{+})] \tag{4-5}$$

$$\text{s. t.}\begin{cases}\sum_{j=1}^{n}\lambda_j x_j+s^{+}-x_0\theta\geqslant 0\\ \sum_{j=1}^{n}\lambda_j x_j-s^{-}-y_0\geqslant 0\\ N1'\times\lambda=1\\ \lambda_j\geqslant 0,\ j=1,\cdots,n\\ s^{+}\geqslant 0,\ s^{-}\geqslant 0\end{cases} \tag{4-6}$$

其中，x_0、y_0 为任意假定的第 j_0 个地区或产业决策单元投入、产出，θ 为第 j_0 个地区或产业决策单元的相对效率值，λ_j 为最优解，s^- 为剩余变量，s^+ 为松弛变量，e^T 为单位行向量，ε 为非阿基米德无穷小。N1 表示 N×1 维向量，$N1' \times \lambda = 1$ 即满足规模报酬可变假设，是 BCC 模型和 C^2R 模型的重要区分条件。

根据 θ、s^-、s^+ 的不同，可将地区或产业决策单元分为 3 类：其一，θ=1，$s^-=0$、$s^+=0$ 时，即 DMU_{j0} 为 DEA 有效，表示被评价地区或产业决策单元核心生产要素投入达到最佳组合，核心竞争力相对水平高。其二，θ=1，且至少有某个 s^- 大于 0 或某个 s^+ 大于 0 时，即 DMU_{j0} 为 DEA 弱有效，表示被评价地区或产业决策单元核心竞争力相对水平较高。若 s^- 大于 0，表明第 i 个投入要素没被充分利用的数额为 s^-；若 s^+ 大于 0，则表明第 r 个产出要素与最大产出值存在 s^+ 的差额。其三，θ<1 时，即 DMU_{j0} 为非 DEA 有效，表示被评价地区或产业决策单元核心竞争力相对水平有待提高，可通过降低投入至原投入的 θ 比例，保持原产出不变。

静态测度方法中的综合效率反映地区或产业决策单元实际价值产出与潜在价值产出比重，可进一步分解为纯技术效率和规模效率。两者分别从技术和规模角度反映我国高技术产业核心竞争力相对水平低下的深层次原因。

2. 动态测度方法

动态测度方法以保持现有价值产出消耗最小核心生产要素投入的有效点所构成的曲面为生产前沿面（帕累托最优），反映决策单元在不同时期相对生产前沿面的效率纵向变化情况。作为动态效率测度的经典方法，曼奎斯特指数法（Malmquist）通过将两组中的任何一组无差异曲线作为参考集，测度两个相邻时期生产率变化指数（Malmquist S，1953；Fare，1994）。Malmquist 指数为：

$$M(y_{t+1}, x_{t+1}, y_t, x_t) = \sqrt{\frac{D^t(x_{t+1}, y_{t+1}) \times D^{t+1}(x_{t+1}, y_{t+1})}{D^t(x_t, y_t) \times D^{t+1}(x_t, y_t)}} \tag{4-7}$$

其中，$M(y_{t+1}, x_{t+1}, y_t, x_t)$ 为 Malmquist 指数，表示由第“t”期到第“t+1”期效率变化；$D^t(x_{t+1}, y_{t+1})$ 表示以第“t”期的技术作为参考的第“t+1”期效率水平；$D^t(x_t, y_t)$ 表示以第“t”期的技术作为参考的当期效率水平；$D^{t+1}(x_t, y_t)$ 表示以第“t+1”期的技术作为参考的当期效率水平；$D^{t+1}(x_{t+1}, y_{t+1})$ 表示以第“t”期的技术作为参考的第“t+1”期效率水平。

在规模报酬不变情况下，Malmquist 指数可进一步分解为技术效率和技术进步。具体公式如下：

$$M(y_{t+1}, x_{t+1}, y_t, x_t) = \frac{D^{t+1}(x_{t+1}, y_{t+1})}{D^{t+1}(x_t, y_t)} \sqrt{\frac{D^t(x_{t+1}, y_{t+1})}{D^{t+1}(x_{t+1}, y_{t-1})} \times \frac{D^t(x_t, y_t)}{D^{t+1}(x_t, y_t)}} \tag{4-8}$$

式（4-8）中，右边第一个分式表示从第 t 期到第 t+1 期的技术效率变化，反映不同时期实际产量与生产可能性边界距离；如果第一个分式大于1，则表明效率在上升，反之则在下降。第二个分式表示从第 t 期到第 t+1期的技术进步变化，反映不同时期技术前沿面的移动；如果第二个分式大于1，则表明生产可能性边界在向外移动，即技术进步。

4.3.2 测度过程

1. 确定投入项

根据高技术产业核心竞争力评价指标体系，以及高技术产业核心竞争力绝对水平测度的公共因子提取结果，确定我国高技术产业核心竞争力相对水平测度的投入项为 2 个。第 1 个是由研发人员折合全时当量、研究人员数占研发人员数比重、企业办研发机构人数占平均从业人员比重等 3 个指标构成的研发人员核心生产要素投入项，第 2 个是由研发经费占主营业务收入比重、企业办研发机构研发经费占主营业务收入比重、研发经费内部支出中企业资金占比 3 个指标构成的研发经费核心生产要素投入项。

2. 确定产出项

结合高技术产业核心生产要素价值创造链，确定我国高技术产业核心竞争力相对水平测度的产出项为 4 个。第 1 个是由每千名从业人员拥有有效发明专利数、每千名从业人员 PCT 国际专利申请数 2 个指标构成的技术产出项，第 2 个是由新产品销售收入占总销售收入比重、新产品出口额占总出口交货值比重、内资企业出口交货值占总出口交货值比重 3 个指标构成的市场产出项，第 3 个是由企业参与行业标准制定指数、参与国际标准制定数、内资企业产品平均超额利润率、世界 100 强企业品牌价值指数、世界 500 强企业品牌指数 5 个指标构成的品牌产出项，第 4 个是由上述 10 个指标共同构成的综合产出项。

3. 指标数据处理

运用常见的比重法对所涉及的所有高技术产业核心竞争力指标数据进行无量纲化处理，以此解决由单位不统一引导的指标数据不可加、不可比问题。将经过无量纲化处理的指标数据按照上述投入项、产出项确定结果重新组合相加，最终从量化测度的角度明确高技术产业核心竞争力相对水平测度的投入项和产出项。

4. 测度与检验

采用数据包络分析方法（MaxDEA 软件）测度高技术产业核心竞争力相对水平，即以高技术产业研发人员、研发经费为 2 个固定投入项，分别以技术产出项、市场产出项、品牌产出项和综合产出项为产出项进行测度，测度结果相应地反映核心生产要素在创造技术价值、市场价值、品牌价值、综合价值过程中的直接生产率，即技术竞争力、市场竞争力、品牌竞争力和核心竞争力。

此外，采用变换变量数据的方式对测度模型进行稳健性检验（魏权龄、卢刚，1989；丁文桓、冯英浚、康宇虹，2001），即分别运用区域指标数据和产业指标数据对我国高技术产业核心竞争力的相对水平进行测度，通过比较两者的差异化水平检验测度模型的稳健性。检验结果表明，运用产业数据和地区数据所测算的综合效率水平基本相同（见表 4 - 10），表明上述测度模型选择、投入项和产出项确定，以及变量数据处理方式均科学合理，测度结果准确、可靠。

4.3.3　测度结果

1. 中国高技术产业核心竞争力相对水平分析

（1）静态分析。从静态测度结果看，我国高技术产业核心竞争力水平总体偏低，即核心生产要素直接价值化能力明显不足。从表 4 - 8 可知，在 2006 ~ 2016 年的 11 年间，无论从区域层面，还是产业层面，我国高技术产业核心竞争力综合效率均低于 0.5；进一步分析发现，我国高技术产业核心竞争力规模效率显著低于纯技术效率，表明我国高技术产业研发人员、研发经费等核心生产要素配置效率低下的主要原因在于科技管理水平低下，次要原因为技术研发能力不足。

表 4-8　　2006~2016 年高技术产业核心竞争力静态效率水平

类别	项目	2006年	2007年	2008年	2009年	2010年	2011年	2012年	2013年	2014年	2015年	2016年
区域	综合效率	0.212	0.189	0.276	0.315	0.429	0.111	0.150	0.292	0.268	0.207	0.259
	纯技术效率	0.452	0.389	0.292	0.570	0.997	0.952	0.957	0.982	0.979	0.968	0.972
	规模效率	0.203	0.232	0.267	0.336	0.430	0.114	0.153	0.295	0.272	0.211	0.264
产业	综合效率	0.204	0.188	0.182	0.238	0.218	0.242	0.25	0.278	0.174	0.253	0.275
	纯技术效率	0.586	0.568	0.585	0.716	0.615	0.697	0.759	0.762	0.505	0.715	0.72
	规模效率	0.234	0.218	0.216	0.262	0.251	0.273	0.271	0.302	0.246	0.278	0.297

高技术产业核心竞争力在不同产业、不同地区间的差异较为显著。经测度发现，2006~2016 年，我国高技术产业核心竞争力综合效率在产业间的排名依次为计算机及办公设备制造业、电子及通信设备制造业、航天航空器及设备制造业、医药制造业、医疗仪器设备及仪器仪表制造业，其综合效率值分别为 0.36、0.28、0.19、0.13、0.09。在区域间的排名依次是东部地区、中部地区、西部地区、东北地区，其综合效率值分别为 0.33、0.23、0.19、0.16；北京、西藏、广东位列前三，江西、山西、河南分居后三位。

（2）动态分析。从动态测度结果看，我国高技术产业核心竞争力总体呈上升趋势，即研发人员、研发经费等核心生产要素直接价值化能力逐渐增强。除 2010 年高技术产业核心竞争力的 Malmquist 指数略低于 1 以外，其余年份均大于 1；技术效率指数、技术进步指数低于 1 的年份均为 3 年，两者下降年份不同（见图 4-6），表明 2008 年、2011 年、2015 年高技术产业核心竞争力上升的主要动力为技术进步，2010 年、2012 年、2013 年核心竞争力上升的动力则主要来源于技术管理效率的提高。

分阶段看，“十一五”时期，我国高技术产业核心竞争力增长率表现出“两降一升、总体下降”特征，即 2008 年小幅度下降，2009 年有所上升，2010 年较大幅度下降；“十二五”时期，我国高技术产业核心竞争力增长率在经过先升再降后，逐渐趋于平稳，2013 年后的增长率基本保持在 30% 左右（见图 4-6）。

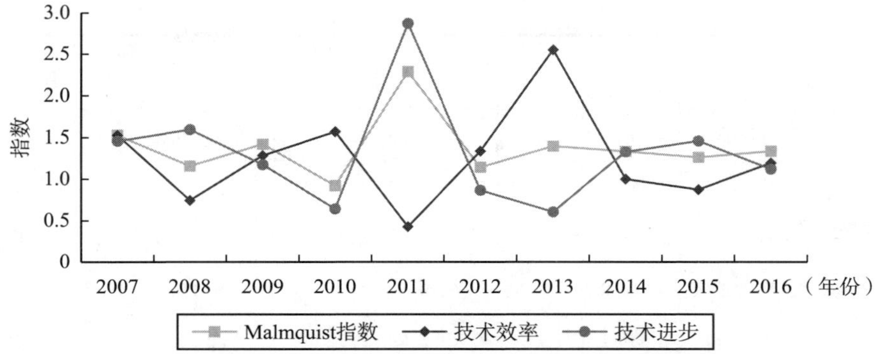

图4－6　2007～2016年高技术产业核心竞争力动态Malmquist指数

从区域层面看，2007～2016年的10年间，各地区高技术产业核心竞争力总体上升，但增长率差异显著。从表4－9可知，西部地区高技术产业核心竞争力增长率最高（60%），中部地区、东地区最低（均为20%）；2007年、2009年、2010年，31个省份高技术产业核心竞争力增长率的标准差均超过0.5，2010年更是高达1.57（见附表3）。

经测算发现，2007～2016年，我国高技术产业核心竞争力增长率平均值大小排名前5的省（区、市）依次为内蒙古、新疆、西藏、海南和宁夏，排名后5位的省（区、市）依次为吉林、湖南、重庆、河南和陕西（见附表3），前者集中于西部地区，这与表4－9的结论基本一致。以上分析表明，4大区域高技术产业核心生产要素配置效率明显上升，西部地区大多数省份高技术产业核心生产要素创造价值的直接生产率更是持续的中高速攀升，这与其在承接东部地区产业转移过程中更加注重引进先进技术和管理经验有较大关系。

表4－9　2007～2016年高技术产业核心竞争力动态Malmquist指数（区域）

类别		2007年	2008年	2009年	2010年	2011年	2012年	2013年	2014年	2015年	2016年	平均值
Malmquist指数	东部地区	1.28	1.16	1.59	0.91	1.60	1.33	1.24	1.28	1.27	1.29	1.30
	中部地区	1.05	1.24	1.24	0.93	1.27	1.14	1.38	1.23	1.17	1.33	1.20
	西部地区	2.20	1.18	1.41	0.94	3.55	1.00	1.63	1.48	1.27	1.36	1.60
	东北地区	1.29	0.92	1.23	0.86	1.58	1.08	1.03	1.13	1.42	1.43	1.20

续表

类别		2007年	2008年	2009年	2010年	2011年	2012年	2013年	2014年	2015年	2016年	平均值
技术效率指数	东部地区	0.84	0.79	1.66	1.26	0.38	1.49	1.78	1.05	0.97	1.13	1.14
	中部地区	0.84	0.74	1.21	1.47	0.20	1.37	2.49	0.93	0.78	1.18	1.12
	西部地区	2.94	0.75	0.94	1.93	0.63	1.19	3.35	1.04	0.83	1.24	1.48
	东北地区	0.96	0.55	1.20	1.36	0.22	1.31	2.05	0.80	0.91	1.28	1.06
技术进步指数	东部地区	1.88	1.47	0.96	0.76	5.78	0.92	0.76	1.22	1.31	1.14	1.62
	中部地区	1.36	1.72	1.13	0.64	7.18	0.83	0.56	1.34	1.50	1.12	1.74
	西部地区	1.01	1.62	1.47	0.55	10.02	0.85	0.53	1.40	1.54	1.10	2.01
	东北地区	1.55	1.69	1.05	0.64	7.66	0.83	0.50	1.41	1.56	1.12	1.80

从产业层面看，除医疗仪器设备及仪器仪表制造业核心竞争力增长率小幅度下降外，其余高技术产业核心竞争力均表现出上升趋势；但相对于区域而言，产业间核心竞争力增长率差异化程度更为显著。如电子及通信设备制造业核心竞争力的 Malmquist 指数约为医疗仪器设备及仪器仪表制造业的 2 倍，又如航空、航天器及设备制造业核心竞争力的技术效率指数约为计算机及办公设备制造业的 5 倍（见表 4-10）。具体到中类产业，2007~2016 年的 10 年间，有 6 年的高技术产业核心竞争力增长率标准差超过 0.5，其中 2007 年和 2015 年更是分别高达 2.77 和 3.24（见附表 4）。

按高技术产业核心竞争力增长率平均值大小排名前 5 的中类产业依次为电子真空器件制造业、通信终端设备制造业、通信设备制造业、计算机零部件制造业、航天器制造业，排名后 5 位的中类产业依次为电子元件制造业、办公设备制造业、通信系统设备制造业、仪器仪表制造业、医疗仪器设备及器械制造业（见附表 4）。显然，前者主要集中于电子及通信设备制造业（大类）、后者主要集中于医疗仪器设备及仪器仪表制造业（大类），这与表 4-10 的结论一致。

表4-10　高技术产业核心竞争力动态 Malmquist 指数（产业）

类别		2007年	2008年	2009年	2010年	2011年	2012年	2013年	2014年	2015年	2016年	平均值
Malmquist指数	医药制造	1.08	1.29	0.73	1.59	1.26	0.60	4.62	0.17	1.02	1.13	1.35
	航空航天	1.71	1.90	1.28	1.01	1.27	0.49	1.52	0.63	3.80	1.53	1.51
	电子通信	4.03	1.65	0.73	1.35	1.12	1.56	1.14	1.79	3.72	1.45	1.85
	计算机	0.90	0.99	3.26	1.02	1.98	0.93	1.14	0.76	1.70	1.20	1.39
	医疗仪器	0.97	1.01	0.92	1.05	0.84	0.94	1.00	0.99	1.00	1.02	0.97
技术效率指数	医药制造	1.21	1.19	1.06	2.13	0.70	0.75	4.55	0.09	1.54	1.12	1.43
	航空航天	1.87	1.86	1.93	1.37	0.74	0.67	1.48	64.41	5.57	1.50	8.14
	电子通信	29.09	1.15	1.11	1.88	0.61	1.73	1.08	0.91	5.58	1.22	4.44
	计算机	0.93	0.99	4.46	1.95	1.07	1.23	1.13	0.43	2.34	1.18	1.57
	医疗仪器	1.00	1.00	1.00	1.82	2.09	1.00	1.00	0.76	1.42	1.02	1.21
技术进步指数	医药制造	0.89	1.08	0.68	0.74	1.79	0.80	1.01	1.85	0.68	1.01	1.05
	航空航天	0.92	1.03	0.68	0.75	1.70	0.76	1.03	1.61	0.72	1.03	1.02
	电子通信	0.80	3.74	0.67	0.84	2.02	1.05	1.12	1.92	0.70	1.22	1.41
	计算机	0.96	1.03	0.72	0.61	1.90	0.80	1.01	1.76	0.74	1.02	1.06
	医疗仪器	0.97	1.01	0.92	1.18	1.24	0.94	1.00	1.44	0.77	1.00	1.05

2. 中国高技术产业技术竞争力相对水平分析

（1）静态分析。从静态测度结果看，我国高技术产业技术竞争力普遍偏低，即研发人员、研发经费等核心生产要素的专利技术价值直接转化率低。从表4-11可知，我国高技术产业技术竞争力综合效率低于0.3，极少地区或产业综合效率超过0.3；高技术产业技术竞争力纯技术效率和规模效率特征与核心竞争力基本一致。

高技术产业技术竞争力在不同产业、不同地区间的差异同样较为显著。以区域为例，2016年，东部地区高技术产业技术竞争力综合效率为0.354，显著高于中部地区的0.152（见表4-11）；经进一步测算发现，按技术竞争力综合效率大小排名，北京、西藏、广东位列前三，山西、河南、内蒙古分居后三位。

表 4－11　　中国高技术产业技术竞争力静态效率水平

行业	综合效率	纯技术效率	规模效率	阶段/年份	综合效率	纯技术效率	规模效率	区域
医药制造	0. 049	0. 564	0. 092	“十一五”	0. 326	0. 692	0. 594	东部地区
	0. 088	0. 689	0. 127	“十二五”	0. 295	0. 995	0. 296	
	0. 086	0. 678	0. 127	2016	0. 354	0. 995	0. 355	
航天航空	0. 050	0. 553	0. 092	“十一五”	0. 202	0. 668	0. 533	中部地区
	0. 056	0. 274	0. 083	“十二五”	0. 123	0. 992	0. 123	
	0. 221	0. 676	0. 327	2016	0. 152	0. 991	0. 153	
电子通信	0. 054	0. 843	0. 064	“十一五”	0. 371	0. 738	0. 511	西部地区
	0. 314	0. 895	0. 340	“十二五”	0. 227	0. 938	0. 233	
	0. 183	0. 873	0. 210	2016	0. 228	0. 940	0. 235	
计算机	0. 081	0. 951	0. 089	“十一五”	0. 246	0. 689	0. 533	东北地区
	0. 112	0. 775	0. 159	“十二五”	0. 135	0. 989	0. 136	
	0. 074	0. 940	0. 079	2016	0. 155	0. 983	0. 157	
医疗仪器	0. 190	0. 941	0. 202	“十一五”	0. 286	0. 697	0. 543	全国
	0. 275	0. 674	0. 376	“十二五”	0. 195	0. 979	0. 197	
	0. 278	0. 633	0. 439	2016	0. 222	0. 977	0. 225	

（2）动态分析。我国高技术产业技术竞争力总体呈大幅度上升趋势，其中“十一五”时期平均增长率约为 40. 9%，“十二五”时期平均增长率约为 30%，2016 年增长率为 45. 5%（见表 4－12）。值得注意的是，“十一五”“十二五”期间，我国高技术产业技术竞争力技术进步指数低于 Malmquist 指数和技术效率指数，表明我国高技术产业核心生产要素的技术价值直接转化率明显上升，主要原因在于高技术研发活动管理经验的不断积累。

表4-12　　中国高技术产业技术竞争力动态 Malmquist 指数

行业	Malmquist指数	技术进步指数	技术效率指数	阶段/年份	Malmquist指数	技术进步指数	技术效率指数	区域
医药制造	1.021	1.458	0.926	“十一五”	1.308	1.166	1.123	东部地区
	1.169	1.344	0.867	“十二五”	1.418	1.380	1.282	
	1.249	1.348	1.307	2016	1.422	2.199	1.177	
航天航空	2.164	1.565	1.050	“十一五”	1.444	1.137	1.268	中部地区
	2.083	1.289	1.719	“十二五”	1.311	1.314	1.233	
	1.448	1.381	1.929	2016	1.333	2.557	1.197	
电子通信	1.759	1.414	1.041	“十一五”	1.521	1.108	1.378	西部地区
	1.973	1.298	1.477	“十二五”	1.195	1.136	1.352	
	1.492	1.442	1.839	2016	1.542	2.616	1.380	
计算机	2.038	1.296	1.471	“十一五”	1.230	1.123	1.095	东北地区
	3.051	1.996	1.859	“十二五”	1.256	1.205	1.333	
	2.718	1.745	2.889	2016	1.461	2.679	1.157	
医疗仪器	0.993	0.993	1.000	“十一五”	1.409	1.134	1.247	全国
	1.002	1.002	1.000	“十二五”	1.300	1.259	1.305	
	1.552	1.552	1.000	2016	1.455	2.476	1.258	

从区域层面看，绝大部分区域高技术产业技术竞争力增长率超过30%，但区域间增长幅度差异较为明显。从表4-12可知，“十一五”至“十二五”时期，东部地区、东北地区高技术产业技术竞争力增长率出现较小幅度增长，中部地区、西部地区则出现明显下降现象，表明经济发达地区高技术产业核心生产要素的技术直接转化能力提升相对稳定。

从产业层面看，绝大部分高技术产业技术竞争力增长率超过15%，不同产业增长速度差异明显。“十一五”至“十二五”时期，除航空、航天器及设备制造业外，其余高技术产业技术竞争力增长率均表现出增长态势，计算机及办公设备制造业更是由103.8%上升至205.1%（见表4-12）。显然，相对其他高技术产业，航天、航空器及设备制造业市场化程度偏低、产业链完整度不高，直接制约其研发人员、研发经费投入直接转化为技术产出能力持续提升。

3. 中国高技术产业市场竞争力相对水平分析

（1）静态分析。相对于技术竞争力，我国高技术产业市场竞争力总体水平普遍较高，但大部分地区、产业市场竞争力的静态效率水平仍较为低下。从表4－13可以看出，东部地区、中部地区高技术产业市场竞争力综合效率均低于0.4，2016年东部地区高技术产业市场竞争力规模效率仅为0.146；除医疗仪器设备及仪器仪表制造业外，其他产业市场竞争力综合效率均低于0.6。

表4－13　　中国高技术产业市场竞争力静态效率水平

行业	综合效率	纯技术效率	规模效率	阶段/年份	综合效率	纯技术效率	规模效率	区域
医药制造	0.245	0.642	0.379	“十一五”	0.380	0.768	0.611	东部地区
	0.363	0.723	0.501	“十二五”	0.354	0.995	0.355	
	0.253	0.704	0.359	2016	0.146	0.995	0.146	
航天航空	0.412	0.684	0.595	“十一五”	0.308	0.712	0.596	中部地区
	0.211	0.302	0.289	“十二五”	0.333	0.993	0.335	
	0.579	0.783	0.739	2016	0.134	0.992	0.135	
电子通信	0.234	0.844	0.277	“十一五”	0.478	0.784	0.657	西部地区
	0.428	0.839	0.529	“十二五”	0.512	0.978	0.521	
	0.282	0.876	0.322	2016	0.367	0.977	0.377	
计算机	0.097	0.953	0.103	“十一五”	0.333	0.782	0.550	东北地区
	0.260	0.772	0.366	“十二五”	0.294	0.991	0.297	
	0.158	0.940	0.168	2016	0.459	0.987	0.462	
医疗仪器	0.294	0.937	0.313	“十一五”	0.375	0.762	0.604	全国
	0.893	0.937	0.954	“十二五”	0.373	0.989	0.377	
	0.904	0.937	0.964	2016	0.277	0.988	0.280	

按照高技术产业市场竞争力综合效率大小排名，2006～2016年的11年间，广东、浙江、江苏位列前三，山西、广西、海南分居后三位。以上分析表明，我国高技术产业研发人员、研发经费等核心生产要素的市场价值直接转化能力总体偏低，东部沿海地区依靠新产品出口规模效应占据明显优势。

（2）动态分析。我国高技术产业市场竞争力总体呈上升趋势，即核心生产要素直接转化为市场价值的能力明显增强。表4－14显示，“十一五”时期、“十二五”时期我国高技术产业市场竞争力增长率分别为40.9%和53.4%，2016年为37.3%。值得注意的是，我国高技术产业市场竞争力在“十一五”时期的技术效率指数仅为0.676，在“十二五”时期的TC指数为0.982，即两者在不同时期出现不同程度的下降，尚未形成双轮驱动（市场销售管理、研发技术进步）市场竞争力提升的态势。

表4－14　　中国高技术产业市场竞争力动态Malmquist指数

行业	Malmquist指数	技术进步指数	技术效率指数	阶段/年份	Malmquist指数	技术进步指数	技术效率指数	区域
医药制造	1.182	1.293	0.920	“十一五”	1.308	1.009	0.647	东部地区
	0.867	1.387	0.838	“十二五”	1.096	0.776	4.413	
	1.003	1.056	1.225	2016	1.343	1.414	1.136	
航天航空	1.531	1.322	1.152	“十一五”	1.444	1.495	0.412	中部地区
	1.403	1.510	1.050	“十二五”	1.287	0.742	1.961	
	1.359	1.039	1.238	2016	1.204	1.455	1.317	
电子通信	1.187	1.317	0.899	“十一五”	1.521	1.075	0.699	西部地区
	1.160	1.244	1.189	“十二五”	2.078	1.367	1.582	
	1.234	1.015	1.397	2016	1.444	1.282	1.340	
计算机	1.514	1.478	0.997	“十一五”	1.230	1.139	1.211	东北地区
	1.386	0.996	2.086	“十二五”	1.469	0.741	1.746	
	1.084	1.189	1.230	2016	1.537	1.583	1.446	
医疗仪器	1.244	1.244	1.000	“十一五”	1.409	1.144	0.676	全国
	0.922	0.922	1.000	“十二五”	1.534	0.982	2.618	
	0.967	0.978	1.013	2016	1.373	1.387	1.279	

从区域层面看，东部地区、中部地区高技术产业市场竞争力增长率明显下降，西部地区、东北地区则呈上升趋势。如东部地区高技术产业市场竞争力MI指数由“十一五”时期的1.308，下降至“十二五”时期的1.096；西部地区则相应地由1.521上升至2.078（见表4－14）。结合TC指数、EC指数变动情况可知，上述现象的主要原因在于不同地区技术进

步程度、潜在进步空间不同。

从产业层面看，大部分高技术产业市场竞争力总体呈上升趋势，但增长幅度普遍低于技术竞争力。除医疗仪器设备及仪器仪表制造业、医药制造业外，其他高技术产业市场竞争力增长率均超过8%，航空、航天器及设备制造业更是超过35%（见表4－14）；对比发现，计算机及办公设备制造业、电子及通信设备制造业市场竞争力增长率普遍低于50%，而其技术竞争力增长率普遍高于90%。

4. 中国高技术产业品牌竞争力相对水平分析

（1）静态分析。我国高技术产业品牌竞争力普遍偏低，总体静态效率水平介于市场竞争力与技术竞争力之间。从表4－15可知，我国高技术产业品牌竞争力综合效率低于0.35，纯技术效率普遍高于规模效率，表明我国高技术产业研发人员、研发经费等核心生产要素的品牌价值直接转化能力较低，与潜在的技术标准制定、超额利润获取等品牌价值直接转化能力差距较大。

高技术产业品牌竞争力在不同产业、区域间的差异化程度较高。如计算机及办公设备制造业品牌竞争力综合效率普遍高于医药制造业和航天、航空器设备制造业；2016年，东部地区高技术产业品牌竞争力综合效率显著高于中部地区（见表4－15）。进一步测度发现，按品牌竞争力综合效率大小排名，上海、北京、西藏位列前三，江西、河北、黑龙江分居后三位。

表4－15　　中国高技术产业品牌竞争力静态效率水平

行业	综合效率	纯技术效率	规模效率	阶段/年份	综合效率	纯技术效率	规模效率	区域
医药制造	0.012	0.559	0.021	“十一五”	0.378	0.733	0.645	东部地区
	0.024	0.683	0.035	“十二五”	0.306	0.995	0.307	
	0.012	0.678	0.018	2016	0.362	0.995	0.364	
航天航空	0.005	0.548	0.008	“十一五”	0.255	0.698	0.555	中部地区
	0.002	0.273	0.003	“十二五”	0.135	0.992	0.136	
	0.006	0.665	0.009	2016	0.159	0.991	0.160	
电子通信	0.097	0.841	0.115	“十一五”	0.436	0.763	0.568	西部地区
	0.126	0.719	0.265	“十二五”	0.246	0.938	0.253	
	0.091	0.869	0.105	2016	0.241	0.940	0.249	

续表

行业	综合效率	纯技术效率	规模效率	阶段/年份	综合效率	纯技术效率	规模效率	区域
计算机	0.910	0.951	0.948	“十一五”	0.315	0.727	0.587	东北地区
	0.486	0.764	0.632	“十二五”	0.147	0.989	0.149	
	0.833	0.940	0.886	2016	0.194	0.983	0.197	
医疗仪器	0.145	0.713	0.203	“十一五”	0.346	0.730	0.589	全国
	0.134	0.596	0.224	“十二五”	0.209	0.979	0.211	
	0.204	0.586	0.233	2016	0.239	0.977	0.243	

（2）动态分析。我国高技术产业品牌竞争力同样呈较为明显的上升趋势，但增长速度有所放缓。“十一五”时期，我国高技术产业品牌竞争力的 Malmquist 指数高达 4.086，在下降至“十二五”时期的 1.752 后，再缓慢上升至 2016 年的 2.057（见表 4－16）。值得注意的是，高技术产业品牌竞争力的技术进步指数和技术效率指数普遍大于 1，表明我国高技术产业核心生产要素在品牌价值创造过程中的直接生产效率逐渐提升，并在靠近生产前沿面的过程中，提升核心生产要素的潜在直接生产率。

表 4－16　　中国高技术产业品牌竞争力动态 Malmquist 指数

行业	Malmquist 指数	技术进步指数	技术效率指数	阶段/年份	Malmquist 指数	技术进步指数	技术效率指数	区域
医药制造	1.846	1.829	1.017	“十一五”	1.422	0.759	1.854	东部地区
	1.938	0.963	2.533	“十二五”	1.405	1.057	1.369	
	1.749	1.579	1.309	2016	2.880	1.347	2.515	
航天航空	1.133	1.006	1.127	“十一五”	0.941	0.866	1.181	中部地区
	1.243	0.919	1.369	“十二五”	1.286	1.273	1.147	
	1.258	1.156	1.033	2016	1.676	0.940	1.753	
电子通信	1.333	1.029	1.293	“十一五”	5.150	1.123	4.230	西部地区
	1.293	0.843	1.653	“十二五”	2.424	1.161	2.788	
	4.986	1.257	4.255	2016	1.782	1.591	2.478	

续表

行业	Malmquist指数	技术进步指数	技术效率指数	阶段/年份	Malmquist指数	技术进步指数	技术效率指数	区域
计算机	1.061	1.004	1.056	“十一五”	15.358	1.235	10.463	东北地区
	3.050	3.300	2.915	“十二五”	2.008	1.282	1.505	
	1.629	1.239	1.667	2016	1.132	0.871	1.213	
医疗仪器	1.052	1.042	1.010	“十一五”	4.086	0.962	3.452	全国
	1.388	0.896	1.624	“十二五”	1.752	1.155	1.853	
	1.215	1.171	1.395	2016	2.057	1.322	2.210	

从中观层面看，各地区、各高技术产业品牌竞争力均出现了不同程度的上升。如西部地区、东北地区高技术产业品牌竞争力的 Malmquist 指数普遍大于2，东部地区的 Malmquist 指数均超过 1.4，中部地区则仅在 1.0 左右；又如 2016 年，电子及通信设备制造业、计算机及办公设备制造业品牌竞争力的 Malmquist 指数分别为 4.986 和 1.629，航天、航空器及其设备制造业的 Malmquist 指数为 1.258（见表 4－16），前者得益于通信领域高技术企业（华为）快速崛起，后者受阻于军转民的特殊壁垒。

同样，以 2016 年我国高技术产业核心竞争力静态效率反映其区域分布、产业分布现状。从区域层面看，东部地区高技术产业核心竞争力普遍偏高，北京、上海、广东高技术产业技术竞争力、市场竞争力优势明显；中西部地区（如重庆、湖北）高技术产业核心竞争力处于中等水平，西藏高技术产业品牌竞争力优势显著，主要原因在于投入少；东北地区高技术产业核心竞争力处于中下水平，如吉林高技术产业核心竞争力、市场竞争力均为最低，黑龙江高技术产业品牌竞争力最低。

从产业层面看，相对于通信系统设备制造业，其余大部分高技术产业核心竞争力不均匀地分布在静态效率为 0.4 以内的区间，其中航天器制造业、电子真空器件制造业、计算机整机制造业、雷达及配套设备制造业核心竞争力相对较强；相对于航天器制造业、通信系统设备制造业、电子真空器件制造业，其余大部分高技术产业技术竞争力较为均匀地分布在静态效率为 0.2 至 0.5 的区间，雷达及配套设备制造业技术竞争力相对较强；相对于航天器制造业、电子真空器件制造业，其余大部分高技术产业市场竞争力不均匀地分布在静态效率为 0.3 至 0.8 的区间，其中飞机制造业、航天航空器及设备制造业、雷达及配套设备制造业市场竞争力较强；相对于计算机外围设备制造业，其余高技术产业品牌竞争力均匀地分布在静态效率为0.3以内的区间（见图4-7）。

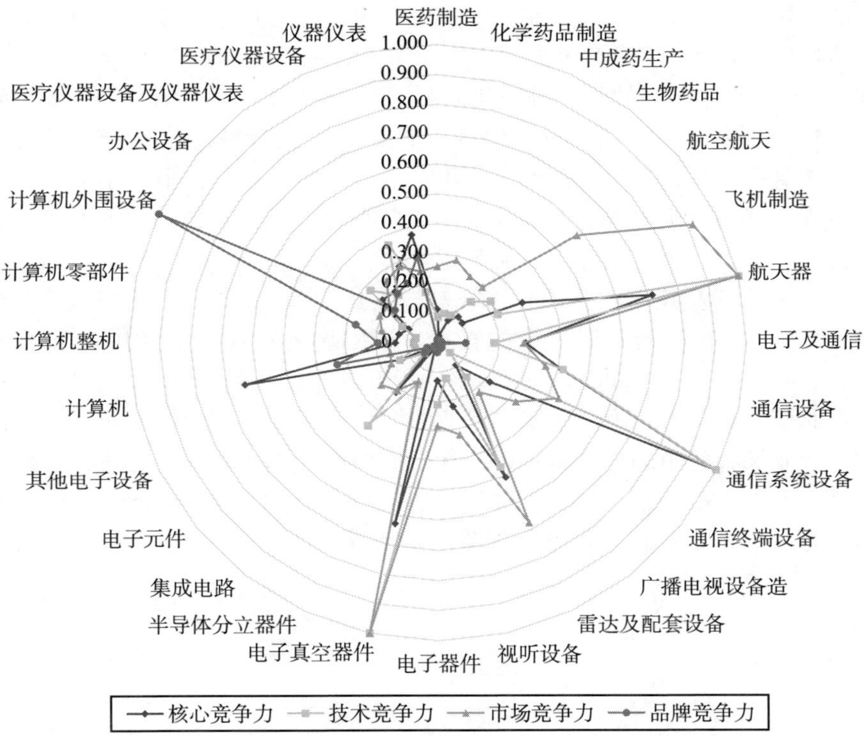

图4-7 2016年中国高技术产业核心竞争力相对水平的产业分布

4.4 本章小结

本章分别运用因子分析方法、数据包络分析方法对我国高技术产业核心竞争力进行全面测度，主要得出如下重要结论：

（1）我国高技术产业核心竞争力绝对水平总体表现出明显上升趋势，即高技术产业研发人员、研发经费等核心生产要素投入规模，以及技术价值、市场价值、品牌价值产出规模上升幅度较大。如核心竞争力绝对水平综合得分由2006年的-0.5攀升至2016年的0.79，技术竞争力绝对水平得分由“十一五”时期的-0.784攀升至“十二五”时期的-0.318。不同产业、区域核心生产要素投入规模、价值产出规模差异化程度较高，在一定程度上阻碍我国高技术产业的高质量发展。

（2）我国高技术产业核心竞争力普遍偏低，即高技术产业核心生产要素的直接价值化能力明显不足。如核心竞争力静态综合效率、规模效率平均值均低于0.5，技术竞争力、市场竞争力、品牌竞争力在“十一五”时期、“十二五”时期的平均静态综合效率仅分别为0.286、0.195，0.375、0.373，0.346、0.209。不同发展程度地区、不同领域高技术产业核心生产要素直接转化为技术价值产出、市场价值产出、品牌价值产出的能力参差不齐，北京、广东、上海高技术产业核心竞争力相对较强，分别位居全国技术竞争力、市场竞争力、品牌竞争力首位。

（3）我国高技术产业核心竞争力总体上升趋势明显，即高技术产业核心生产要素在创造价值过程中的直接生产率显著提升。除2010年高技术产业核心竞争力的Malmquist指数略低于1以外，其余年份均大于1。高技术产业核心竞争力在不同区域、产业的增长速度显著不同，如西部地区高技术产业核心竞争力的Malmquist指数平均值为1.6，西部地区、东北地区仅为1.2；又如电子及通信设备制造业核心竞争力的Malmquist指数平均值为1.85，医疗仪器设备及仪器仪表制造业仅为0.97。

第 5 章

中国高技术产业核心竞争力内部关联性

本章以高技术产业核心生产要素直接创造不同价值的效率关系为分析视角，在高技术产业核心竞争力内部影响机制理论框架下，剖析我国高技术产业核心竞争力的内部关联性，即运用面板向量自回归模型的格兰杰因果检验、方差分解、脉冲响应等经典实证方法，综合反映我国高技术产业技术竞争力、市场竞争力、品牌竞争力的因果逻辑关系，及其对彼此和核心竞争力的相对贡献率、绝对贡献率变化情况。以此从内部结构合理性角度回答为什么我国高技术产业核心竞争力普遍偏弱、总体攀升、差异显著等问题。

5.1 高技术产业核心竞争力内部关联模型设定

5.1.1 模型理论

1. PVAR 模型一般理论

面板向量自回归模型（Panel Vector Autoregression，PVAR）是一种将全部相关变量纳入内生系统，并通过消除由个体异质性产生的估计偏差，反映各变量间内在影响机制和动态互动关系的经典计量模型（Abrigo、Love，2016；林峰，2015）。一般来说，双变量的 PVAR 模型设定如下：

$$y_{it} = \alpha_0 + \sum_{j=1}^{p} \alpha_j x_{it-j} + \sum_{j=1}^{p} \beta_j y_{it-j} + f_i + d_t + \varepsilon_{it} \quad (5-1)$$

式（5－1）中，y_{it}为被解释变量，x_{it}为解释变量，i 为研究样本，t 为年份，P 为滞后阶数，f_i 为个体效应向量，d_i 为时间效应向量，ε_{it}为“白噪声”扰动项。

在 PVAR 模型最优滞后期期数选择过程中，常用的方法包括以下三种：其一，信息准则检验法，其主要的检验指标为 AIC、BIC；其二，系数显著性检验法，其检验标准为最后一阶系数估计是否显著性；其三，残差检验法，其检验标准为残差是否为白噪声，即检验残差是否存在自相关。

在消除 PVAR 模型个体效应和时间效应过程中，一般首先使用均值差分法（Mean-differencing）或前向均值差分法（Forward mean-differencing）对模型原始数据进行处理①，再运用 Helmert 方法对其进行方差分量估计，以此避免常见的偏估计问题（Arellano & Bover，1990）。此外，对于“大 N 小 T”的面板数据，通常采用系统广义矩估计（System－GMM）消除模型中的内生性，实现模型参数的有效估计（Blundell & Bond，2000；李天籽、王伟、邓丽君，2018）。

2. PVAR 模型运用理论

（1）PVAR 格兰杰因果检验。

格兰杰因果检验的主要思想如下：如果 x 是 y 的因，但 y 不是 x 的因，则 x 的过去值可以预测 y 的未来值，但 y 的过去值无法预测 x 的未来值（Granger，1980）。因此，格兰杰因果检验的原假设为，x 的过去值对预测 y 的未来值没有帮助。如果拒绝原假设，则说明 x 是 y 的格兰杰因。反之亦然。

面板数据的格兰杰因果检验同样遵循上述思想，仍适用于平稳时间序列的最小均方差预测（Hartwig，2010；魏洁云、江可申，2014）。面板数据的格兰杰因果检验模型设定与 PVAR 模型基本一致，反映两个对象的格兰杰因果关系模型常设定如下：

$$\begin{cases} x_{it} = \alpha_0 + \sum_{m=1}^{p} \alpha_m x_{it-m} + \sum_{m=1}^{p} \delta_m y_{it-m} + \mu_i + u_{it} \\ y_{it} = \beta_0 + \sum_{m=1}^{p} \beta_m x_{it-m} + \sum_{m=1}^{p} \gamma_m y_{it-m} + \eta_i + v_{it} \end{cases} \quad (5-2)$$

① 个体效应因常与滞后的被解释变量相关而影响模型估计显著性，故需要消除。

其中，x_{it}/y_{it}代表格兰杰因果检验对象，i = 1，2…，代表不同类型的检验对象，t = 1，2…，代表不同时期；α/β 为待估参数；m 为滞后阶数；μ_i/η_i 为个体固定效应，u_{it}/v_{it}为个体间的误差项。

需要说明的是，格兰杰因果关系并非真正意义上的因果关系，但可以称之为因果关系的必要条件，即如果 x 是 y 的格兰杰因，并不表明 x 是 y 的真正原因；但如果 x 不是 y 的格兰杰因，则说明 x 一定不是 y 的真正原因。

（2）PVAR 方差分解。

作为 PVAR 模型中反映系统内部变量互相影响关系的重要方法，方差分解通过度量模型方程扰动项对预测误差的贡献率，反映某个变量的更新对系统中其他变量的贡献率（Helmut，2010；周材荣，2016）。由于方差分解不考虑同期影响问题，故常用乔利斯基（Choleskey）分解法消除变量间的同期相关，以此实现变量正交化冲击的贡献率测度（Santos，2003）。面板数据方差分解模型度量第 l 个变量的正交化冲击对 $y_{i,t+1}$ 预测均方误差（$MSE(\hat{y}_{j,t+h})$）的贡献比率常表示为：

$$v = \frac{\Phi_{0,jl}^2 + \cdots + \Phi_{h-1,jl}^2}{\sum_{k=1}^{n}(\Phi_{0,jl}^2 + \cdots + \Phi_{h-1,jk}^2)} \tag{5-3}$$

其中，v 表示贡献率，分母为 $y_{i,t+1}$ 预测均方误差，分子为第 l 个变量的正交化冲击。

PVAR 模型的方差分解具有以下两大特征：其一，所测度的贡献率为单独贡献率；其二，所有变量对预测误差的贡献率之和为 1。即是说，方差分解结果既可反映在其他条件不变的情况下，某两个变量的互动关系变化，也可比较不同变量对同一变量的重要性差异。

（3）PVAR 脉冲响应。

PVAR 模型的脉冲响应实质上是刻画随机扰动项一个标准差的冲击对系统中各变量当期值和未来值的影响变化情况（Elder，2002）。脉冲响应与方差分解均可反映平稳性变量之间的互动影响关系，两者最大的区别在于，前者是对时间间隔（s）的函数$\left(\frac{\partial y_{i,t+s}}{\partial \varepsilon_{jt}}\right)$，故会反映模型中各个变量对 1 个标准差冲击随时间变化而产生的正向或负向变动。

在脉冲响应的实际运用过程中，常采用蒙特卡洛模拟（Monte - Carlo）获得脉冲响应函数的置信区间，以此形成加或减 2 倍标准差的置信带

（Rubinstein，1981；吴学锋、张晓峒，2012）。此外，乔利斯基（Choleskey）分解法使用残差协方差矩阵 Choleskey 因子产生未正交化脉冲，直接导致因为变量的次序不同而影响估计结果（即将所有影响变量的公共因素归因于第一个出现的变量），故需要运用广义脉冲消除上述影响（尚涛、郭根龙、冯宗宪，2007）。

对脉冲响应结果的最终解释可表述为，随着预测期数的增加，在其他条件不变的情况下（即其他变量与其他期的扰动项均不变），某变量对其他变量一个标准差新息的脉冲响应，即当第 J 个变量在第 t 期的扰动项增加 1 个单位时，对第 i 个变量在第（t + s）期取值（$y_{i,t+1}$）的影响。

5.1.2 变量选择

根据高技术产业核心竞争力内部影响机制理论，核心生产要素直接创造的技术价值、市场价值和品牌价值共同构成完整、可逆的产业价值链。高技术产业价值链前端的技术研发推动中端新产品生产、市场销售，以及后端消费者品牌忠诚度形成；新产品、新品牌反向带动技术研发型生产要素高效配置，如确定技术研发方向，集聚国外顶尖研发人员等。故在高技术产业核心生产要素投入规模不变的情况下，其在创造技术价值、市场价值、品牌价值过程中的直接生产率，即技术竞争力、市场竞争力、品牌竞争力之间存在经济逻辑上的互动关系，这种积极互动关系无疑是提升高技术产业核心竞争力的重要内部力量。

本章构建 PVAR 模型的目的在于，检验我国高技术产业核心竞争力内部是否形成良性的强互动关系，即因果关系、量化关系。故将高技术产业内部关联性模型变量设定为高技术产业核心竞争力、技术竞争力、市场竞争力、品牌竞争力。当分析技术竞争力与核心竞争力、市场竞争力、品牌竞争力的内在互动关系时，前者作为被解释变量，其余 3 个变量作为解释变量。以此类推。

综上所述，本章构建高技术产业核心竞争力 PVAR 基本模型如下：

$$\begin{cases} y_{it} = \beta_0 + \sum_{j=1}^{p} (\beta_j y_{i,\,t-j}) + f_i + d_t + \varepsilon_{it} \\ y_{it} = (TC_{it},\ MC_{it},\ BC_{it},\ CC_{it})^T \end{cases} \tag{5-4}$$

式（5 - 4）中，y_{it}表示包含 j 个内生变量的列向量，i 表示类别，即 i = 0、1、2、3、4、5，分别代表区域总体、东部、中部、西部、东北部；或产业总体、医药制造业、电子及通信设备制造业、计算机及办公设备制造业、医疗仪器设备及仪器仪表制造业，以及航天、航空器及设备制造业；t 表示年份，即 =1、2，…，11；p、f_i、d_i、ε_{it} 含义与式(5-1)一致。

高技术产业核心竞争力 PVAR 模型的格兰杰因果检验表达式如下：

$$\begin{cases} x_{it} = \alpha_0 + \sum_{i=1}^{m} \alpha_1 x_{i,t-1} + \sum_{i=1}^{m} \sigma_1 y_{i,t-1} + \mu_i + u_{it} \\ y_{it} = \beta_0 + \sum_{i=1}^{m} \beta_1 x_{i,t-1} + \sum_{i=1}^{m} \gamma_1 y_{i,t-1} + \eta_i + v_{it} \end{cases} \tag{5-5}$$

其中，x_{it}、y_{it}表示解释变量和被解释变量；如当 x_{it} 为核心竞争力，y_{it} 为技术竞争力时，即表示高技术产业核心竞争力与技术竞争力的格兰杰因果关系检验模型。其余变量含义与式（5-2）一致。

高技术产业核心竞争力 PVAR 模型的方差分解和脉冲响应表达式与式（5-2）基本一致，不再赘述。

5.2 中国高技术产业核心竞争力内部关联模型检验

5.2.1 适用性检验

1. 数据说明

合理数据是保证高技术产业核心竞争力内部关联性模型具有强适用性的关键第一步。本章所涉及的所有变量数据均来源于第 4 章运用 DEA 方法测度我国高技术产业核心竞争力的结果，即 2006 ~ 2016 年我国高技术产业核心竞争力、技术竞争力、市场竞争力和品牌竞争力的静态综合效率。

选择静态综合效率的主要原因包括以下 3 点：其一，相对于绝对水平综合得分、动态效率的 Malmquist 指数，静态综合效率更加全面、准确地反映不同地区、不同高技术产业当期核心竞争力水平；其二，静态综合效率均大于 0，有利于变量的对数处理，以此消除模型中的异方差，反映各变量间的弹性关系；其三，静态综合效率与纯技术效率、规模效率存在较强的替代关系，符合模型变量变换的稳健性检验条件。

2. 平稳性检验

平稳性检验是时间序列模型适用性检验的重要前提，有助于避免因数据不平稳所导致的“伪回归”问题。本章采用经典的单位根检验对高技术产业核心竞争力PVAR模型变量数据进行平稳性检验。结果表明，大部分原变量数据不平稳，一阶差分后的所有变量数据均符合平稳性检验要求①（见表5-1）。

表5-1　各变量平稳性检验结果

检验		核心竞争力	技术竞争力	市场竞争力	品牌竞争力
d(0)	LLC检验	-1.64782** (0.0497)	-2.84387*** (0.0022)	-1.3392* (0.0903)	-2.0184** (0.0218)
	ADF检验	48.2557 (0.862)	62.521 (0.3868)	59.963 (0.5497)	79.3769** (0.0477)
	PP检验	45.993 (0.9086)	67.5855 (0.2341)	63.6263 (0.419)	83.2009** (0.0254)
d(1)	LLC检验	-23.2357*** (0.000)	-25.0923*** (0.000)	-23.1002*** (0.000)	-26.2316*** (0.000)
	ADF检验	398.973*** (0.000)	409.396*** (0.000)	406.409*** (0.000)	411.119*** (0.000)
	PP检验	474.128*** (0.000)	453.119*** (0.000)	398.903*** (0.000)	438.034*** (0.000)

注：第一排数字为检验的统计值，括号内为伴随概率值。*、**、***分别表示10%、5%、1%的显著性水平。

3. 显著性检验

显著性检验的实质是对实证过程和实证结果的精准性检验，以此反映模型适用性。在检验高技术产业核心竞争力PVAR模型的最优阶数显著性过程中，采用以熵权法衡量模型拟合数据优良性的信息准则法，即以MMSCBayesian信息量准则（MBIC）、MMSCAkaike信息量准则（MAIC）

① 本章所涉及的所有变量数据均表现为一阶平稳。限于篇幅，仅显示地区面板数据平稳性检验结果和显著性检验结果。

和 MMSCHannan & Quinn 信息量准则（MOIC）确定模型的最优滞后阶数，以此增强模型的解释力。检验结果表明，滞后 4 阶的 MBIC 值、MAIC 值和 MQIC 值相对最小，显著性水平最高，即模型的最优阶数为 4（见表 5 –2）。

表 5 –2　　PVAR 模型最优滞后期选择

lag	CD	J	J pvalue	MBIC	MAIC	MQIC
1	0. 3847888	7. 59	0. 0000	7. 83	7. 42	7. 61
2	0. 4699321	5. 12	0. 0000	5. 01	5. 62	5. 87
3	0. 7956248	2. 91	0. 0000	2. 21	3. 94	3. 48
4	0. 9475679 *	2. 62	0. 0000	2. 49	3. 41 *	3. 43 *

注：CD 为可决系数（0 < CD < 1），反映模型拟合优度；即越靠近 1，拟合程度越好；* 表示参数最显著的最优滞后期。

在检验高技术产业核心竞争力 PVAR 模型估计结果显著性过程中，首先根据短面板数据的 PVAR 模型估计方法理论，选择系统广义矩估计方法（System Generalized Method of Moments，Syetem – GMM）进行模型估计。采用差分广义矩估计方法（Difference Generalized Method of Moments，Difference – GMM）估计短面板数据模型，易造成较为严重的“弱工具变量”问题，而 Syetem – GMM 估计则通过对原水平模型和差分变换后的模型同时估计，有效修正未观察到的个体异质性、遗漏变量偏差，避免测量误差和潜在的内生性问题，提高模型参数估计精度（Arellano，2003）。

从实证结果看，高技术产业核心竞争力 PVAR 模型估计的大部分系数均在 10% 置信水平上显著（见表 5 –3）。值得注意的是，滞后 4 期的系数显著性水平相对较高，即最优滞后期阶数合理；系数正负值所反映的高技术产业核心竞争力内部关系，基本符合我国高技术产业发展现状，如各区域高技术产业市场竞争力与核心竞争力的显性弹性关系大体呈逐年降低趋势（表 5 –3 下划线）。综上所述，本章所构建的高技术产业核心竞争力 PVAR 模型符合适用性检验要求，即高技术产业核心竞争力 PVAR 模型设定、数据选择、最优滞后期、估计方法均科学合理，模型估计结果将真实可靠地反映我国高技术产业核心竞争力内部关联性。

表 5－3　　PVAR 模型回归显著性水平

变量	L. h_Δlncc	L. h_Δlntc	L. h_Δlnmc	L. h_Δlnbc	变量	L. h_Δlncc	L. h_Δlntc	L. h_Δlnmc	L. h_Δlnbc
L. h_Δlncc	0.078 (0.464)	0.481*** (2.304)	0.304 (1.511)	0.337 (1.248)	L3. h_Δlncc	0.282*** (2.797)	0.397*** (2.824)	0.559*** (4.323)	−0.078 (−0.325)
L. h_Δlntc	0.077 (0.540)	0.606*** (3.500)	−0.184 (−1.380)	−0.269 (−1.236)	L3. h_Δlntc	0.146* (1.736)	0.237*** (2.089)	−0.429*** (−4.300)	0.153 (0.769)
L. h_Δlnmc	0.219*** (2.386)	−0.143 (−1.212)	0.441*** (4.815)	−0.28 (−1.928)	L3. h_Δlnmc	0.138** (2.069)	−0.03 (−0.332)	0.072 (0.690)	−0.166 (−1.045)
L. h_Δlnbc	0.049 (1.158)	−0.028 (−0.501)	0.031 (0.655)	0.354 (3.915)	L3. h_Δlnbc	0.05 (0.546)	−0.097 (−0.697)	0.006 (0.119)	0.2** (1.943)
L2. h_Δlncc	0.028 (0.196)	0.293 (1.590)	0.513*** (3.341)	−0.15 (−0.553)	L4. h_Δlncc	0.218*** (2.699)	0.24*** (2.598)	−0.119 (−0.784)	0.236 (1.166)
L2. h_Δlntc	0.27*** (2.335)	0.482*** (3.515)	−0.283*** (−2.948)	0.175 (0.716)	L4. h_Δlntc	0.122* (1.808)	0.133* (1.650)	0.001** (2.014)	0.08 (1.473)
L2. h_Δlnmc	0.04 (0.528)	−0.075 (−0.772)	0.143* (1.682)	−0.29* (−1.829)	L4. h_Δlnmc	0.105** (2.018)	−0.062 (−0.892)	0.148* (1.725)	−0.367*** (−2.501)
L2. h_Δlnbc	0.03 (0.450)	−0.009 (−0.095)	0.078 (1.249)	0.333*** (2.862)	L4. h_Δlnbc	0.037 (0.542)	0.045*** (2.498)	−0.049* (−1.724)	0.049 (0.523)

注：表中第 1 排为系数，括号内为 t 值；h_表示变量已经过 Helmert 转换，L. h、L1. h、L2. h、L3. h 分别表示变量的滞后 1 阶、滞后 2 阶、滞后 3 阶和滞后 4 阶；*、**、*** 分别表示 10%、5%、1% 的显著性水平。

5.2.2　稳健性检验

稳健性检验是模型估计方法和变量数据科学合理的重要堡垒，通常包括变量变换、数据变换、估计方法变换等检验方法。本书采用最常见的变量变换检验方法，将我国高技术产业核心竞争力 PVAR 模型中的综合效率变量变换为规模效率变量。稳健性检验结果显示，我国高技术产业核心竞争力 PVAR 模型参数估计值的正负性和显著性水平均未发生明显变化（见本书附表 5）。

此外，从高技术产业核心竞争力 PVAR 模型的方差分解结果和脉冲响应图[①]看，我国高技术产业总体与区域总体的技术竞争力、市场竞争力、品牌竞争力对核心竞争力的方差贡献率排名、大小基本一致，大部分变量的脉冲响应经过 10 期后呈收敛趋势（见下面实证分析部分），同样表明所构建的高技术产业核心竞争力 PVAR 模型具有稳健性。

5.3 中国高技术产业核心竞争力内部关联模型结果分析

5.3.1 核心竞争力内部格兰杰因果关系分析

1. 技术竞争力与市场竞争力格兰杰因果关系

从 PVAR 模型的格兰杰因果检验结果看，我国高技术产业技术竞争力与市场竞争力总体不存在格兰杰因果关系，即高技术产业核心生产要素在创造技术价值、市场价值过程中的直接生产效率尚未形成良性互动关系，高技术产业价值链条的前端研发未推动中端市场销售，中端市场销售同样未带动前端研发。从表 5－4 可知，区域总体的格兰杰原假设 P 值均大于 0.5[②]，即显著拒绝原假设。

表 5－4　高技术产业技术竞争力与市场竞争力格兰杰因果关系

区域	原假设	chi2	Prob > chi2	原假设	chi2	Prob > chi2	产业类别
区域总体	tc to mc	0.434	0.535	tc to mc	0, 144	0.705	医药制造
	mc to tc	0.445	0.505	mc to tc	0.894	0.344	
东部地区	tc to mc	0.938	0.333	tc to mc	9.100	0.003	航天航空
	mc to tc	3.858	0.050	mc to tc	0.022	0.881	
中部地区	tc to mc	2.548	0.110	tc to mc	0.420	0.517	电子通信
	mc to tc	0.933	0.334	mc to tc	6.959	0.008	

① 本书通过蒙特卡洛（Monte Carlo）实验模拟 500 次，将冲击时间设置为 10 期，得到高技术产业核心竞争力及其他变量的脉冲响应函数图。

② 产业总体的技术竞争力与市场竞争力格兰杰因果关系原假设 P 值分别为 0.734 和 1.875。限于格式和篇幅，不在表中显示。下同。

续表

区域	原假设	chi2	Prob > chi2	原假设	chi2	Prob > chi2	产业类别
西部地区	tc to mc	3. 469	0. 063	tc to mc	0. 120	0. 729	计算机
	mc to tc	0. 167	0. 683	mc to tc	0. 779	0. 388	
东北地区	tc to mc	0. 120	0. 729	tc to mc	1. 040	0. 370	医疗仪器
	mc to tc	0. 779	0. 377	mc to tc	0. 414	0. 659	

注：下划线为显著性格兰杰因果关系。下同。

从区域层面看，大部分地区高技术产业技术竞争力与市场竞争力的格兰杰因果关系显著，但并未形成价值链条上的互动关系。如东部地区高技术产业市场竞争力是技术竞争力的格兰杰原因，技术竞争力不是市场竞争力的格兰杰原因；中部地区、西部地区高技术产业技术竞争力是市场竞争力的格兰杰原因，市场竞争力不是技术竞争力的格兰杰原因（见表 5 –4）。

上述分析表明，在高技术产业价值链的前中端，各地区高技术产业核心竞争力存在“地区倒挂、价值链倒挂”现象，即东部地区注重高技术产业价值链中端的新产品销售，中西部地区则相对强调前端的技术研发，前者偏向逆向型市场带动，后者偏向顺向型技术推动。这与东部地区过度依赖沿海市场优势（如深圳高技术产业新产品出口占比居全国前列，技术研发投入占比则相对偏低），西部地区高技术产业充分利用后发优势（如在承接东部高技术产业转移过程中，借鉴发达地区经验充分挖掘高水平高校、科研院所研发潜能）有较大关系。

从产业层面看，仅小部分高技术产业技术竞争力与市场竞争力存在单向的格兰杰因果关系。除航天、航空器及设备制造业技术竞争力是市场竞争力的格兰杰原因，电子及通信设备制造业市场竞争力是技术竞争力的格兰杰原因以外，其余高技术产业技术竞争力与市场竞争力并未形成显著的格兰杰因果关系（见表 5 –4），表明航天、航空器及设备制造业研发人员、研发经费等核心生产要素直接创造的技术价值溢出效应较为明显，这与其特有的国防、军工背景高度相关；电子及通信设备制造业核心生产要素偏好技术研发活动的应用端，即新产品的加工、生产及销售，再反向带动基础研究资源的高效配置。

2. 技术竞争力与品牌竞争力格兰杰关系

我国高技术产业技术竞争力与品牌竞争力总体存在显著的双向格兰杰因果关系，即在高技术产业核心生产要素投入规模不变的条件下，其直接创造的技术价值规模、品牌价值规模之间存在互相推动的良性关系。从表5－5可知，我国高技术产业技术竞争力与品牌竞争力的格兰杰原假设P值均低于0.1[①]，表明技术竞争力与品牌竞争力至少在10%的显著水平上存在格兰杰因果关系，即技术竞争力是品牌竞争力的格兰杰原因，品牌竞争力是技术竞争力的格兰杰原因。此外，区域总体和产业总体所表现出的格兰杰因果关系基本一致，在一定程度上证明PVAR模型的格兰杰因果检验具有强稳健性。

表5－5 高技术产业技术竞争力与品牌竞争力格兰杰因果关系

区域	关系	chi2	Prob > chi2	关系	chi2	Prob > chi2	产业类别
区域总体	tc to bc	2.959	0.077	tc to bc	1.760	0.185	医药制造
	bc to tc	3.334	0.068	bc to tc	8.774	0.003	
东部地区	tc to bc	3.593	0.058	tc to bc	0.938	0.328	航天航空
	bc to tc	8.020	0.005	bc to tc	1.015	0.314	
中部地区	tc to bc	3.593	0.058	tc to bc	6.721	0.010	电子通信
	bc to tc	0.274	0.601	bc to tc	0.989	0.320	
西部地区	tc to bc	0.108	0.742	tc to bc	0.461	0.497	计算机
	bc to tc	2.189	0.139	bc to tc	0.513	0.474	
东北地区	tc to bc	0.461	0.497	tc to bc	1.977	0.161	医疗仪器
	bc to tc	0.513	0.474	bc to tc	0.562	0.577	

从区域层面看，除东部地区外，我国其他地区高技术产业技术竞争力与品牌竞争力之间仍未形成价值链条上的互动关系。由表5－5可知，东部地区高技术产业技术竞争力与品牌竞争力互为格兰杰原因；中部地区高技术产业技术竞争力是品牌竞争力的格兰杰原因，品牌竞争力不是技术竞争力的格兰杰原因；西部地区高技术产业品牌竞争力是市场竞争力的格兰杰原因，市场竞争力不是品牌竞争力的格兰杰原因；东北地区高技术产业技术竞争力与品牌竞争力则互不为格兰杰原因。

从产业层面看，我国大部分高技术产业技术竞争力与品牌竞争力尚未形成显著的格兰杰因果关系。从表5－3可知，除医药制造业品牌竞争力是技术竞争力的格兰杰原因，电子及通信设备制造业技术竞争力与品牌竞

① 产业总体的技术竞争力与品牌竞争力格兰杰因果关系原假设P值分别为0.102和0.004。

争力互为格兰杰原因外，其余高技术产业技术竞争力与品牌竞争力互不为格兰杰原因。上述分析表明，在高技术产业价值链条的前后端，我国大多数高技术产业核心生产要素直接创造技术价值效率的提升动力并不是高水平的品牌价值直接创造效率，品牌价值创造效率的提升动力也不是高水平的技术价值直接生产效率。

值得一提的是，具有国际影响力的高水平研发机构、高技术企业是推动高技术产业价值链条技术端、品牌端互动的重要微观基础。实地调研发现，中科院上海药物研究所“走出去、引进来”的研发模式，在一定程度上促进了我国医药制造业品牌竞争力带动技术竞争力的形成，即直接以新药研发的 PCT 国际专利、参与制定国际标准为主要表现形式的全球品牌竞争力，反向吸引形成技术竞争力不可或缺的国内外高精尖药物研发人才。华为研发人员、研发经费等核心生产要素高效配置模式，为我国电子及通信设备制造业搭建技术竞争力与品牌竞争力互动桥梁提供了经典样板，即运用高质量、高密度的全球研发网络系统配置研发要素，以新攻破的 5G 技术正向推动企业品牌价值提升，所获取的超额利润再反向带动技术研发人员参与前沿基础研究。

3. 市场竞争力与品牌竞争力格兰杰关系

我国高技术产业市场竞争力与品牌竞争力总体不存在格兰杰因果关系，即高技术产业价值链条的市场端和品牌端之间仍未形成良性的互动关系，提升核心生产要素直接创造市场价值效率并不能影响其直接创造品牌价值效率，反之亦然。从表 5－6 可知，我国高技术产业市场竞争力与品牌竞争力在区域总体和产业总体的格兰杰原假设 P 值均超过 0.1[①]，表明两者并未形成显著的双向格兰杰因果关系。

表 5－6　　高技术产业市场竞争力与品牌竞争力格兰杰因果关系

区域	关系	chi2	Prob > chi2	关系	chi2	Prob > chi2	产业类别
区域总体	mc to bc	0.288	0.591	mc to bc	0.185	0.667	医药制造
	bc to mc	0.288	0.591	bc to mc	0.183	0.668	
东部地区	mc to bc	0.298	0.585	mc to bc	0.008	0.931	航天航空
	bc to mc	0.285	0.593	<u>bc to mc</u>	<u>5.191</u>	<u>0.023</u>	

① 产业总体的市场竞争力与品牌竞争力格兰杰因果关系原假设 P 值分别为 0.570 和 0.125。

续表

区域	关系	chi2	Prob > chi2	关系	chi2	Prob > chi2	产业类别
中部地区	mc to bc	0.694	0.405	mc to bc	2.838	0.092	电子通信
	bc to mc	0.322	0.570	bc to mc	5.430	0.020	
西部地区	mc to bc	0.181	0.670	mc to bc	1.514	0.218	计算机
	bc to mc	0.242	0.623	bc to mc	1.234	0.267	
东北地区	mc to bc	1.514	0.218	mc to bc	1.009	0.329	医疗仪器
	bc to mc	1.234	0.267	bc to mc	0.288	0.769	

从区域层面看，所有地区高技术产业市场竞争力与品牌竞争力之间均未形成良性的互动关系；从产业层面看，除航天、航空器及设备制造业和电子及通信设备制造业外，其余高技术产业市场竞争力与品牌竞争力均不是彼此的格兰杰原因（见表5-6）。上述分析表明，我国高技术产业研发人员、研发经费等核心生产要素尚未完全跨越新产品市场化与技术品牌化、产品品牌化、品牌价值化间的鸿沟。

5.3.2 核心竞争力内部贡献率分析

高技术产业核心竞争力的格兰杰因果检验结果刻画了价值链条技术端、市场端、品牌端内部逻辑上的互动关系，但无法反映其内部数量上的影响关系，即技术竞争力、市场竞争力、品牌竞争力与核心竞争力间的相对贡献率、绝对贡献率。故下面以PVAR模型方差分解和脉冲响应实证结果剖析上述量化关系。

1. 技术竞争力贡献率分析

（1）相对贡献率分析。

从PVAR模型的方差分解结果看，我国高技术产业技术竞争力的相对贡献率普遍偏高。从表5-7可知，高技术产业技术竞争力对核心竞争力、技术竞争力、市场竞争力、品牌竞争力的相对贡献率分别为63.4%、78.2%、10.5%和22.8%，即上述竞争力预测方差的大部分比例均可由技术竞争力变动解释。以上数据表明，在其他外部条件不变的情况下，我国高技术产业核心生产要素直接创造价值的效率变动，主要受核心竞争力内部系统中的技术竞争力影响；除去来自自身冲击的影响外，高技术产业核心生产要素直接创造技术价值的效率高低，在较大程度上影响技术竞争力、市场竞争力和品牌竞争力强弱，这与高技术产业技术本身所具有的内生性、正外部性和强溢出性特征存在较大关系。

表 5 – 7　　高技术产业技术竞争力相对贡献率

区域	Lncc	Lntc	Lnmc	Lnbc	Lncc	Lntc	Lnmc	Lnbc	产业类别
区域总体	0.634	0.782	0.105	0.228	0.858	0.909	0.197	0.855	医药制造
东部地区	0.801	0.842	0.068	0.264	0.171	0.507	0.096	0.178	航天航空
中部地区	0.786	0.784	0.234	0.133	0.477	0.973	0.193	0.346	电子通信
西部地区	0.217	0.776	0.046	0.092	0.188	0.983	0.289	0.192	计算机
东北地区	0.085	0.492	0.110	0.167	0.593	0.949	0.117	0.593	医疗仪器

注：来自 PVAR 模型方差分解结果的重新整理。由于时间间隔 10 年与 20 年的基本不存在差异，故选择时间间隔为 10 年。下同。

此外，通过简单对比发现，高技术产业技术竞争力对核心竞争力、技术竞争力、市场竞争力、品牌竞争力的相对贡献率在产业总体和区域总体的大小基本相等①，证明 PVAR 模型的方差分解具有较强的稳健性。

从区域层面看，地区间高技术产业技术竞争力的相对贡献率差异较大，即各地区高技术产业研发人员、研发经费等核心生产要素直接技术化能力的影响效应参差不齐。与其他地区相比，东部地区高技术产业技术竞争力对核心竞争力、品牌竞争力的相对贡献率普遍偏高，分别达 80.1%、26.4%；西部地区、东北地区高技术产业技术竞争力对市场竞争力、品牌竞争力的相对贡献率普遍偏低，仅分别为 4.6%、9.2% 和 11%、16.7%（见表 5 – 7），表明发达地区高技术产业核心生产要素的技术溢出效应相对显著，欠发达地区高技术产业“技术空心化”问题突出。

从产业层面看，各高技术产业技术竞争力的相对贡献率表现出“水平偏低、差异显著”特征，即大部分高技术产业核心竞争力预测方差的较低比例由技术竞争力变动解释，不同高技术产业核心竞争力预测方差可由技术竞争力变动解释的比例截然不同。从表 5 – 7 不难看出，除医药制造业外，其余高技术产业技术竞争力对核心竞争力的相对贡献率均低于 63.2%

① 产业总体的技术竞争力对核心竞争力、技术竞争力、市场竞争力、品牌竞争力的相对贡献率分别为 63.2%、79.5%、18.8% 和 44.1%。限于图表格式和篇幅，仅以脚注形式加以说明。下同。

的总体水平；大部分高技术产业技术竞争力对市场竞争力的相对贡献率低于20%，其中航空、航天器及设备制造业仅为9.6%，显著低于医疗仪器设备及仪器仪表制造业的59.3%。

（2）绝对贡献率分析。

从PVAR模型的脉冲响应结果看，我国高技术产业技术竞争力的绝对贡献率总体偏高，并表现出正向促进、反向抑制或正反影响效应交替变化等特征；即高技术产业核心生产要素直接创造技术价值效率受外部条件冲击后，直接引致其直接创造综合价值、技术价值、市场价值、品牌价值的效率，随时间无规则地上升或下降幅度较大。由图5-1可知，当期给我国高技术产业技术竞争力施加1个正标准差新息的冲击后，核心竞争力在第1期直接上升约0.01%，在第3期快速下降至0.003%；品牌竞争力在当期显著下降至-0.13%，并在短期的反向抑制后，于第4期大幅度上升至0.001%。

高技术产业技术竞争力对市场竞争力、品牌竞争力产生抑制效应的原因颇多，如大多数高技术产业技术价值产出质量偏低，即原创技术价值占比不足所导致的“技术虚假繁荣”，将在一定程度上对投资于直接创造市场价值、品牌价值的核心生产要素产生挤出效应（李海超、李志春，2015）。显然，技术竞争力对核心竞争力及其内部其他竞争力的任何非合理性消极影响，无疑将直接阻碍高技术产业核心竞争力总体变强。

从区域层面看，大部分地区高技术产业技术竞争力的绝对贡献率同样表现出“水平偏高、正负效应交替”特征。如当期给中部地区高技术产业技术竞争力施加1个正标准差新息的冲击后，市场竞争力在第1期直接下降至-2%，在第2期大幅度上升至1.96%，并经过连续3轮的反向抑制、正向促进交替后，逐期趋于平稳；又如当期给西部地区高技术产业技术竞争力施加1个正标准差新息的冲击后，市场竞争力在第1期直接上升至0.26%，在第2期迅速下降至-0.16%，并经过短期的反向抑制后，于第4期产生低水平正向促进效应①（见图5-1）。

从产业层面看，不同高技术产业间技术竞争力的绝对贡献率差异显著。如当期给航天、航空器及设备制造业技术竞争力施加1个正标准差新息的冲击后，市场竞争力在第1期上升至1.97%，在第2期大幅度下降至-1.23%，并于第3期产生低水平正向促进效应；又如当期给电子及通信设备制造业技术竞争力施加1个正标准差新息冲击后，品牌竞争力在第1

① 如未特别说明，绝对贡献率分析中的例子均存在格兰杰因果关系。下同。

期下降至0.02%，在经过促进、抑制、促进反复交替变化后，于第5期出现低水平负向抑制效应（见图5－2）。

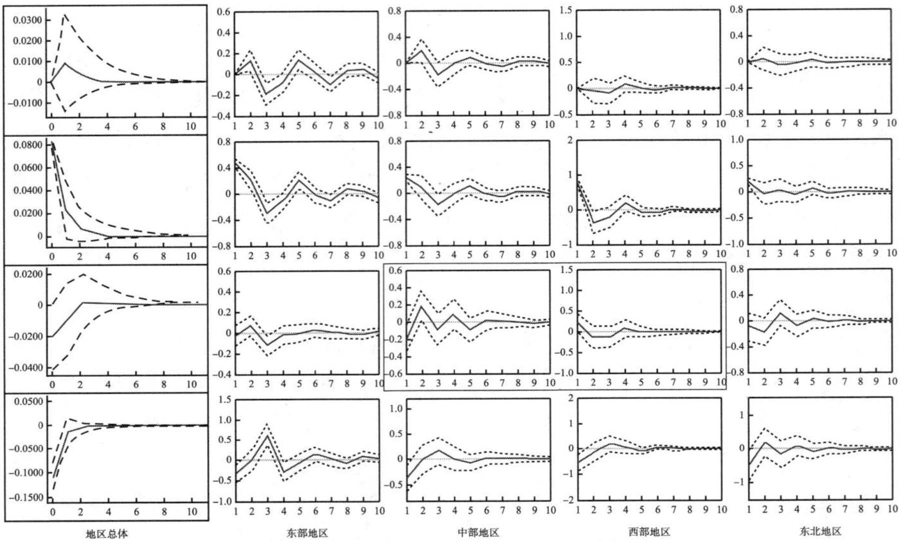

图5－1　高技术产业技术竞争力绝对贡献率变化（区域）

注：从上到下依次为高技术产业核心竞争力、技术竞争力、市场竞争力、品牌竞争力对技术竞争力的脉冲响应。加方框的图反映存在格兰杰因果关系变量的脉冲响应，如上图为中部地区和西部地区市场竞争力对技术竞争力的脉冲响应。下同。

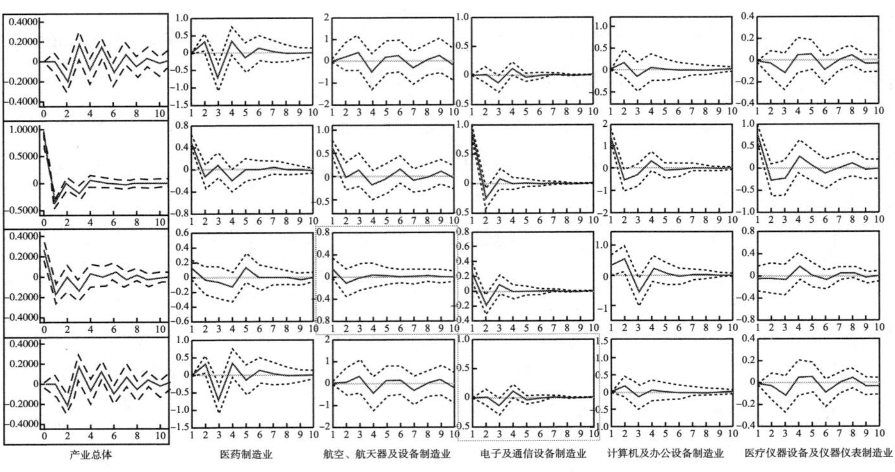

图5－2　高技术产业技术竞争力绝对贡献率变化（产业）

2. 市场竞争力贡献率分析

（1）相对贡献率分析。

我国高技术产业市场竞争力的相对贡献率总体偏低，即研发人员、研发经费等高技术产业核心生产要素直接创造市场价值的效率对直接创造综合价值、技术价值、品牌价值效率的影响效应相对较小。从表5－8可知，我国高技术产业市场竞争力对核心竞争力的相对贡献率低于20%，对技术竞争力、品牌竞争力的相对贡献率普遍低于5%[①]，即上述竞争力预测方差的小部分比例由市场竞争力变动解释。此外，高技术产业市场竞争力对其自身的相对贡献率较高，表明其具有较为显著的路径依赖特征，这种消极惯性将在一定程度上制约我国高技术产业核心竞争力从价值链条的市场端向技术端、品牌端靠拢。

表5－8　高技术产业市场竞争力相对贡献率

区域	Lncc	Lntc	Lnmc	Lnbc	Lncc	Lntc	Lnmc	Lnbc	产业类别
区域总体	0.171	0.041	0.815	0.042	0.038	0.037	0.669	0.038	医药制造
东部地区	0.024	0.029	0.881	0.024	0.591	0.402	0.896	0.580	航天航空
中部地区	0.054	0.012	0.643	0.076	0.266	0.004	0.802	0.177	电子通信
西部地区	0.735	0.210	0.891	0.039	0.002	0.014	0.686	0.002	计算机
东北地区	0.698	0.394	0.866	0.327	0.276	0.042	0.873	0.276	医疗仪器

从区域层面看，大部分地区高技术产业市场竞争力对自身的相对贡献率显著偏高，东部地区、中部地区高技术产业市场竞争力的影响效应大幅度低于西部地区和东北地区。从表5－8可知，除中部地区外，其余地区高技术产业市场竞争力对其自身的相对贡献率均超过85%；东部地区、中部地区高技术产业市场竞争力的相对贡献率普遍低于西部地区和东北地区，如东部地区高技术产业由市场竞争力变动解释的核心竞争力预测方差比例仅为2.4%，而西部地区该比例则高达69.8%，即表明后者属于典型的市场主导型发展模式。

从产业层面看，大部分高技术产业市场竞争力对自身的相对贡献率普遍偏高，不同高技术产业市场竞争力的影响效应差异显著。由表5－8可

① 产业总体的市场竞争力对核心竞争力、技术竞争力、市场竞争力、品牌竞争力的相对贡献率分别为11.6%、3.8%、70.8%和9.3%。

知，所有高技术产业市场竞争力对其自身的相对贡献率均高于65%；除医药制造业、计算机及办公设备制造业外，其余高技术产业市场竞争力对核心竞争力的相对贡献率均高于11.6%的总体水平；医疗仪器设备及仪器仪表制造业和航天、航空器及设备制造业市场竞争力的影响效应普遍高于其他高技术产业，即表明两者核心生产要素直接创造的市场价值溢出效应相对较强。

（2）绝对贡献率分析。

我国高技术产业市场竞争力的绝对贡献率相对较高，对核心竞争力及其内部其他竞争力的影响效应总体表现出“高水平促进、低水平抑制”特征；即高技术产业核心生产要素直接创造市场价值效率受外部条件冲击后，直接影响其直接创造综合价值、技术价值、市场价值、品牌价值的效率随时间大幅度上升或小幅度下降。从图5－3可知，当期给高技术产业市场竞争力施加1个正标准差新息的冲击后，核心竞争力在当期未发生变化，在第1期大幅度上升至0.23%，并经过短期内小幅度下滑后，于第4期趋于平稳；品牌竞争力在当期直接下降至－0.38%，在第1期上升至0.0002%，并于第2期后趋于平稳。

从区域层面看，大部分地区高技术产业市场竞争力的绝对贡献率呈多回合正负交错趋势。如当期给东部地区高技术产业市场竞争力施加1个正标准差的新息冲击后，技术竞争力在第1期未发生变化，在第2期、第3期先后大幅度上升至0.62%、0.64%（即中长期高水平正向促进效应），在第4期、第5期先后下降至－0.51%、－0.32%（即中长期较高水平负向抑制效应），并在第6期、第7期先后小幅度上升至0.21%、0.13%（即中长期低水平正向促进效应）后，逐期趋于平稳（见图5－3）。

从产业层面看，大部分高技术产业市场竞争力的绝对贡献率绝对值差异较小。除航天、航空器及设备制造业外，其余高技术产业市场竞争力的绝对贡献率绝对值接近0，如当期给电子及通信设备制造业市场竞争力施加1个正标准差新息的冲击后，技术竞争力在第1期未发生变化，在第2期小幅度上升至0.08%，在第3期下降至0.01%，并于第4期后趋于平稳；品牌竞争力在第1期同样未发生变化，在第2期、第3期先后上升至0.06%、0.07%，在第3期下降至－0.12%，并于第4期再次上升至0.02%后，逐期趋于平稳（见图5－4）。

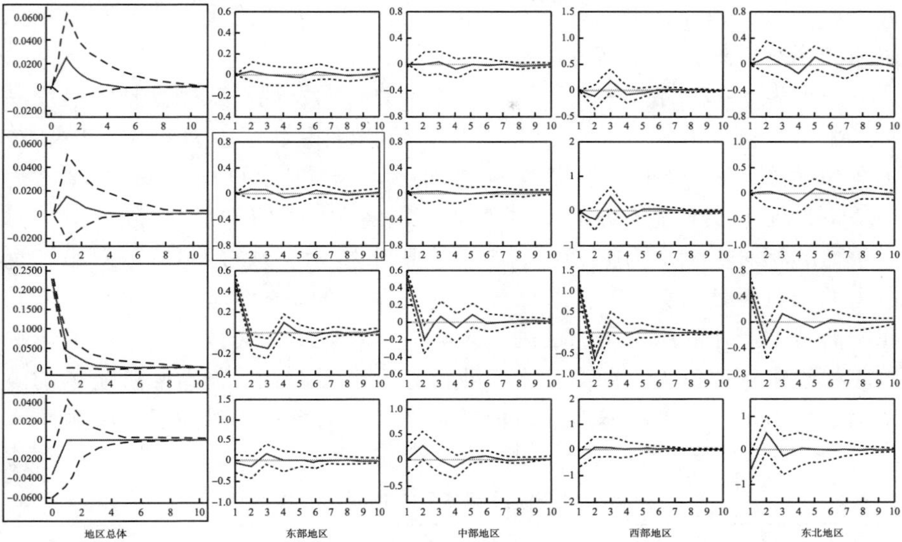

图 5－3　高技术产业市场竞争力绝对贡献率变化（区域）

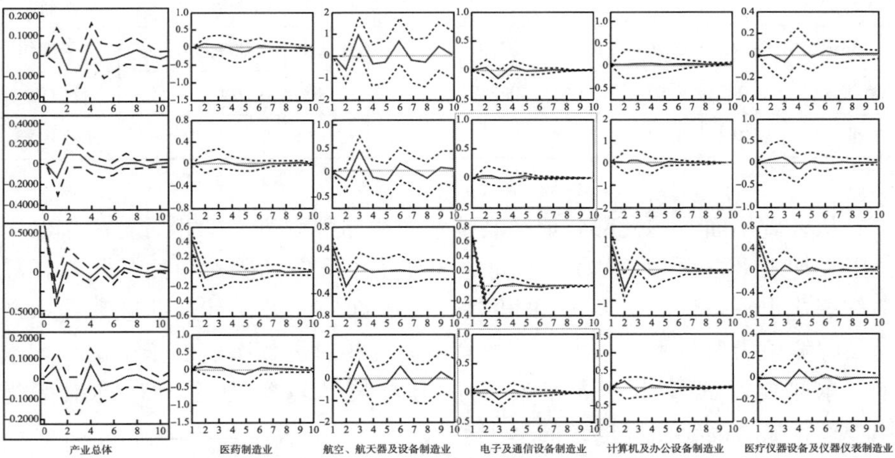

图 5－4　高技术产业市场竞争力绝对贡献率变化（产业）

3. 品牌竞争力贡献率分析

（1）相对贡献率分析。

相对技术竞争力和市场竞争力，我国高技术产业品牌竞争力对自身的相对贡献率最低，对核心竞争力的相对贡献率介于两者之间；在剔除自身冲击影响后，品牌竞争力对技术竞争力的相对贡献率高于后者，对市场竞争力的相对贡献率低于前者。

对比表5－7、表5－8、表5－9的相关数据发现，我国高技术产业品牌竞争力对自身的相对贡献率为73%，略低于市场竞争力的81.5%和技术竞争力的78.2%[①]；品牌竞争力对核心竞争力的相对贡献效率为19.5%，处于技术竞争力的63.4%和市场竞争力的17.1%之间；对技术竞争力的相对贡献率为17.7%，显著高于市场竞争力的4.1%；对市场竞争力的相对贡献率为8%，略低于技术竞争力的10.5%。以上数据表明，我国高技术产业品牌竞争力的内生影响力相对较弱，对技术竞争力的影响效应强于市场竞争力，即高技术产业核心生产要素直接创造品牌价值的效率内延性不足，对高技术产业价值链条技术端的影响相对强于市场端。

表5－9　　高技术产业品牌竞争力相对贡献率

区域	Lncc	Lntc	Lnmc	Lnbc	Lncc	Lntc	Lnmc	Lnbc	产业类别
区域总体	0.195	0.177	0.080	0.730	0.104	0.054	0.135	0.107	医药制造
东部地区	0.170	0.129	0.050	0.713	0.238	0.091	0.008	0.242	航天航空
中部地区	0.160	0.204	0.123	0.791	0.257	0.024	0.005	0.477	电子通信
西部地区	0.047	0.014	0.063	0.869	0.810	0.003	0.024	0.806	计算机
东北地区	0.217	0.114	0.024	0.506	0.131	0.009	0.010	0.131	医疗仪器

从区域层面看，大部分地区高技术产业品牌竞争力的相对贡献率低于全国平均水平（区域总体），不同地区高技术产业品牌竞争力的相对贡献率均等化水平较低。由表5－9可知，除中部地区外，其余地区高技术产业品牌竞争力对技术竞争力、市场竞争力的相对贡献率均低于全国平均水平，东部地区高技术产业品牌竞争力对技术竞争力的相对贡献率为12.9%，显著高于西部地区的1.4%。

从产业层面看，各高技术产业品牌竞争力的相对贡献率特征与区域基本一致。如除医药制造业外，其余高技术产业品牌竞争力对核心竞争力、技术竞争力、市场竞争力的相对贡献率普遍低于全国平均水平（产业总体）；又如航天、航空器及设备制造业品牌竞争力对核心竞争力的相对贡

① 产业总体的品牌竞争力对核心竞争力、技术竞争力、市场竞争力、品牌竞争力的相对贡献率分别为25.2%、4.8%、10.4%和46.4%。

献率为23.8%，显著高于医疗仪器设备及仪器仪表制造业的13.1%（见表5-9）。

（2）绝对贡献率分析。

我国高技术产业品牌竞争力的绝对贡献率普遍偏低，总体表现出较为显著的正向促进效应；即高技术产业核心生产要素直接创造品牌价值的效率受外部条件冲击后，将直接促进其直接创造综合价值、技术价值、市场价值、品牌价值效率的小幅度提升。从图5-5可知，当期给我国高技术产业品牌竞争力施加1个正标准信息冲击后，核心竞争力在当期未发生变化，在第1期上升至0.056%，在第2期、第3期分别下降至0.023%和0.011%后，于第6期逐渐趋于平稳。

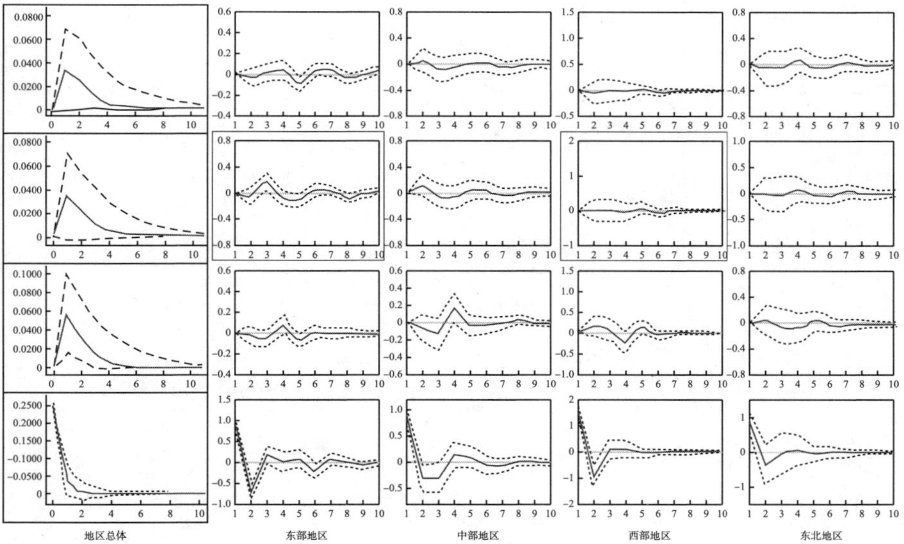

图5-5　高技术产业品牌竞争力绝对贡献率变化（区域）

从区域层面看，大部分地区高技术产业品牌竞争力绝对贡献率的绝对值大于0。如当期给东部地区高技术产业品牌竞争力施加1个正标准差新息冲击后，技术竞争力在第1期未发生变化，在第2期小幅度下降至-0.07%，在第3期上升至1.71%，经过2轮正向促进、负向抑制交替变化后，于第10期趋于平稳；又如当期给西部地区高技术产业品牌竞争力施加1个正标准差新息冲击后，技术竞争力在前3期均未发生变化，在第4期小幅度下降至-0.03%，在第5期上升至0.09%，在第6期下降至

-0.04%，随后趋于平稳（见图5-5）。以上数据表明，东部地区高技术产业品牌竞争力的总体促进效应强于西部地区。

从产业层面看，大部分高技术产业品牌竞争力的绝对贡献率水平低，即总体促进效应或抑制效应弱。如当期给医药制造业品牌竞争力施加1个正标准差新息的冲击后，技术竞争力在第1期未发生变化，在第2期大幅度下降至-0.15%，在第3期上升至0.09%，第4期趋于平稳；又如当期给电子及通信设备制造业品牌竞争力施加1个正标准差新息的冲击后，技术竞争力在第1期未发生变化，在第2期小幅度下降至-0.68%，在第3期上升至0.71%，第4期趋于平稳；再如当期给航空、航天器及设备制造业品牌竞争力施加1个正标准差新息的冲击后，市场竞争力在第1期直线上升至5.8%，在第2期大幅度下降至-3.6%，在第3期上升至0.81%，同样于第4期趋于平稳（见图5-6）。

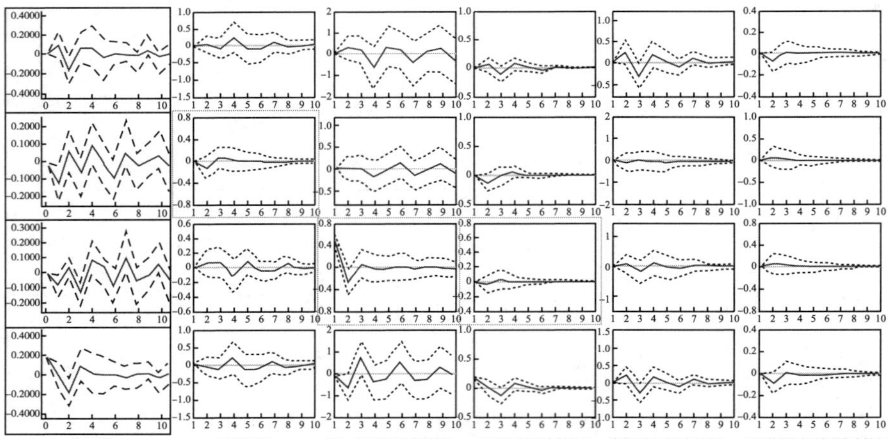

图5-6　高技术产业品牌竞争力绝对贡献率变化（产业）

5.4　本章小结

本章运用面板数据格兰杰因果检验、方差分解、脉冲响应等实证方法，剖析我国高技术产业核心竞争力内部深层次的逻辑关系与数量关系，主要得出以下重要结论：

（1）除技术竞争力与品牌竞争力外，我国高技术产业核心竞争力内部的其他竞争力间尚未形成良性互动关系；即高技术产业研发人员、研发经费等核心生产要素直接创造技术价值和市场价值的效率、直接创造市场价值和品牌价值的效率均互不为彼此的格兰杰原因，表明高技术产业价值链的技术端与市场端间、市场端与品牌端间不存在推动或拉动关系。

（2）对我国高技术产业核心竞争力的相对贡献率由大到小依次为技术竞争力、品牌竞争力和市场竞争力；即高技术产业核心生产要素直接价值化效率的变动，主要受其技术价值化效率影响，其次为品牌价值化效率、市场价值化效率。去除自身冲击影响后，我国高技术产业品牌竞争力对技术竞争力的相对贡献率高于市场竞争力，对市场竞争力的相对贡献率低于技术竞争力。

（3）绝对贡献率总体由大到小依次为技术竞争力、市场竞争力和品牌竞争力。三者对我国高技术产业核心竞争力及其内部其他竞争力的影响繁复，总体表现出正向促进、反向抑制交替变动特征。如高技术产业核心生产要素直接创造技术价值效率受外部条件冲击后，直接引致其直接创造综合价值、技术价值、市场价值、品牌价值的效率随时间无规则上升或下降。我国高技术产业品牌竞争力总体表现出低水平的正向促进效应。

（4）不同地区、不同高技术产业核心竞争力及其内部其他竞争力间的格兰杰因果关系、相对贡献率、绝对贡献率均等化水平较低，在较大程度上导致我国高技术产业核心竞争力总体偏低、差异显著。如东部地区、中西部地区高技术产业核心竞争力内部存在“地区倒挂、价值链倒挂”现象；又如航天、航空器及设备制造业品牌竞争力对核心竞争力的相对贡献率为 23.8%，显著高于医疗仪器设备及仪器仪表制造业的 13.1%。

第 6 章

中国高技术产业核心竞争力外部影响因素

本章以高技术产业核心生产要素直接价值化效率的变化原因为问题导向，在高技术产业核心竞争力外部影响机制理论框架下，剖析我国高技术产业核心竞争力的外部影响因素，即运用面板数据双向固定效应模型和截面数据分位数回归模型，系统性分析我国高技术产业核心竞争力外部因素的总体影响效应，以及不同条件分布区域高技术产业核心竞争力外部因素影响效应。以此从外部环境优良性角度回答为什么我国高技术产业核心竞争力普遍偏弱、总体攀升、差异显著等问题。

6.1 高技术产业核心竞争力外部影响因素模型设定

选择面板数据双向固定效应模型、截面数据分位数回归模型反映我国高技术产业核心竞争力外部因素影响效应的主要原因包括两点：其一，我国高技术产业核心竞争力在不同时期、不同地区的差异化程度较高（见第 4 章）；其二，本章所涉及变量数据属于典型的短面板数据，即以 2006 ~ 2016 年 11 年间 31 个省（直辖市、自治区）为样本，采用面板数据的变系数模型或以时间为标准的分位数回归模型，均易造成由“维数灾难”产生的参数估计不精准问题。

6.1.1 模型理论

1. 面板数据双向固定效应模型

面板数据模型主要分为混合效应模型（Pooled Model，PM）、随机效应模型（Fixed Effects Model，FE）和固定效应模型（Random Effects Model，RE）三大类，其中混合效应模型假定不同个体、不同截面间不存在显著性差异，直接采用普通最小二乘法（OLS）对参数进行估计；随机效应模型、固定效应模型则均考虑样本数据的个体异质性和时变性（陈强，2016；Mallinckrodt，Clark & David，2001），并将随机误差项设定为：

$$u_{it} = \alpha_i + \varepsilon_{it} \tag{6-1}$$

其中，α_i 表示个体的特殊效应，ε_{it}表示随个体和时间变动的扰动项。

固定效应模型和随机效应模型的最大区别在于，前者假定个体的特殊效应（α_i）为随机常数，后者则假定 α_i 为固定常数（Abrevaya，2012）。固定效应模型假设随机误差项（u_i）与某个解释变量（x_{it}）相关，常表示为：

$$y_{it} = \alpha_i + X_{it}\beta + u_{it} \tag{6-2}$$

显然，与式（6－1）中的 α_i 不同，式（6－2）中的 α_i 表示对每一个独立个体均固定的常数。

作为固定效应模型的重要构成部分，双向固定效应模型可有效解决不随个体、时间变化的遗漏变量问题（Lee & Yu，2010），其基本模型如下：

$$y_{it} = x_{it}'\beta + \lambda_t + \gamma_t + u_i + \varepsilon_{it} \tag{6-3}$$

其中，λ_t 表示第 t 期的时间效应，γ_t 表示第 t 期的个体效应，两者需引入虚拟变量分离异常因素；u_i 和 ε_{it}表示扰动项（$u_i + \varepsilon_{it}$称为复合扰动项）。

本书引入虚拟变量提高模型精度，具体如下：

$$D_t = \begin{cases} 1，\text{如果属于第 } t \text{ 个截面，} t = 2006，\cdots，2016 \\ 0，\text{其他} \end{cases}$$

$$D_i = \begin{cases} 1，\text{如果属于第 } i \text{ 个个体，} i = 1，2，\cdots，31 \\ 0，\text{其他} \end{cases} \tag{6-4}$$

其中，D_t 为时间虚拟变量，D_i 为个体虚拟变量。

2. 截面数据分位数回归模型

与一般均值回归模型不同，截面数据分位数回归模型通过估计出条件分布 y/x 的若干重要条件分位数，更加全面、准确地反映条件分布总体情况。在模型估计中，截面数据分位数回归模型以残差绝对值的加权平均作为最小化的目标函数，以此减少均值回归模型中以残差平方和（$\sum_{i=1}^{n} e_i^2$）为最小化目标函数而产生的极端值影响（李子奈，2008；Koenker & Bassett，1978）。

一般来说，对于任意的连续型实值随机变量 Y，其分布函数为 $F_Y(y) = P(Y \leqslant y)$，则对于任意的 $0 < \tau < 1$，τ 分位数定义为：

$$q_\tau = \inf\{y: F_Y(y) \geqslant \tau\} \tag{6-5}$$

显然，当 $\tau = 1/2$ 时，即为中位数，如果随机变量 y 的分布是对称的，则中位数与均值是一致的。该定义表明，在变量 Y 的所有取值中，在分位数 q_τ 之下的取值所占比例为 τ，在分位数 q_τ 之上的取值所占比例为 $1-\tau$。

因此，截面数据分位数回归模型可表示如下：

$$y_i = \beta_0(\tau) + \beta_1(\tau)x_i + \varepsilon_i \tag{6-6}$$

如果定义 $Q_{y_i}(\tau/x_i) = \beta_0(\tau) + \beta_1(\tau)x_i + \varepsilon_i$ 为 τ 分点处的样本条件分布函数，假定待估函数的取值随分位点变化，则截面数据分位数函数具体形式（系数）也将随之改变（Buchinsky，1998）。这就是说，截面数据分位数回归模型可以在不丢失任何样本数据的情况下，反映处于不同水平样本的数据特征。

6.1.2 变量选择

根据高技术产业核心竞争力外部影响机制，核心竞争力的提升外显为产业价值链技术价值、市场价值、品牌价值等产出不变情况下，研发人员、研发经费等核心生产要素投入最小化过程。从这个角度看，波特钻石体系中的国内外高校、科研院所无疑是通过教学培养、产学研合作，提升高技术产业基础研究人员比例，降低研发人员要素投入规模的外部助推器；政府科技财政支持、国外直接投资是有效调整高技术产业研发经费结构，降低研发经费内部投入规模的外部有生力量；知识产权保护、科技社会组织是激发高技术产业研发人员创造性，弥补政府、市场配置核心生产要素“双失灵”的重要外部保障。

根据前面阐述，选择知识产权保护（ZS）、对外开放程度（DW）、研发人员支持（YF）、科技财政支持（CZ）和科技社会组织支持（SH）为我国高技术产业核心竞争力外部影响因素模型变量。为最大限度地反映我国高技术产业核心竞争力的外部影响因素，分别对知识产权保护、对外开放程度、研发人员支持、科技财政支持等模型变量做指数合成、减除处理，具体如下：

1. 知识产权保护指数（ZS_{it}）

$$ZS_{it} = ZZS_{it} + FZS_{it} + ZZSR_{it} + ZSQ_{it} + FZSQ_{it} + ZSZ_{it} \qquad (6-7)$$

其中，ZZS_{it}表示专利侵权结案率，FZS_{it}表示发明专利侵权结案率，$ZZSR_{it}$表示专利侵权真实处理率，ZSQ_{it}表示专利其他纠纷结案率，$FZS_{it}Q$表示发明专利其他纠纷结案率，ZSZ_{it}表示查处假冒专利数增长率；i 表示 31 个地区，t 表示年份。下同。

2. 对外开放程度指数（DW_{it}）

$$\begin{cases} DW_{it} = TZQ_{it} + MYQ_{it} \\ TZQ_{it} = (EWZ_{it} + IWZ_{it})/GDP_{it} \\ MYQ_{it} = (EMY_{it} + IMY_{it})/GDP_{it} \end{cases} \qquad (6-8)$$

其中，TZQ_{it}表示国际投资比率，MYQ_{it}表示对外贸易比率，EWZ_{it}、IWZ_{it}分别表示对外直接投资额和接受外资直接投资额，EMY_{it}、IMY_{it}分别表示出口贸易总额和进口贸易总额，GDP_{it}表示国内生产总值。

3. 研发人员支持指数（YF_{it}）

$$YF_{it} = ZY_{it} - TY_{it} \qquad (6-9)$$

其中，ZY_{it}表示总体研发人员全时当量，TY_{it}表示高技术产业研发人员全时当量。单位为万人·年。

4. 科技财政支持指数（CZ_{it}）

$$CZ_{it} = KJCZ_{it}/CZZ_{it} \times 100\% \qquad (6-10)$$

其中，$KJCZ_{it}$表示科学技术财政支出，CZZ_{it}表示财政总支出。

科技社会组织支持（SH_{it}）变量数据为国家级生产力促进中心为高技术企业增加的销售额。单位为亿元。

综上所述，本书的面板数据双向固定效应模型和截面数据分位数回归模型的设定如下：

$$\begin{cases} \ln cc_{it} = \alpha_0 + \alpha_1 \ln yf_{it} + \alpha_2 \ln cz_{it} + \alpha_3 \ln dw_{it} + \alpha_4 \ln zs_{it} + \alpha_5 \ln sh_{it} + \varepsilon_{it} + \cdots (a) \\ \ln tc_{it} = \alpha_0 + \alpha_1 \ln yf_{it} + \alpha_2 \ln cz_{it} + \alpha_3 \ln dw_{it} + \alpha_4 \ln zs_{it} + \alpha_5 \ln sh_{it} + \varepsilon_{it} + \cdots (b) \\ \ln bc_{it} = \alpha_0 + \alpha_1 \ln yf_{it} + \alpha_2 \ln cz_{it} + \alpha_3 \ln dw_{it} + \alpha_4 \ln zs_{it} + \alpha_5 \ln sh_{it} + \varepsilon_{it} + \cdots (c) \\ \ln mc_{it} = \alpha_0 + \alpha_1 \ln yf_{it} + \alpha_2 \ln cz_{it} + \alpha_3 \ln dw_{it} + \alpha_4 \ln zs_{it} + \alpha_5 \ln sh_{it} + \varepsilon_{it} + \cdots (d) \end{cases}$$

$$(6-11)$$

$$
\begin{cases}
\ln cc_i = \beta_0(\tau) + \beta_1(\tau) \times yf_i + \beta_2(\tau) \times cz_i + \beta_3(\tau) \times dw_i \\
\qquad + \beta_4(\tau) \times zs_i + \beta_5(\tau) \times sh_i + \varepsilon_i + \cdots(e) \\
\ln tc_i = \beta_0(\tau) + \beta_1(\tau) \times yf_i + \beta_2(\tau) \times cz_i + \beta_3(\tau) \times dw_i \\
\qquad + \beta_4(\tau) \times zs_i + \beta_5(\tau) \times sh_i + \varepsilon_i + \cdots(f) \\
\ln bc_i = \beta_0(\tau) + \beta_1(\tau) \times yf_i + \beta_2(\tau) \times cz_i + \beta_3(\tau) \times dw_i \\
\qquad + \beta_4(\tau) \times zs_i + \beta_5(\tau) \times sh_i + \varepsilon_i + \cdots(g) \\
\ln mc_i = \beta_0(\tau) + \beta_1(\tau) \times yf_i + \beta_2(\tau) \times cz_i + \beta_3(\tau) \times dw_i \\
\qquad + \beta_4(\tau) \times zs_i + \beta_5(\tau) \times sh_i + \varepsilon_i + \cdots(h)
\end{cases}
\tag{6-12}
$$

其中，被解释变量 $cc_{it}(cc_i)$、$tc_{it}(tc_i)$、$bc_{it}(cc_i)$、$mc_{it}(cc_i)$ 分别表示高技术产业核心竞争力、技术竞争力、市场竞争力、品牌竞争力，解释变量与上文一致。

式（6－11）反映我国高技术产业核心竞争力与外部影响因素的总体关系；式（6－12）反映不同条件分布地区高技术产业核心竞争力与外部影响因素之间的线性关系，τ 分别取 0.2、0.4、0.6、0.8。

6.2 中国高技术产业核心竞争力外部影响因素模型检验

6.2.1 平稳性检验

1. 数据说明

高技术产业核心竞争力外部因素影响模型的被解释变量数据来源于第 4 章测度结果，即 2006～2016 年 11 年间 31 个省（自治区、直辖市）高技术产业核心竞争力静态综合效率值[①]，其中双向固定效应模型的被解释变量数据为面板静态综合效率值，截面数据分位数回归模型的被解释变量数据为 31 个地区年平均静态综合效率值。解释变量原始数据来源于历年《中国统计年鉴》《中国高技术产业统计年鉴》《中国科技统计年鉴》《中

① 选择高技术产业核心竞争力静态综合效率作为模型被解释变量的原因详见第 5 章模型检验部分。

国工业统计年鉴》《中国贸易外经统计年鉴》《中国火炬统计年鉴》《中国专利统计年鉴》，以及国家知识产权总局、商务部等相关部门年度报告，各地区科技部门公开数据资料。

本书对高技术产业核心竞争力外部因素影响模型的所有变量数据做对数处理，主要原因包括三点：其一，有效消除异方差，提高模型估计精度；其二，有效降低数据波动，增强数据平稳性；其三，有效反映高技术产业核心竞争力、技术竞争力、市场竞争力、品牌竞争力与外部影响因素的弹性关系。

2. 平稳性检验

由上可知，高技术产业核心竞争力外部因素影响模型所涉及的变量数据时间跨度为11年。在这种情况下，变量数据的无条件期望、方差，以及协方差均易随时间波动，造成“伪回归”现象（Priestley、Subba，1969）。故采用LLC检验、ADF检验和PP检验等经典检验方法，对模型所涉及的相关变量数据进行平稳性检验。

从表6－1可知，高技术产业核心竞争力外部因素影响模型的解释变量数据均表现出“零阶不平稳、一阶平稳”特征，如科技财政支持的ADF零阶检验的P值为0.9493，而一阶则为0.000；又如对外开放支持的ADF零阶检验的P值为1，而一阶仍为0.000。

表6－1　解释变量数据平稳性检验结果

检验		科技财政支持	对外开放支持	社会组织支持	知识产权保护	研发人员支持
d(0)	LLC检验	1.03969 (0.8508)	3.20979 (0.9993)	－3.64306 (0.1371)	－1.05758 (0.1451)	－0.68091 (0.2480)
	ADF检验	44.9506 (0.9493)	18.5528 (1.000)	42.8048 (0.9173)	45.0902 (0.9476)	46.4036 (0.9303)
	PP检验	45.993 (0.958)	16.9209 (1.000)	42.8691 (0.7329)	45.1311 (0.9472)	49.0669 (0.8835)
d(1)	LLC检验	－20.4156*** (0.000)	－18.246*** (0.000)	－14.667*** (0.000)	－26.6698*** (0.000)	－19.4548*** (0.000)

续表

检验		科技财政支持	对外开放支持	社会组织支持	知识产权保护	研发人员支持
d(1)	ADF 检验	347.116*** (0.000)	289.241*** (0.000)	255.937*** (0.000)	410.621*** (0.000)	358.964*** (0.000)
	PP 检验	380.885*** (0.000)	300.843*** (0.000)	277.387*** (0.000)	443.375*** (0.000)	388.43*** (0.000)

注：第一排数字为检验的统计值，括号内为伴随概率值。*** 表示 1% 的显著性水平。

此外，第 5 章已对核心竞争力、技术竞争力、市场竞争力、品牌竞争力等高技术产业核心竞争力外部因素影响模型的被解释变量数据做平稳性检验，其同样具有“零阶不平稳、一阶平稳”特征。因此，本章所涉及的所有面板数据均为一阶平稳，符合平稳性检验要求。

6.2.2 适用性检验

1. 双向固定效应模型适用性检验

双向固定效应模型的适用性检验大致可分为 2 步，第 1 步是在固定效应模型、随机效应模型、混合效应模型间做最优选择检验，第 2 步是检验双向固定效应模型的显著性水平。固定效应模型、随机效应模型和混合效应模型的最优检验方法主要包括冗余固定效应检验（似然比检验）和豪斯曼检验，前者根据时间序列的 F 值和卡方值做最优选择（赵国庆，2014），其 F 值计算公式为：

$$F=\frac{(R^2(H_A)-R^2(H_0))/m}{(1-R^2(H_A))/(n-k)} \tag{6-13}$$

其中，$R^2(H_A)$、$R^2(H_0)$分别表示 $r=RB$ 的约束回归方程和 $r\neq RB$ 的无约束回归方程决定系数；m 表示去掉后的变量个数，n 表示样本容量，k 表示解释变量个数。

豪斯曼检验假设，在随机效应与解释变量不相关的情况下，组内估计量和广义最小二乘法得出的估计量一致，即$\hat{\beta}_w$与$\hat{\beta}_{GLS}$之间的绝对值差距较小（Baltagi，Feng & Kao，2011），其统计量计算公式为：

$$w=(\hat{\beta}_w-\hat{\beta}_{GLS})'\sum_{\beta}^{-1}(\hat{\beta}_w-\hat{\beta}_{GLS}) \tag{6-14}$$

冗余固定效应检验和豪斯曼检验检验的原假设分别为混合效应模型比固定效应模型更显著，随机效应模型优于固定效应模型（白仲林，2010）。但从两种检验的实际结果看，均在 5% 的显著性水平上拒绝原假设（见表 6－2），表明固定效应模型是高技术产业核心竞争力外部因素影响效应模型的最优选择。

表 6－2　　面板数据固定效应模型的适用性检验

模型	冗余固定效应检验			豪斯曼检验		
	统计值	自由度	概率值	卡方值	自由度	概率值
模型 a	15. 044789	－10，325	0. 0000	10. 965072	5	0. 01521
模型 b	7. 597447	－10，325	0. 0000	10. 984108	5	0. 01517
模型 c	3. 075639	－10，325	0. 0009	15. 500964	5	0. 01084
模型 d	0. 98491	－10，325	0. 0563	7. 443647	5	0. 01897

注：冗余固定效应检验的相关数值为双向固定效应的 F 值，豪斯曼检验中的自由度为卡方统计量的自由度。

双向固定效应模型适用性检验的第 2 步结果显示，面板数据双向固定效应模型总体显著，其中 R^2 均超过 49.6%，F 值均超过 6.4（见表 6－3），表明面板数据双向固定效应模型能够较为准确地反映高技术产业核心竞争力外部因素的影响效应，符合模型适用性检验要求。

表 6－3　　面板数据双向固定效应模型的显著性水平检验

显著性指标	模型 a	模型 b	模型 c	模型 d
R^2	0. 746676	0. 674171	0. 49624	0. 5506
F	19. 32258	13. 56405	6. 4577	8. 031803

2. 截面数据分位数回归模型适用性检验

截面数据分位数回归模型适用性检验的实质是显著性水平检验，主要包括拟合优度检验和拟似然比检验。与传统模型拟合优度（R^2）的统计意义一样，截面数据分位数回归模型的拟合优度（R_τ^2）反映被解释变量与解释变量在 τ 分位数回归拟合的好坏，其常用的检验统计量为（Koenker & Machado，1999）：

$$\begin{cases} V^1(\tau) = \sum_{i=1}^{n} \rho_\tau(y_i - \beta_0(\tau) - \beta_1(\tau)x_i) \\ V^0(\tau) = \sum_{i=1}^{n} \rho_\tau(y_i - \hat{q}_\tau) \end{cases} \tag{6-15}$$

其中，$\hat{q}_\tau$ 为样本 y_1，y_2，…，y_n 的第 τ 分位数，$V^1_{(\tau)}$、$V^2_{(\tau)}$ 分别表示无约束分位数回归目标函数（最小绝对离差和）和有约束分位数回归目标函数的极小值，两者均服从自由度为 ρ 的卡方分布。因此，截面数据分位数回归模型的拟合优度（R^2_τ）可进一步表示为：

$$R^2_\tau = 1 - \frac{V^1(\tau)}{V^0(\tau)} \tag{6-16}$$

拟似然比检验根据目标函数在施加约束条件前后的两个极小值，构造如下两个拟似然比检验统计量（Redden & José，2004）：

$$\begin{cases} L_N(\tau) = \dfrac{2[V^0(\tau) - V^1(\tau)]}{\tau(1-\tau)s(\tau)} \\ \Lambda_T(\tau) = \dfrac{2V^1_{(\tau)}}{\tau(1-\tau)s(\tau)} \log\left(\dfrac{V^0_{(\tau)}}{V^1_{(\tau)}}\right) \end{cases} \tag{6-17}$$

其中，$V^1_{(\tau)}$、$V^2_{(\tau)}$ 与式（6－15）一致，s(τ) 为稀疏项。在实际操作过程中，常用 $L_N(\tau)$ 统计量检验系数估计量是否显著。

适用性检验结果表明，相对于一般面板数据模型，截面数据分位数回归模型的总体显著性水平较高。如模型 e 的 0.8 分位数回归模型拟合优度（R^2）为 0.25，似然比估计值（LR）为 35.13，标准误差（S.E.）为 17.39；又如模型 h 的 0.6 分位数回归模型拟合优度（R^2）为 0.24，似然比估计值（LR）为 19.42，标准误差（S.E.）为 17.76（见表 6－4），表明所构建的截面数据分位数回归模型可较为准确地反映不同条件分布地区高技术产业核心竞争力外部因素影响效应，符合模型适用性检验要求。

表 6－4　截面数据分位数回归模型的显著性检验

指标	模型 e				模型 f			
	q＝0.2	q＝0.4	q＝0.6	q＝0.8	q＝0.2	q＝0.4	q＝0.6	q＝0.8
R^2	0.093463	0.107822	0.139555	0.250064	0.09242	0.11420	0.123184	0.220725
Quasi－LR	36.6321	47.4115	44.9072	35.1312	21.3085	27.8325	26.7325	19.2627

续表

指标	模型 e				模型 f			
	q = 0.2	q = 0.4	q = 0.6	q = 0.8	q = 0.2	q = 0.4	q = 0.6	q = 0.8
S. E.	18.06497	16.18768	16.21585	17.39472	19.76538	17.75911	18.08511	19.43416
指标	模型 g				模型 h			
	q = 0.2	q = 0.4	q = 0.6	q = 0.8	q = 0.2	q = 0.4	q = 0.6	q = 0.8
R^2	0.042429	0.08126	0.152907	0.282427	0.0597	0.162867	0.241747	0.320661
Quasi - LR	39.4634	20.8885	21.2768	27.4661	18.7235	26.2856	19.4178	26.6021
S. E.	15.97122	15.42653	15.62907	16.24511	18.37916	17.51647	17.761	18.36149

注：R^2 为伪拟合优度，Quasi - LR 为准似然比估计量的值，S. E. 为分位数回归式的标准误差。

6.2.3 稳健性检验

采用常见的变量变换法对双向固定效应模型和截面分位数回归模型进行稳健性检验（张曙霄、戴永安，2012），即将模型被解释变量由静态综合效率值变换为纯技术效率值和规模效率值，发现变量变换前后的估计参数和显著性水平均未发生明显变化（见附表6和附表7），表明所构建的高技术产业核心竞争力外部因素影响模型符合稳健性要求，模型估计结果真实、可靠。

6.3 中国高技术产业核心竞争力外部影响因素模型结果分析

6.3.1 核心竞争力外部影响因素分析

1. 总体影响因素分析——双向固定效应模型

从模型 a 的实证结果看，高校、科研院所研发人员支持和政府科技财政支持对我国高技术产业核心竞争力显著性影响较大。由表 6 - 5 可知，在其他条件不变的情况下，当高校和科研院所研发人员支持指数、政府科技财政支持指数分别增加 1% 时，高技术产业核心竞争力将相应提高约

0.23%和0.2%；对外开放程度和科技社会组织支持对我国高技术产业核心竞争力影响的弹性系数分别约为0.09和0.08，但前者的显著性水平远低于后者，表明科技社会组织在我国高技术产业研发人员、研发经费等核心生产要素配置过程中，可相对有效地填补政府和市场的越位、缺位、失位等“双失灵”漏洞。

表6-5　　中国高技术产业核心竞争力双向固定效应模型结果

变量	系数	标准差	t值	p值
知识产权保护	-0.059486	0.050614	-1.17529	0.2407
对外开放程度	0.088475	0.072804	1.21524	0.2252
研发人员支持	0.22601	0.059762	3.781849	0.0002
科技财政支持	0.196059	0.104953	1.868058	0.0627
科技社会组织支持	0.080906	0.042937	1.884298	0.0604

值得注意的是，知识产权保护对我国高技术产业核心竞争力总体影响的弹性系数显著性水平较低，但仍在一定程度上反映出加大知识产权保护力度反倒较小幅度地降低高技术产业核心竞争力水平。造成上述问题的主要原因在于，知识产权保护对我国高技术产业核心竞争力的促进效应略低于阻碍效应，即以促进高技术研发人员原创积极性为主的正向效应，无法完全抵消以阻碍高技术产业技术市场流动性为主的负向效应，这是由当前我国高技术产业存在的引进创新、模仿创新、集成创新等阶段性特征决定的。

2. 区域影响因素分析——分位数回归模型

从模型e的实证结果看①，政府科技财政支持、知识产权保护，以及高校、科研院所研发人员支持对不同条件分布地区②高技术产业核心竞争力总体具有显著影响。从图6-1可知，政府科技财政支持对不同条件分布地区高技术产业核心竞争力总体影响的弹性系数表现出“普遍偏高、相

① 为增强针对性、有效性，仅分析显著性水平较高的外部因素在不同地区间的影响系数变化情况，其余影响因素和模型显著性水平详见附表8。下同。

② 将高技术产业核心竞争力由小到大排序，结合排名和占比进行条件分布，其中 $0<q\leq0.2$ 的地区包括河南、山西、江西、广西、陕西、内蒙古；$0.2<q\leq0.4$ 的地区包括河北、云南、宁夏、吉林、甘肃、青海；$0.4<q\leq0.6$ 的地区包括重庆、四川、黑龙江、福建、安徽、湖南、海南；$0.6<q\leq0.8$ 的地区包括湖北、辽宁、浙江、江苏、新疆、西藏；$0.8<q<1$ 的地区包括广东、山东、贵州、上海、天津、北京。

对平稳”特征，如在其他条件不变的情况下，政府科技财政支持指数增加1%，河南、山西等处于条件分布低端地区高技术产业核心竞争力总体将提高约0.82%，北京、上海、广东等处于条件分布高端地区高技术产业核心竞争力总体将提高约0.58%。上述分析表明，政府科技财政支持对我国高技术产业核心生产要素的直接价值化生产率产生正向影响效应，对处于条件分布高端的大多数东部沿海地区高技术产业核心竞争力的影响效应相对较小，这与上述地区高技术产业研发经费总体不足、结构不合理等要素投入端问题相对轻微高度相关。

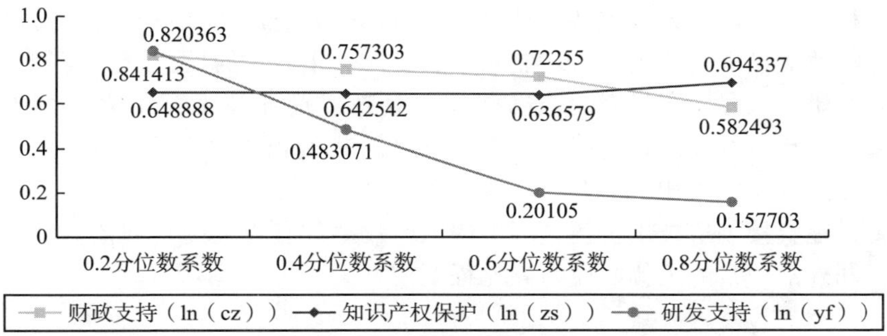

图6-1　高技术产业核心竞争力影响因素的回归系数变化

知识产权保护对我国不同条件分布地区高技术产业核心竞争力总体影响的弹性系数同样具有“普遍偏高、相对平稳”特征，但随着条件分布由低端地区向高端地区转移，影响系数相应呈小幅度上升趋势。如在其他条件不变的情况下，知识产权保护指数每增加1%，条件分布低端地区、高端地区高技术产业核心竞争力总体将分别提高约0.65%、0.69%（见图6-1），表明知识产权保护对条件分布高端地区高技术产业核心竞争力的正向影响效应相对较大，这与其相对靠近源头性创新高度相关。

高校、科研院所研发人员支持对我国不同条件分布地区高技术产业核心竞争力总体影响的弹性系数差异显著，并随着条件分布由低端地区向高端地区转移而大幅度下降。如高校、科研院所研发人员支持对条件分布低端地区高技术产业核心竞争力影响的弹性系数高达0.84，对条件分布中低端地区高技术产业核心竞争力影响的弹性系数下降至0.48，对条件分布中高端地区高技术产业核心竞争力影响的弹性系数再下降至0.2，对条件分布高端地区高技术产业核心竞争力影响的弹性系数仅为0.16。以上数据表明，随着高技术产业核心生产要素直接价值化效率提升，以外部研发人员为主的劳动要素边际效益递减趋势明显，故各地区高技术产业的“抢人大战”亟须因地制宜的政策保障。

6.3.2 技术竞争力外部影响因素分析

1. 总体影响因素分析——双向固定效应模型

从模型b的实证结果看，对外开放程度、政府科技财政支持，以及高校、科研院所研发人员支持等外部因素对我国高技术产业技术竞争力的正向影响效应显著。从表6-6可知，在其他条件不变的情况下，高校、科研院所研发人员支持指数每增加1%，高技术产业技术竞争力相应上升0.42%；政府科技财政支持指数、对外开放程度指数分别增加1%，高技术产业技术竞争力相应上升0.24%、0.15%，表明我国高技术产业核心生产要素在直接创造技术价值过程中的生产效率具有较强的外部依赖性，且对不同外部因素的依赖效应差异化程度较高。

表6-6　　中国高技术产业技术竞争力双向固定效应模型结果

变量	系数	标准差	t值	p值
知识产权保护	-0.098788	0.060465	-1.633803	0.1033
对外开放程度	0.153002	0.086974	1.759167	0.0795
研发人员支持	0.421074	0.071393	5.897953	0.0000
科技财政支持	0.234975	0.125381	1.874095	0.0618
科技社会组织支持	-0.009296	0.051294	-0.181234	0.8563

知识产权保护、科技社会组织支持对我国高技术产业技术竞争力影响的弹性系数显著性水平较低，但仍在一定程度上反映出我国当前知识产权保护制度的制定、实施，以及科技社会组织的发展规模、服务方式与高技术产业技术竞争力总体的提升存在“不协调性”风险。

2. 区域影响因素分析——分位数回归模型

从模型f的实证结果看，政府科技财政支持、知识产权保护，以及高校、科研院所研发人员支持对我国不同条件分布地区[①]高技术产业技术竞争力具有显著影响。上述高技术产业技术竞争力显著性外部影响因素与核心竞争力完全一致，但前者正向影响效应相对较大。

政府科技财政支持对我国不同条件分布地区高技术产业技术竞争力的影响效应普遍偏高，但随条件分布由低端地区向高端地区转移而小幅度下降。由图 6－2 可知，政府科技财政支持指数对内蒙古、河南、山西等条件分布低端地区高技术产业技术竞争力影响的弹性系数为 0.96，对河北、重庆、福建等条件分布中低端地区高技术产业技术竞争力影响的弹性系数下降至 0.84，对广东、浙江、北京等条件分布高端地区高技术产业技术竞争力影响的弹性系数再小幅度下降至 0.62。表明在高技术产业技术价值产出规模不变的情况下，政府科技财政支持通过降低高技术产业内部研发经费投入规模，改善研发经费内部结构等方式，变相地提高了高技术产业核心生产要素直接创造技术价值的生产效率。

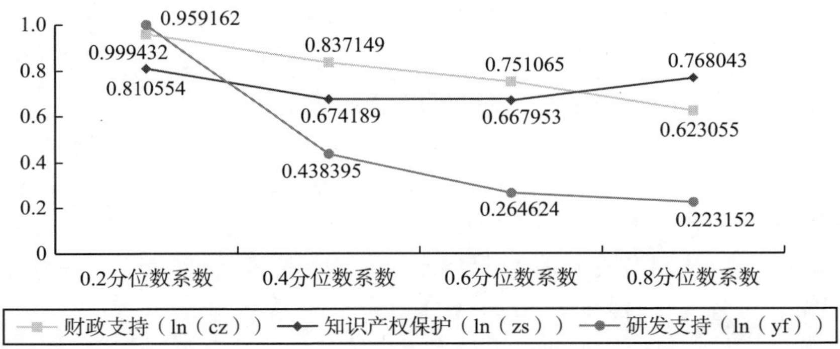

图 6－2　高技术产业技术竞争力影响因素的回归系数变化

知识产权保护对不同条件分布地区高技术产业技术竞争力的影响效应表现出“高水平、低波动”特征，并随条件分布由低端地区向高端地区转移而先降后升。如知识产权保护指数对条件分布低端地区高技术产业技术竞争力影响的弹性系数约达 1，对条件分布中低端地区高技术产业技术竞

① 将高技术产业技术竞争力由小到大排序，结合排名和占比进行条件分布，其中 $0<q\leq 0.2$ 的地区包括内蒙古、河南、山西、江西、广西、宁夏；$0.2<q\leq 0.4$ 的地区包括河北、甘肃、陕西、山东、重庆、福建；$0.4<q\leq 0.6$ 的地区包括云南、辽宁、四川、吉林、黑龙江、安徽、湖南；$0.6<q\leq 0.8$ 的地区包括海南、青海、湖北、上海、江苏、西藏；$0.8<q<1$ 的地区包括广东、新疆、贵州、浙江、天津、北京。

争力影响的弹性系数下降至0.67，对广东、北京等条件分布高端地区高技术产业技术竞争力影响的弹性系数再小幅度上升至0.77（见图6-2）。表明加大以技术专利保护为主的知识产权保护力度，有助于各地区高技术产业研发人员、研发经费等核心生产要素集聚，直接推动不同条件分布地区高技术产业技术竞争力提升，而处于条件分布两端地区高技术产业技术竞争力的提升幅度则相对较大。

相对政府科技财政支持、知识产权保护，高校、科研院所研发人员支持对不同条件分布地区高技术产业技术竞争力的正向影响效应普遍偏低，并随条件分布由低端地区向高端地区转移而大幅度下降。如高校、科研院所研发人员支持指数对条件分布低端地区高技术产业技术竞争力影响的弹性系数为0.96，对条件分布中低端地区高技术产业技术竞争力影响的弹性系数直线下降至0.44，对条件分布高端地区高技术产业技术竞争力影响的弹性系数仅为0.22（见图6-2）。

6.3.3 市场竞争力外部影响因素分析

1. 总体影响因素分析——双向固定效应模型

从模型c的实证结果看，我国高技术产业市场竞争力受政府科技财政支持、对外开放程度，以及高校、科研院所研发人员支持和科技社会组织支持等外部因素显著性正向影响较大。从表6-7可知，在其他条件不变的情况下，科技财政支持指数每增加1%，高技术产业市场竞争力提高0.34%；对外开放程度指数每增加1%，高技术产业市场竞争提升0.26%；高校、科研院所研发人员支持指数、科技社会组织支持分别增加1%，高技术产业市场竞争力相应提高0.17%和0.1%。上述分析表明，我国高技术产业核心生产要素直接创造市场价值的生产效率受到诸多外部因素影响，技术市场化、产品市场化均具有较强的外部依赖性。

表6-7 中国高技术产业市场竞争力双向固定效应模型结果

变量	系数	标准差	t值	p值
知识产权保护	-0.013015	0.053077	-0.245204	0.8065
对外开放程度	0.255522	0.076346	3.346879	0.0009
研发人员支持	0.170078	0.062669	2.713905	0.0070

续表

变量	系数	标准差	t 值	p 值
科技财政支持	0.343576	0.110059	3.121735	0.0020
科技社会组织支持	0.094553	0.045026	2.099979	0.0365

知识产权保护对高技术产业市场竞争力影响的弹性系数显著性水平较低，但同样在一定程度上反映出其对我国高技术产业市场竞争力总体具有较小的负向影响效应。上述现象的主要原因在于，我国高技术产业长期处于模仿创新阶段，知识产权保护体系的不断完善在短期内反而增加了高技术产业技术引进、技术交易，以及新产品加工、生产、销售等显性成本；即在以新产品销售为主的市场价值产出规模不变情况下，增强知识产权保护变相地提高了高技术产业研发人员、研发经费的等核心生产要素的投入规模。

2. 区域影响因素分析——分位数回归模型

从模型 g 的实证结果看，政府科技财政支持、对外开放支持对我国不同条件分布地区[①]高技术产业市场竞争力具有显著影响。政府科技财政支持对不同条件分布地区高技术产业市场竞争力影响的弹性系数表现出“水平低、波动大”特征，并随条件分布由低端地区向高端地区转移而较大幅度提升。由图 6－3 可知，政府科技财政支持指数对广西、海南、山西等条件分布低端地区高技术产业市场竞争力影响的弹性系数约为 0.2，对湖北、辽宁、湖南等条件分布中高端地区高技术产业市场竞争力影响的弹性系数直线上升至 0.52。

对外开放支持对不同条件分布地区高技术产业市场竞争力影响的弹性系数表现出“水平低、波动小”特征。如对外开放程度对条件分布低端地区高技术产业市场竞争力影响的弹性系数为 0.12，对条件分布中低端地区高技术产业市场竞争力影响的弹性系数为 0.14，对条件分布高端地区高技术产业市场竞争力影响的弹性系数为 0.13（见图 6－3）。表明对外开放支持对提升各地区高技术产业市场竞争力具有普适性，直接提高研发人员、研发经费等

---

① 将高技术产业市场竞争力由小到大排序，结合排名和占比进行条件分布，其中 $0<q\leq 0.2$ 的地区包括广西、海南、山西、河北、青海、吉林；$0.2<q\leq 0.4$ 的地区包括甘肃、陕西、西藏、云南、四川、安徽；$0.4<q\leq 0.6$ 的地区包括江西、黑龙江、河南、宁夏、新疆、重庆、内蒙古；$0.6<q\leq 0.8$ 的地区包括湖北、辽宁、湖南、福建、江苏、贵州；$0.8<q<1$ 的地区包括北京、天津、上海、山东、浙江、广东。

核心生产要素，以及市场价值产出的国际化水平。如随着对外开放程度不断深化升级，国外高技术产业技术研发、研发活动管理，以及产品生产标准、消费者偏好、企业销售准则等国际市场相关信息流动性增强，有助于我国高技术产业迅速适应国外高技术产品市场，提高新产品的国际占有率。

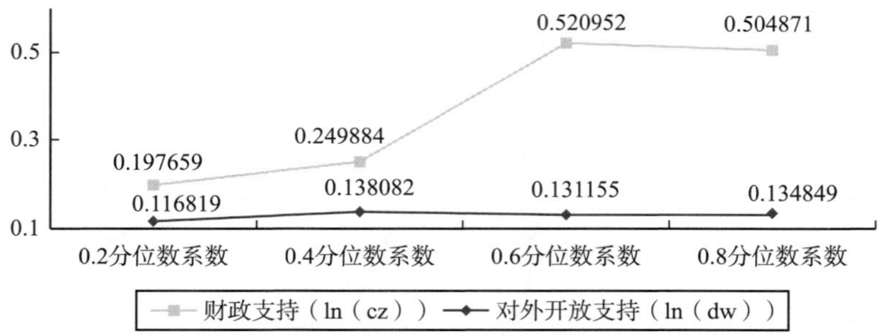

图 6－3　高技术产业市场竞争力影响因素的回归系数变化

6.3.4　品牌竞争力外部影响因素分析

1. 总体影响因素分析——双向固定效应模型

从模型 d 的实证结果看，对外开放程度、科技社会组织支持对我国高技术产业品牌竞争力具有显著的正向影响效应，即上述外部影响因素在较大程度上提升了我国高技术产业研发人员、研发经费等核心生产要素直接创造品牌价值的效率。从表 6－8 可知，在其他条件不变的情况下，对外开放程度指数、科技社会组织支持每增加 1%，高技术产业品牌竞争力将相应上升约 0.49% 和 0.15%。

表 6－8　　中国高技术产业品牌竞争力双向固定效应模型结果

变量	系数	标准差	t 值	p 值
知识产权保护	－0.071793	0.07752	－0.926122	0.3551
对外开放程度	0.493617	0.111506	4.426802	0.0000
研发人员支持	0.134994	0.09153	1.474852	0.1412
科技财政支持	－0.213554	0.160745	－1.328521	0.1849
科技社会组织支持	0.153316	0.065762	2.331389	0.0203

显然，对外开放、科技社会组织的影响重点为我国高技术产业品牌竞争力产出端，即在高技术产业核心生产要素投入规模不变的情况下，提升其技术品牌化、产品品牌化、品牌价值化等产出能力，常外显为参与国际标准制定，抢占高技术产品市场和获取超额利润等能力。

知识产权保护、政府科技财政支持，以及高校、科研院所研发人员支持等外部因素对我国高技术产业品牌竞争力影响的弹性系数显著性水平较低（见表6－8），但仍在一定程度上反映出前两者对我国高技术产业品牌竞争力具有负向影响效应。高技术产业品牌竞争力形成的实质是高质量的内生性增长过程，增强知识产权保护直接引致低质量专利和技术标准（专利池）大量增长，阻碍技术品牌化进程；政府科技财政支持在加大中小型高技术企业研发经费投入的同时，大概率加速其核心生产要素内部比例失调，外显为研发经费相对于研发人员的边际替代效应将递减，阻碍核心生产要素高速品牌化进程。

2. 区域影响因素分析——分位数回归模型

从模型h的实证结果看，政府科技财政支持、科技社会组织支持对我国不同条件分布地区[①]高技术产业品牌竞争力具有显著影响，两者对不同条件分布地区高技术产业品牌竞争力影响的弹性系数均表现出“水平高、波动大”特征，并随着条件分布由低端地区向高端地区转移，呈大幅度下降、大幅度上升、小幅度下降等复杂变化趋势。

由图6－4可知，政府科技财政支持对海南、云南、黑龙江等条件分布低端地区高技术产业品牌竞争力影响的弹性系数为0.94，对河南、青海、甘肃等条件分布中低端地区高技术产业品牌竞争力影响的弹性系数大幅度下降至0.62，对福建、湖北、山东等条件分布中高端地区高技术产业品牌竞争力影响的弹性系数再大幅度上升至1.01，对北京、上海、广东等条件分布高端地区高技术产业品牌竞争力影响的弹性系数小幅度下降为0.97。

---

① 将高技术产业品牌竞争力由小到大排序，结合排名和占比进行条件分布，其中 $0<q\leqslant 0.2$ 的地区包括海南、云南、黑龙江、河北、贵州、江西；$0.2<q\leqslant 0.4$ 的地区包括河南、青海、甘肃、湖南、山西、陕西；$0.4<q\leqslant 0.6$ 的地区包括四川、宁夏、广西、安徽、吉林、辽宁、重庆；$0.6<q\leqslant 0.8$ 的地区包括福建、湖北、西藏、新疆、山东、内蒙古；$0.8<q<1$ 的地区包括浙江、广东、天津、上海、江苏、北京。

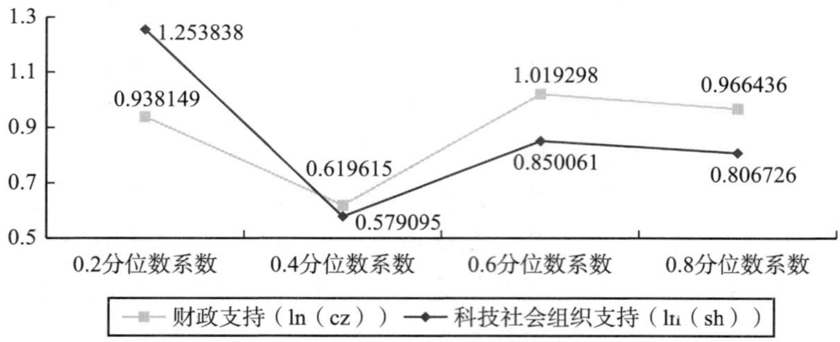

图6-4　高技术产业品牌竞争力影响因素的回归系数变化

从图6-4还可以看出，科技社会组织对条件分布低端地区高技术产业品牌竞争力影响的弹性系数高达1.25，这与高技术产业品牌竞争力形成过程高度相关。科技社会组织促进高技术产业“科技成果异地转化”“高技术产品就地销售”服务模式，最大限度地降低了中小型高技术企业技术引进、加工销售等生产经营成本，完全契合低条件分布地区高技术产业品牌竞争力所处阶段，即主要依靠低价销售高技术产品提升市场占有率形成初级品牌竞争力。

6.4　本章小结

本章采用面板数据双向固定效应模型和分位数回归模型，分别从总体和区域两个角度分析影响我国高技术产业核心竞争力的外部因素，主要得出如下重要结论：

（1）我国高技术产业核心竞争力总体受政府科技财政支持、科技社会组织支持，以及高校、科研院所研发人员支持等外部因素显著性正向影响，知识产权保护对我国高技术产业核心竞争力总体的促进效应低于阻碍效应；政府科技财政支持、知识产权保护，以及高校、科研院所研发人员支持对我国不同条件分布地区高技术产业核心竞争力总体具有显著影响，前两者对不同条件分布地区高技术产业核心竞争力总体影响的弹性系数具有“普遍偏高、相对平稳”特征。

（2）我国高技术产业技术竞争力受对外开放程度、政府科技财政支持，以及高校、科研院所研发人员支持等外部因素显著性正向影响，知识产权保护制度、科技社会组织发展与高技术产业技术竞争力的提升存在"不协调"风险；政府科技财政支持、知识产权保护，以及高校、科研院所研发人员支持对我国不同条件分布地区高技术产业技术竞争力具有显著影响，高校、科研院所研发人员支持对不同条件分布地区高技术产业技术竞争力的正向影响效应普遍偏低，并随条件分布由低端地区向高端地区转移而大幅度下降。

（3）我国高技术产业市场竞争力受政府科技财政支持、对外开放程度，以及高校、科研院所研发人员支持和科技社会组织支持等外部因素显著性正向影响，知识产权保护对我国高技术产业市场竞争力具有较小的非显著性负向影响效应；政府科技财政支持、对外开放支持对我国不同条件分布地区高技术产业市场竞争力具有显著影响，对外开放支持对不同条件分布地区高技术产业市场竞争力影响的弹性系数表现出"水平低、波动小"特征。

（4）我国高技术产业品牌竞争力受对外开放程度、科技社会组织支持等外部因素显著性正向影响，知识产权保护、政府科技财政支持对我国高技术产业品牌竞争力具有非显著性负向影响效应；政府科技财政支持、科技社会组织支持对我国不同条件分布地区高技术产业品牌竞争力具有显著影响，两者对不同条件分布地区高技术产业品牌竞争力影响的弹性系数均表现出"高水平、大波动"特征，并随着条件分布由低端地区向高端地区转移，呈大幅度下降、大幅度上升、小幅度下降等复杂变化趋势。

（5）我国大部分地区保障高技术产业研发人员、研发经费等核心生产要素高效配置的知识型基础设施尚未完善，直接引致政府科技财政支持、对外开放支持、科技社会组织支持、知识产权保护，以及高校、科研院所研发人员支持等外部因素的正向落地性不足、积极影响效应偏低，在较大程度上阻碍了高技术产业核心竞争力总体提升。

第 7 章

中国高技术产业核心竞争力形成路径案例

本章从研发人员、研发经费等核心生产要素的配置视角，剖析我国高技术产业核心竞争力形成路径。即根据前面实证结果，分别将北京、深圳、上海作为高技术产业技术竞争力、市场竞争力、品牌竞争力形成路径的案例研究对象；结合连续 3 年的实地调研资料，从形成条件、形成模式、形成障碍 3 个方面，归纳总结高技术产业核心竞争力在政府、高校、科研院所、高技术企业、科技社会组织等主体不同分工合作模式下的形成路径。

7.1 北京：高技术产业技术竞争力形成经验

传统观点认为，经济现代化是商品市场、生产要素市场的扩张，以及家庭与企业日益加深的相互依赖（刘晶、张冠珏，1986）。随着技术与经济增长关系逐渐明朗化，企业主导、人才集聚、技术推动已成为经济现代化的本质（洪银兴，2015；Freeman & Quinn，2012）。实地调研发现，北京高技术产业技术竞争力的形成理论从属于后者，即以研发人才、理论知识等源头性、技术性核心生产要素为起点，通过高技术企业、政府、高校、科研院所等生产资料配置主体，在产业价值链技术端直接创造研发技术价值、应用技术价值，推动研发技术竞争力与应用技术竞争力形成。该形成路径总体上更接近国外发达国家。

7.1.1　技术竞争力形成条件

结合前面关于高技术产业核心生产要素直接创造技术价值效率的外部影响因素分析，北京高技术产业技术竞争力的形成条件大致包括以下两大方面。

一方面，智力密集、信息丰富、基础设施完善是北京高技术产业核心生产要素形成集聚效应的重要支撑。如据《北京人才发展报告》数据显示，截至2017年底，北京拥有的两院院士、国家级海外高层次人才、国家级国内高层次人才数量分别约占全国50%、25%、33%，专业技术人才总量达358万人；汇集高等院校92所，国家级、省部级科研院所206家，国家重点实验室67个，国家工程研究中心27个，国家工程技术研究中心28个，大学科技园26个。又如北京聚集了大批与高技术产业研发高度相关的部委、国际技术研发机构，相关技术研发支持政策、技术研发动态等信息丰富、及时可靠。再如北京完善的交通、邮电等基础设施，为高技术产业核心生产要素的高效集聚提供了保障性硬环境。

另一方面，中关村国家自主创新示范区是北京高技术产业核心生产要素高效配置的高质量平台。以研发服务机构为例，作为我国第一个国家级高新技术产业开发区、人才特区，中关村示范区汇集了如中关村前沿技术创新中心、中关村创业大街、中国国际科技促进会、技术经纪人协会等一大批企业类、科技社会组织类技术研发服务主体，直接促进高技术产业技术定价、技术股权投资、知识产权保护、技术成果就地转化。

7.1.2　技术竞争力形成模式

技术竞争力作为高技术产业核心竞争力的源头性组成部分，是国内外学术界、实业界达成的为数不多的重要共识（张可、高庆昆，2013；Diwan & Chakraborty，1991）。北京高技术产业技术竞争力的形成模式具有“国家队”带领，多主体、多渠道、多方式推动等特征。具体来说，北大、清华等世界一流高校通过其下属院所或国家重点实验室，国企、央企等大型高技术企业借助其内部研发部门，共同提升北京高技术产业核心生产要素直接创造研发技术价值的效率，即研发技术竞争力；企业、高校、科研院所运用产学研合作方式，共同提高北京高技术产业核心生产要直接创造应用价值效率，即应用技术竞争力（见图7－1）。

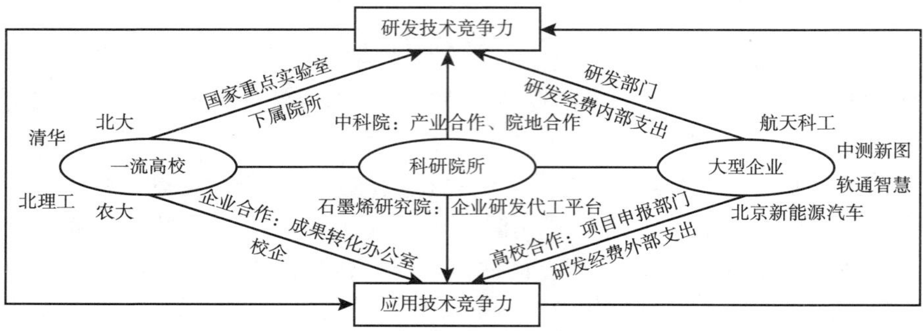

图7－1　北京高技术产业技术竞争力形成模式

1. 以一流高校为核心的高技术产业技术竞争力形成模式

（1）高校是高技术产业形成研发技术竞争力的主力军。北京高校形成研发技术竞争力的主体是教授、博士后工作人员、博士生等，主要方式为建立国家实验室、研发中心、博士后流动站或组建项目团队。以中国农业大学为例，其通过国家葡萄产业技术研发中心、农业部葡萄酒加工重点实验室、中国肉类研究中心博士后工作站等平台，聚集优秀技术研发人才申报国家级、省部级技术攻关项目，形成一大批高质量发明专利、学术论文和专著，大幅度提升了相关高技术产业研发人员直接创造研发技术价值效率（见图7－1）。

高校激励机制是高技术产业研发技术竞争力的重要推动力。以中国农业大学为代表的北京高校正探索科研项目激励机制，主要表现为“一般人才均分、特殊人才包干”的项目申请方式，以及“底薪＋绩效”的经费管理方法，如对博导每人每年给予固定的科研资助，以保证导师的基本科研活动；对有突破性想法的青年教师、博士生给予激励性的科研经费支持，提高原创性科研成果比重，有效降低高技术产业研发人员直接创造研发技术价值的成本。

（2）高校企业是高技术产业形成应用技术竞争力的生力军。北京校企普遍具有应用技术孵化器、应用技术研究中心等多重功能，类似于学术机构与企业间的科技中介组织。以清华同方为例，其不仅具有校办企业、科技公司、孵化平台等性质，更拥有计算机产业部、物联网产业部、半导体与照明产业部、微电子与射频技术产业部等多个高技术产业部门，所聚集的专业技术人才和市场管理人才，直接提升北京高技术产业核心生产要素直接创造应用技术价值效率。

研发成果收益分配比例是提升高技术产业应用技术竞争力的关键性因素。以清华同方为代表的北京校企正在探索国外（以以色列为代表）科技成果转化比例分配办法①，无疑将为高校的产学研合作、成果转化办公室市场对接和项目财务管理提供极具价值的参考（见图 7－1）。

2. 以高水平科研院所为重点的高技术产业技术竞争力形成模式

高水平科研院所是推动高技术产业技术竞争力，尤其是应用技术竞争力形成的中坚力量（见图 7－1）。以中科院为例，其作为我国科技研究的试验田，已形成集研究所技术、政府政策与资金、社会资本于一体的技术研发模式，以及以“成果转化公司、不搞纯粹的技术买卖”为目标的应用技术转化模式。

中科院以分所制形式推动北京高技术产业形成研发技术竞争力，即在不同领域、不同地区成立分所，开展信息、新材料、医药制造等高技术产业应用技术的基础理论研究，实现 16% 的技术研发成果处于国际前列。以龙芯为例，其每颗 CPU 单瓦特能效比已达到世界领先水平，广泛应用于军事科学、国家安全，以及高性能计算机教学、大规模科学与工程计算等领域；相对华为芯片，龙芯更加注重应用技术性能，而非市场需求。

在推动北京高技术产业形成应用技术竞争力过程中，中科院注重与产业、地方合作，坚持走市场化道路，如面向市场公开招募、选拔合作单位管理层，构建既懂科学技术、又懂市场规律，既对接研究团队成果、又契合市场资本需求的转化平台，以此实现创新链、资本链和产业链的“三链联动”。地方合作大多以创办分所方式，即由中科院派人②、管理分所，分所不提成、成果就地转化，分所土地、建筑等固定资产，以及形成产值和企业税收归当地政府。技术转化收益的 50% 以上无偿给研究团队，直接激发应用技术研发积极性。

此外，不同类型的科研院所共同推动北京高技术产业形成技术竞争力。如作为独立的新型科技社会组织型研究院，北京石墨烯研究院利用市

---

① 以色列科技成果转化的主体包括科研机构、研发人员和中介服务机构，三者的利益分配比例大致为 40%、40%、20%，该组织架构和分配比例不仅有助于培育懂技术、懂法律、有信息渠道的专业化技术经理人，非“一口吃个大胖子”的分配比例更有效激励科研人员持续性创新。

② 分所研发人员为当地事业编制。

场化方式，成立核心技术研究院、企业研发代工平台、联合实验室、孵化平台，从社会层面将研发人员与企业高效连接在同一条利益链上，解决“科技和经济两张皮”问题；又如作为全国为数不多的省部级国家数字电视技术研发实验室，北京数字电视国家工程实验室有限公司从企业层面实现数字电子技术研发、专利申请、专利布局，抢占数字电视应用技术的国际市场。

3. 以大型企业为依托的高技术产业技术竞争力形成模式

大部分北京高技术企业在推动形成技术竞争力过程中，偏向于国际化、高端化（见图7－1）。如北京新能源汽车通过构建全球研发中心、重点实验室等方式，获得新能源汽车技术领域的高质量专利、企业标准、国家标准[①]，打造“达尔文”系统技术品牌，推动北京新能源汽车产业形成技术竞争力；又如中测新图依托中国测绘科学研究院成立博士后工作站，积极参与“一带一路”沿线各国的测绘技术研究项目，提升北京测绘领域的应用技术竞争力。

北京高技术企业服务机构通过各种渠道引进高技术企业、提供技术研发软环境等方式，推动高技术产业技术竞争力形成的模式值得参考。如2019年，中关村前沿技术创新中心通过全球选拔、公开路演，从数千个优质项目中选拔出51家技术水平高、人才团队水平高的高技术企业[②]；又如中关村创业大街通过平均每周举办24场创新创业活动，帮助1038家高技术企业成功融资，其中融资超过1亿元的有50多家，为高技术企业技术研发提供资金支持；再如北京大学创业训练营针对高技术企业在种子期、成长期、拓展期、成熟期等不同阶段需求，提供专业指导，为高技术企业技术研发提供管理服务。

此外，北京高技术产业技术竞争力的形成表现出内部多元交叉驱动特征，即以京东方、百度、旷视科技等高技术企业为核心的品牌竞争力直接带动大安全、云计算等高技术产业技术竞争力；以品牌竞争力、技术竞争力双轮驱动形成的电子商务、新能源市场竞争力，反向推动技术竞争力（见图7－2）。

---

① 北汽拥有北京、硅谷、亚琛、德累斯顿、底特律、巴塞罗那全球六大研发中心，国家汽车轻量化重点实验室、纯电动乘用车开发技术北京工程实验室、新能源汽车北京实验室、新能源汽车节能与安全北京重点实验室，研发投入累计达到39.4亿元（占营业收入比重平均为11%），累计申请专利3519项、授权专利1794项、发明专利1614项，制定企业标准1380项，主导、参与国家、地方标准60项。

② 如未特别说明，本章数据均来自实地调研。

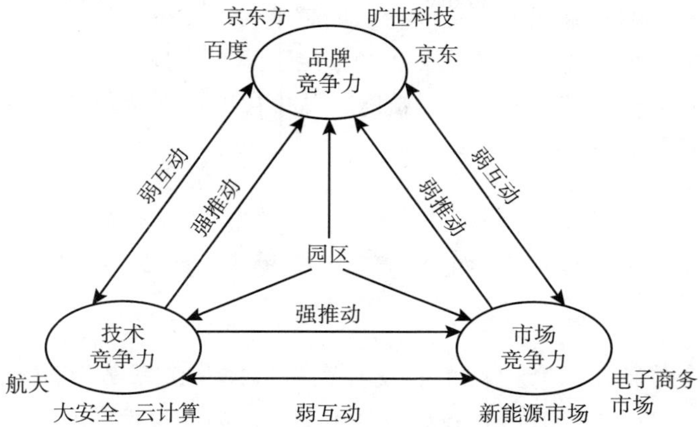

图 7－2　北京高技术产业核心竞争力形成模式

综上所述，北京高技术产业核心竞争力的形成路径可大致概括如下：依靠园区实现科技产业化、产业科技化，外显为以技术竞争力为起点，单向强推动市场竞争力、品牌竞争力，市场竞争力弱推动品牌竞争力；结合实证分析结果，北京高技术产业技术竞争力、品牌竞争力、市场竞争力互动关系较弱（见图 7－2）。

7.1.3　技术竞争力形成障碍

北京高技术产业技术竞争力基本形成，如安监、安检、安防、安控等大安全产业处于全球领先水平，部分军工核心技术、云计算技术、激光雷达技术同样具有国际竞争力。但仍面临着国外发达国家的技术封锁，如 IEEE 数据显示，2016 年，欧洲与工业 4.0 相关的技术专利数占全球 29%，基本完成了相关高技术产业技术专利布局。在此背景下，北京亟须打破如下障碍：

（1）市场化程度偏低，产业链条不完善。北京高技术产业的产学研合作、成果转化表现出企业核心地位不突出、高校与科研院所深度合作相对较少、高校自发转化比重偏高、专业化孵化环节缺失等问题。

（2）高技术产业技术研发成本高。北京高技术产业技术人才、企业面临住房成本高、土地成本高、人工成本高等“多高”问题，政府财政补贴偏好“锦上添花”、税收优惠政策空间不足，直接导致高技术企业、技术人才大量外流。

(3) 高技术产业研发人员身份认同感缺失。北京高技术产业研发人员社会认同感不足，如企业仍推崇“物本位”思想，技术知识产权载体不明确，研发人员权益难保障；又如政府、高校在项目经费管理中对科研人员的不信任问题突出。

7.2 深圳：高技术产业市场竞争力形成经验

随着全球高技术产业技术研发与竞争力的相关系数逐渐下降（Raymond & St – Pierre，2010），单纯以技术为基础的高技术产业发展模式开始受到质疑，外显为高技术产业竞争力的研究重心逐渐由区域创新向企业生产转移，并逐渐向产业价值链市场端靠近（Markusen，1994；Markusen，Lee & Giovanna，1999）。作为国内市场高效配置资源的典型代表，深圳高技术产业市场竞争力形成的主要特征是以企业为核心的市场化运作，即高技术企业研发人员、研发经费等核心生产要素投入、价值化等市场行为均以客户需求为导向；政府、高校和科研院所、科技社会组织均以“遵循市场规则、追求市场效率”准则服务企业。

7.2.1 市场竞争力形成条件

深圳高技术产业市场竞争力居全国前列，既是历史的偶然，也是发展的必然。相对北京和上海，深圳高技术产业市场竞争力形成环境有如下先天性条件：

一方面，深圳紧邻香港这一全球自由贸易港口城市，为“市场基因”注入和高技术产品进出口创造了条件。自改革开放以来，深圳通过吸引高技术外资企业，培育本土高技术民营企业等方式，为价格机制、竞争机制等市场准则的高效运行注入新鲜血液，带动政府、高校、科技社会组织提供市场化创新服务。

20 世纪 90 年代初，深圳高技术产业出口额、出口增长率、产值增长率均居全国前列（傅禄寿、朱军、张斌，1999），为国内外高技术企业集聚、市场竞争力形成奠定了基础。以电子元器件为例，深圳作为全国最大的电子元器件进出口贸易城市，直接促进华强北电子市场成立和电视机产业集聚。

另一方面，作为改革开放试验田，深圳高技术产业获得了大量的政策红利。如1972年转批的《关于宝安、珠海两县外贸基地和市政建设规划的报告》，1980年出台的《广东省经济特区条例》，1986年颁布的《国务院关于鼓励外商投资的规定》等一系列保障性政策，直接推动深圳成为全国第一个价格体制、企业体制、工资制度、劳动保险制度、外商投资制度、中外合资企业制度等体制改革和制度先行的试点城市，形成集“技术窗口、知识窗口、对外开放窗口”、企业承包制、股份制、外商服务中心于一体的社会主义现代市场经济体系。

但从高校、科研院所的数量和质量看，深圳历来属于“弱研发”城市。相对于广州而言，深圳没有一所“985”“211”高校；另据广东省科技年鉴数据显示，1992年，深圳专利申请量为300件，科技从业人员2000人，科技三项经费2100万元，分别仅为广州的26%、33%、51%。

7.2.2 市场竞争力形成模式

企业是创新活动中的绝对主体（Schumpeter，1911）。深圳在全球高技术产业价值链条中谋求地位的重要途径即为引进、培养高技术企业和高精尖研发人才，后者主要来源于大型高技术企业研发部门、虚拟大学园、高校和科研机构，产生化学反应的主要场所为市场，市场化运行的企业是该化学反应的重要催化剂。

1. 以企业为核心的高技术产业市场竞争力形成模式

相对经济理论只适用于“平稳过程”观点①，“企业是经济系统内部打破任何可能达到的平衡的重要能量来源，是摧毁传统经济结构，重塑现代化市场经济的关键主体”更能解释高技术产业市场竞争力形成问题（Fisher & Walras，1892；Schumpeter，1942）。以华为、腾讯、大疆等为代表的大型高技术企业是深圳高技术产业市场竞争力形成系统中的关键因素，其作用具体表现为共同带动政府、高校、科研院所、科技社会组织以市场化思维促进技术市场竞争力和产品市场竞争力形成，并保证两者相互促进（见图7-3）。

---

① 即经济过程本身其实并不发生变化，仅伴随着时间的推移产生实际收入的变化。

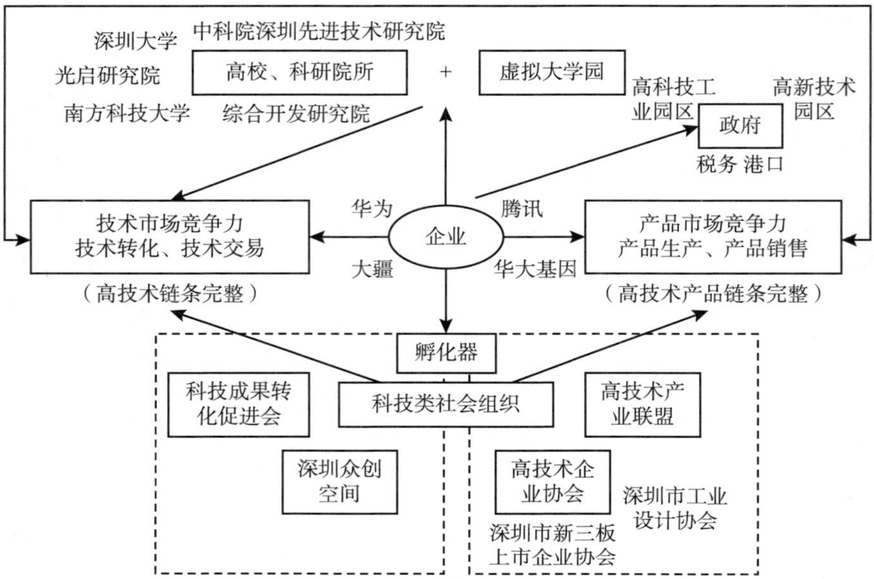

图 7-3 深圳高技术产业市场竞争力形成模式

企业的任何行为均是满足市场需求的基本方式（Von，1984；Drucker，1985）。深圳高技术企业最大的特征在于，以市场需求为导向，将能否满足客户需求作为衡量市场竞争力强弱的唯一标准。在产品市场竞争中，深圳高技术企业以形成完整的高技术产品链条作为满足客户全方位需求的重要途径。如华为坚持“以客户为中心”进行研发、生产和销售，近年研发投入占销售总额比重连续超过 10%，其中顾客需求创新约占 70%，技术创新约占 30%，推动其智能手机市场份额逐年上升，2019 年的国际、国内市场占有率分别达 18.3% 和 38.6%①。

在技术市场竞争中，深圳高技术企业不断调整技术研发、技术转化方向，搭建多渠道技术交易平台，以完整的技术链条形成技术市场竞争力。如深圳市大疆创新科技有限公司针对客户在农业生产方面的无人机需求，不断调整技术研发投入方向、研发人员分布比例、技术转化重点，满足客户需求、适应技术市场变化，成为我国无人机消费级市场的王者。2016 年，大疆无人机国外市场占有率超过 65%，国内占有率高达 85%，专利

① 华为研发投入和占比数据来源于实地调研，市场占有率数据来源于 Canaly 数据库。

申请数 874 项[①]，技术市场核心指标均位居行业首位。

2. 以市场化服务方式为主的高技术产业市场竞争力形成模式

政府、高校、科研院所，以及以众创空间、孵化器、高技术产业联盟、高技术企业协会等为代表的科技社会组织是服务高技术产业市场竞争力的重要主体（Shane，1995；Takahashi，2001）。在促进深圳高技术产业产品市场竞争力和技术市场竞争力形成过程中，上述主体均表现出市场化服务和运作特征。

（1）产品市场竞争力形成模式。

在高技术产业产品市场竞争力形成过程中，深圳政府为高技术企业产品生产、销售提供良好的软环境，高技术产业联盟、高技术企业协会为高技术产品交易提供高效率交易平台（见图 7 - 3）。政府服务遵循市场准则，政府规划跟随市场、不引领市场，政府管理重视“听企业诉求”“一站式办事大厅”[②]。以智能手机为例，按照国家相关规定，全国每部新设计手机均需接受北京权威机构监测，但如果新手机不同形状、不同型号生产出来，都要到北京监测就势必会影响生产和销售效率。在企业提议、政府争取下，深圳成功将手机监测机构搬到前海，直接促进深圳智能手机产业在规范中提升产品市场竞争力。

科技社会组织的内部生态圈是高技术企业发展的助推器（Persson，2015）。深圳“小政府、大社会”的独特文化，为科技社会组织提供了良好的发展环境，增强其服务高技术企业产品销售的市场化能力（见图 7 - 1）。深圳科技社会组织按照市场优胜劣汰法则、盈利与不分红的发展模式，提供专业化、零会费服务（服务满意交会费）。以机器人协会为例，其针对企业如何对接市场需求的产品生产和销售问题，以商业化模式提供生产商、销售商、消费者等多个市场主体互动交流的平台和渠道，如定期举办大型展会、发布市场调研报告，为深圳企业抢占机器人产品市场提供专业化、高效率、差异化服务。

（2）技术市场竞争力形成模式。

技术市场化能力、技术商业化能力是高技术产业技术竞争力的重要表现形式，决定高技术产业核心生产要素的直接价值化能力（Saji & Mishra，

---

① 数据来源于前瞻产业研究院《2018 - 2023 年中国无人机行业市场需求预测及投资战略规划分析报告》。

② 深圳是全国第一个提出服务企业，建一站式大厅的城市。每个层级领导（包括市领导）每年上门拜访至少 10 家企业，各部门一把手拜访企业，听企业诉求，解决政企不协调问题。

2012；Lin & Kung，2015）。在高技术企业技术创新、技术转化、技术扩散等隐性成本日益上升的大背景下，深圳政府及时提供市场化的技术交易平台和渠道，如坚持“政府管理不涉及技术路线、只涉及产业方向，政府法律不限制技术研发、只限制技术应用”的服务理念，以打造高科技工业园区、高新技术园区、国家自主创新示范区服务中心等一系列现代化服务平台为主要服务方式，建立集高技术交易市场、高技术价格定价咨询、高技术成果展示等于一体的管理服务体系，并对部分高技术企业技术交易给予税收、住房、海关、土地使用等政策优惠。

为弥补“弱研发”城市的先天性缺陷，深圳先后建立了虚拟大学园、民办官助性质的科研院所，与深圳大学、南方科技大学等本地高校共同为高技术产业形成技术市场竞争力服务[①]（见图7－3）。同样，上述研发机构采取市场化服务模式，如南方科技大学鼓励教师创办技术转化、技术交易公司，指导学生参加国际级、国家级技术创新大赛，并将技术交易指标纳入科研、学业评估体系；又如光启、综合开发研究院均属于民办官助性质，前者注重核心技术投资和市场化研发服务，后者85%的技术交易服务收益来自市场化合同；再如深圳虚拟大学园[②]大多数研究院在技术交易过程中选择市场化运营、企业化管理，并以技术买断、技术入股等市场方式进行技术交易。

科技成果转化促进会、众创空间、创客空间[③]等科技社会组织为深圳高技术产业技术转化和技术交易建立了市场化、专业化平台（见图7－3）。如深圳科技成果转化促进会以“将科技成果转化为生产力”为服务目标，定期组织专家对技术成果进行专业化定价、鉴定和推广，为提高技术交易效率提供市场化服务；又如众创空间、创客空间（约400家）注重高校、科研院所的技术成果转化，通过搭建市场化交流平台，高效促进技术成果与市场需求结合。

3. 以多元竞争力互动的高技术产业市场竞争力形成模式

深圳在推动高技术产业市场竞争力形成过程中，主要以“创新”“市场化”等城市品牌竞争力带动市场竞争力，以企业为核心的技术竞

---

① 深圳部分大型高技术企业内部同样设有研究院，如华为有华为大学，中兴有中兴通讯学院。

② 目前深圳虚拟大学园共有53所国内外知名高校建立的155个虚拟研究院或研发机构。

③ 深圳的国家级、市级和区级以上创客空间可重复申请政府补贴，并根据创新领域确定补贴数额。

争力①推动市场竞争力，如深圳电子通信、电子设备、无人机企业通过市场需求进行开放式合作创新，形成较强的技术竞争力和品牌竞争力，以此提升手机、网游市场等相关高技术产品的市场竞争力（见图7-4）。

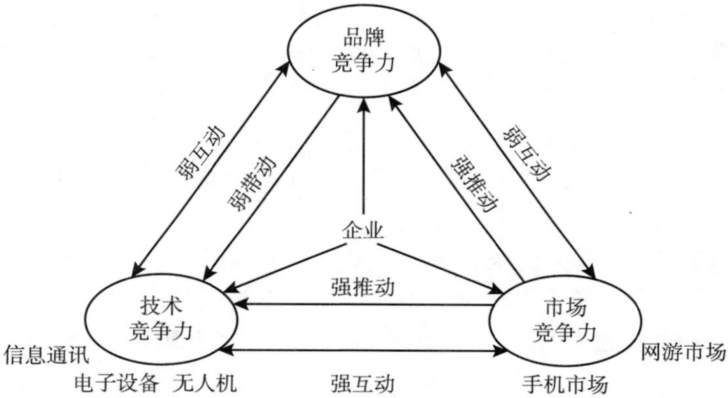

图7-4　深圳高技术产业核心竞争力形成路径

综上所述，深圳高技术产业核心竞争力的形成呈现出典型的"逆生长"特征，即不以技术竞争力、而以市场竞争力为核心竞争力形成起点。深圳高技术产业核心竞争力的形成路径可简单归纳为，以市场竞争力为重要突破口，带动技术竞争力，两者共同推动品牌竞争力，以此形成核心竞争力的内部良性循环体系。随着深圳高技术产业发展到较高水平，其核心竞争力内部的关键三要素关系日益复杂、互动日益增强，品牌竞争力与技术竞争力、市场竞争力的互动关系相对较弱（见图7-4）。

7.2.3　市场竞争力形成障碍

从世界各湾区发展情况看，纽约湾区、伦敦湾区是以哥伦比亚大学、伦敦大学为依托的传统金融湾区，旧金山湾区是以硅谷为核心的科技创新湾区，东京湾区是以工业为发展重点的湾区（Martinelli，Cimellaro & Ren-

① 深圳科技创新具有"4个90%在企业"特征，即90%以上研发人员集中在企业、90%以上研发资金来源于企业、90%以上研发机构设立在企业、90%以上职务发明专利来自企业。

schler，2014；鲁志国、潘凤、闫振坤，2015）。经过多年发展，深圳湾区已成为目前全球高技术产业价值链条最完善、技术集成速度最快的湾区，可在最短时间内将全球科技成果就地转化为市场竞争力。

但深圳高技术产业市场竞争力仍面临着“弱研发”城市基因所引致的技术竞争力不强，无法直接推动市场竞争力实现“最后一公里”的跨越。2016 年，深圳人均 GDP 首次超过广州，成为广东省 GDP 总量和人均 GDP 的“双料冠军”，但基础研发却未能摘得桂冠。2016 年，深圳县级以上科研机构的研发人员全时当量、研发经费内部支出、科技产出均不及广州[①]。深圳高技术产业形成市场竞争力的主要障碍如下：

（1）“重应用、轻理论，重跟随、轻引领，重引进、轻内生”的研发惯性阻碍深圳取得国际高技术市场话语权，尤其体现在长期偏向于常规应用性技术交易，“源头技术”有市无货，“卡脖子”技术交易成本高，严重威胁高技术产业的技术转型升级。如中兴申请国际 PCT 专利量仅次于华为，但由于技术源头在国外，其技术交易自主性和议价能力则稍逊于后者。

（2）“高等教育资源不足、技术创新人才培养规模小，高地价、高房价所引致的生产和生活成本高”的现实外部生存环境阻碍深圳高技术产品生产、销售向产业链高端转移。如大中型企业拥有自主知识产权的高技术产品较少，全球销售网络尚未形成；中小型企业高技术成果匮乏，依靠高技术产品加工和国家补贴获取低水平利润率，难以打破国内外产品生产、销售壁垒。

7.3　上海：高技术产业品牌竞争力形成经验

高技术产业品牌竞争力的形成既要城市品牌、企业品牌、技术品牌、产品品牌的多方联动，又要政府、企业、社会组织的多元推动，更离不开强势主导者、协调者的多维布局和管理（黄兆银，2006；Chursin & Makarov，2015）。上海高技术产业品牌竞争力形成的主要特征在于，依靠政府规划、政府管理、政府服务等行政支持，培养和引进高技术内资企

① 《广东科技统计年鉴》：2016 年，广州县级以上科研机构 R&D 折合全时工作量为 10907 人年，深圳仅为 955 人年；广州研发经费内部支出为 62.9 亿元，深圳仅为 4.6 亿元；广州制定国家或行业标准为 99 项，深圳仅为 19 项。

业、高技术外资企业、高技术研发人才、高技术研发经费，搭建国际化高技术产品发布平台、技术研发平台，营造高技术产业产品品牌竞争力、技术品牌竞争力、企业品牌竞争力形成的良好生态环境。

7.3.1　品牌竞争力形成条件

作为我国金融、贸易、航运的国际化中心，上海在实现由资本密集型城市向知识密集型城市成功转型基础上，积极探索政府主导下打造科创中心的制度安排与政策设计，为形成高技术产业品牌竞争力形成创造条件。

（1）加快建设“具有全球影响力的科创中心”的历史机遇。作为国家全面创新改革的试验田，上海高技术产业品牌竞争力的形成无疑将迎来国家层面的政策支持。在国家授权的 10 项先行先试改革中，至少有“落实和探索高技术企业认定政策”“开展海外高技术人才永久居留便利服务试点”“探索发展新型产业技术研发组织”“建立服务科学规律的国家科学中心运行管理制度”4 项与形成高技术产业品牌竞争力高度相关。

（2）政府高技术产业布局、城市品牌管理能力强。与日本“命运书”的政企关系（即政府与企业是优势积累的市场竞争关系）不同，上海政府具有“店小二”精神、智慧化服务、专业化职员体系等特征，擅长高技术产业合理布局、高技术企业营商环境构建，以及打造与高技术产业品牌相关的城市品牌。近年，上海利用国际金融中心的品牌形象，聚集中科院药物所、苹果公司等国内外高技术产业创新主体，打造张江药谷、世界创业大赛之都、机器人之都等城市品牌。

（3）具有悠久的高技术产业品牌史。上海作为中国民族品牌的发源地和聚集地，早就拥有一批高新技术产业的产品品牌、企业品牌、区域品牌和服务品牌，如宝钢、上汽、张江高科技园区等。据 2016 年认定的上海著名商标数据显示，新能源、医药、信息等领域的高技术企业比例大幅度增加①。

① 在 409 个著名商标中，高技术企业占 31%，同比上升约 6.8 个百分点。

7.3.2 品牌竞争力形成模式

1. 以企业品牌为核心的高技术产业品牌竞争力形成模式

产业品牌与企业成长速度高度相关，即缺少足够的大型高技术企业在产业价值链市场端和技术端推动，难以形成高技术产业品牌竞争力（Peng & Wang，2014）。上海政府围绕高技术企业不同成长阶段的“融资难”“研发难”等核心问题，采用培育孵化器①、众创空间等新型服务机构，搭建高技术产品发布平台，以及实施财政、税收优惠政策等方式，打造上海医药、华为海思等具有国际影响力的高技术企业品牌，推动高技术产品品牌竞争力和技术品牌竞争力形成（图 7－5）。

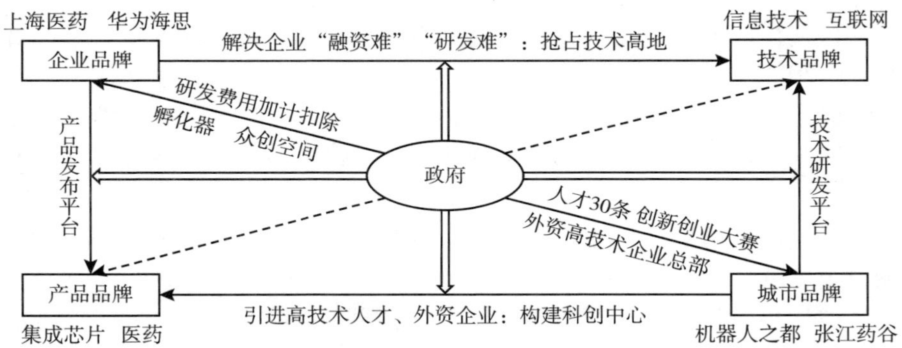

图 7－5 上海高技术产业品牌竞争力形成模式

（1）以“促融资”为核心的政府主导型企业品牌形成模式。

一方面，政府以市场化、规模化、专业化为导向，通过培育孵化器扩宽中小型高技术企业孵化期的融资渠道，提升研发经费投入规模。其一，在完善《上海科技企业孵化器认定管理办法》基础上，将社会自发形成的创新服务组织纳入孵化器管理体系，引导其组成符合互联网时代、升级版的孵化器——上海众创空间联盟；其二，为联盟开展多渠道媒体宣传，鼓励其不断探索符合互联网时代的众创空间发展模式、服务模式，以此打造

① 据《上海科技创新中心指数报告（2017）》，上海科技企业孵化器创办主体已经由政府机构兴办的国有企业、事业单位扩展至民营企业，2016 年，上海民营科技企业孵化器达 76 家，占科技企业孵化器总量的 47.8%，比上年提高 4.6 个百分点；上海科技企业孵化器孵化基金总额达 55.94 亿元，累计帮助获得风险投资的企业数达 2799 家，比上年增长 65.4%。

全国性的孵化器品牌。

在此政策背景下，上海涌现出一大批具有前沿性、专业性的孵化器/众创空间，在企业融资、人才集聚、产品发布平台构建等诸多方面为孵化阶段的高技术企业提供专业化服务。如上海星动力科创空间作为以“传递前沿科技资讯、集聚科技创新要素、展示最新创新成果、促进项目与资本对接、把握未来产业趋势、抢抓产业投资机遇”为主要功能的新型融创空间，聚集海内外顶级投资机构、高技术产业龙头企业、全球高等学府、创新组织等诸多优势资源，助力上海高技术企业共享国际化的融资、招商等创新要素。又如金桥众创积极探索的“走出去”服务模式，即结合金桥互联网创业服务中心、金桥众创公共服务平台、金桥小微企业俱乐部/空间媒体实验室、伍壹续力创业中心、产业创新创业促进平台、产业集群公共技术服务平台、跨产业集群一体化合作平台、“1 + N + X”的大中小微业务合作平台等新型平台，为全国“草根型”高技术企业的各个成长阶段，尤其是孵化阶段提供针对性、高质量服务。

另一方面，政府从金融系统端探索高技术企业融资制度安排。通过推进科技与金融紧密结合、探索开展科技金融服务创新、完善科技信贷体系等方式，为高技术企业融资提供便利。目前，上海正争取新设以服务科技创新为主的民营银行、投贷联动试点、改革股权托管交易中心市场制度等方面的先行先试，以及“微贷通”“履约贷”“创投贷”等“3 + X”科技信贷产品体系建设，解决高技术企业不同成长阶段，尤其是成熟阶段的“融资难”问题。

（2）以“促研发”为核心的政府主导型企业品牌形成模式。

首先，政府以针对性税收减免①为主的“少取”和以财政科技投入为主的“多予”作为支持高技术企业研发的重要手段，在“逐步扩大支持范围、降低单个企业支持力度”原则下，精准解决高技术企业研发资金不足问题。如在税收直接优惠方面，2016 年，上海高技术企业认证通过2306 家（通过率为 88.49%），减免税总额达到 141.62 亿元（同比降低约21 亿元），享受优惠企业数同比增长 6.5%；又如在研发费用加计扣除方面，2016 年，上海享受研发费用加计扣除的高技术企业为 1028 家，研发费用加计扣除额达 469.69 亿元，同比增长 15.12%。

其次，政府颁布《加强财政科技投入联动与统筹管理实施方案》，建

① 上海高技术企业税收优惠标准为 4%，最终优惠额需根据专家打分确定。如专家给 80 分，则最终优惠为 80% ×4% =3.2%。

立市级财政科技投入联动管理与统筹管理机制，即重点将19个市级科技专项优化整合为基础前沿类、科技创新支撑类、技术创新引导类、引进人才与环境类、市级科技重大专项5类，并统一纳入财政科技投入信息管理平台，以此提升科研机构服务高技术企业研发能力。在此基础上，推进高技术产业服务中心建设，搭建高效率的产学研合作平台，精准对接高技术企业与高水平科研机构供需点，解决高技术企业研发过程中的产学研合作“匹配难”问题。

再次，政府出台《上海市天使投资风险补偿管理暂行办法》，对天使投资机构投资种子期科技型企业项目所发生的投资损失，可按不超过实际损失的60%给予补偿；对投资初创期科技型企业项目所发生的投资损失，可按不超过实际损失的30%给予补偿，直接提高了风险投资向高技术企业，尤其向处于高风险、高投入研发阶段的高技术企业倾斜的积极性。

最后，政府针对大学生“创业难”问题，设立大学生科技创业基金，提供创业“种子资金”、贷款担保、贴息服务等支持；对创业成本高的初创期科技企业免收登记类、证照类、管理类行政收费，并为其提供场地房租、社会保险费等补贴，以及“能力测评+创业培训/创业见习”创业者能力提升体系服务。

2. 以城市品牌为核心的高技术产业品牌竞争力形成模式

上海政府通过引进高技术人才、外资企业，以及搭建国际技术研发平台等方式，打造“具有全球影响力的科创中心”城市品牌，以此聚集研发人员、研发经费等核心生产要素，提升高技术产业“获取超额利润、抢占国际市场份额”的产品品牌竞争力与“制定国际标准、实现专利布局”的技术品牌竞争力（见图7-5），为政府主导下的城市品牌竞争力构建提供借鉴参考。

在引进高技术人才方面，政府制定的《关于进一步深化人才发展体制机制改革，加快推进具有全球影响力的科技创新中心建设的实施意见》（简称“人才30条”），对有利于高技术产业品牌竞争力形成的高技术人才，在落户申请、工作年限、绿色通道、国籍要求等方面均予以放宽。2016年，上海落户年限由7年缩短到5年的高技术人才有1270人（占通过审核人数的21%），通过绿色通道直接落户的高技术人才有249人。制定、完善的《外国人工作许可制度》，允许上海规模以上工业企业引进外籍高技术人才时，不受60周岁以下的年龄限制，并鼓励应届外籍高校毕业生留沪创新创业。2016年，上海开出全国首张外籍高技术人才“工作许可证”。

在引进外资高技术企业方面，政府主导吸引外资企业总部、外资研发中心落户上海，即除土地、税收、研发等常规优惠政策外，为其构建高水平研发平台。如张江综合性国家科学中心部署实验室、创新网络、大型科技行动计划，以及创新单元、研究机构与研发平台等“研发四大支柱”；又如以“创新券”通用通兑，打通沪苏浙皖的研发合作壁垒，实现“长三角大型科学仪器协作公用网”等公共研发基础设施的共建共享，以此构建区域性高水平研发平台。2016年，跨国公司地区总部落户上海累计达580家，外资研发中心411家（全球研发中心40余家），成为吸引、培育全球高端创新要素的重要载体。

上海政府还通过制定其他政策，为高技术人才和外资企业营造良好的研发环境。如制定《高端智能装备首台突破和示范专项支持实施细则》，支持多项高技术产业（制造业）关键核心技术取得重大突破，形成自主知识产权和自有品牌；又如制定《药品上市许可人制度试点工作实施方案》，将药品上市许可和生产许可正式“双分开”，打通医药产业研发与生产的“最后一公里”；再如制定《人工智能创新发展专项支持实施细则》，举办国际创新创业大赛、中国国际进口博览会，聚集高校、科研院所等创新主体，直接推动上海成为全国的机器人之都①，成功打造工业机器人的城市品牌。

此外，上海高技术产业品牌竞争力的形成离不开其内部产品品牌竞争力、技术品牌竞争力的共同推动。上海政府通过制定促进产学研合作、科技成果转化等相关政策，提升高技术产业技术竞争力、市场竞争力，并为其共同推动品牌竞争力形成提供良好的外部条件。

综上所述，上海高技术产业核心竞争力的形成模式大致如下，以政府主导形成品牌竞争力为起点，单向弱带动技术竞争力、市场竞争力，技术竞争力单向强推动市场竞争力，如医药制造、先进制造业设备、互联网等高技术推动提升集成芯片、机器人等国际市场占有率；结合实证分析结果，上海高技术产业核心竞争力内部的品牌竞争力、市场竞争力存在强互动关系，市场竞争力与技术竞争力、品牌竞争力具有弱互动关系（见图7-6）。

① 据《上海科技创新中心指数报告（2017）》，2016年，上海工业机器人产量2.91万套，比上年增长24.4%，占全国40%。

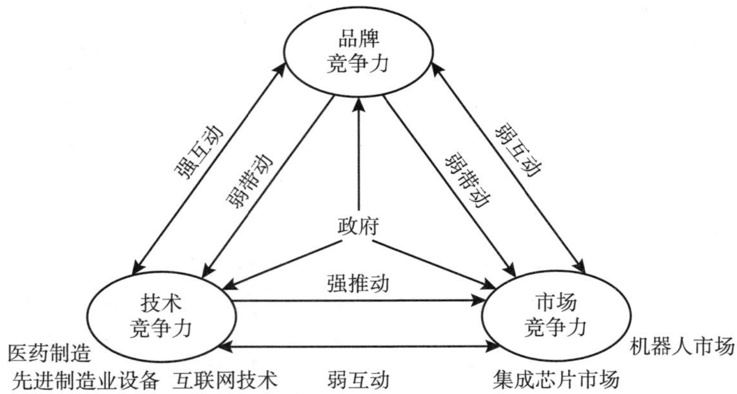

图 7-6 上海高技术产业核心竞争力形成模式

7.3.3 品牌竞争力形成障碍

政府主导下的上述各项政策措施有效推动了上海高技术产业品牌竞争力大幅度提升。2016 年，上海技术合同成交额为 822.86 亿元，其中电子信息、先进制造业、生物医药和医疗器械等高技术产业分别占 56.3%、13.5%、12%；高技术新产品出口销售收入为 527.9 亿元，同比上升约 8.2 个百分点。

但调研发现，上海高技术产业品牌竞争力的形成仍存在高端产业低端化、高技术企业“留不住、长不大”等问题，主要原因在于产学研合作效率不高。

（1）产学研合作壁垒尚未完全打破，高校与企业的评价指标、期望目标未能协调一致。仍存在高技术企业套政府项目、产学研合作成果难以实现市场转化，高校毕业生私自带专利进企业、产学研合作成果保护力度不够等突出问题。

（2）企业核心地位不突出，成果收益转化比例不合理。如部分高技术企业依附于高校技术研发、成果转化，外资企业对产学研合作的高要求、高回报难实现。

（3）“小确幸”“买办情结”，以及永远欢迎成功者、热衷复制过去的成功等上海社会文化，与高风险的高技术产业产学研合作研发、成果转化冲突。

7.4 本章小结

本章在对北京、深圳、上海高技术产业技术竞争力、市场竞争力、品牌竞争力形成路径的归纳总结中发现，北京重点依靠科技园区集聚的一流高校、科研院所研发人员，在高技术产业价值链技术端形成研发技术竞争力、应用技术竞争力；深圳重点依靠自下而上的企业行为、市场化服务方式，在高技术产业价值链市场端形成产品市场竞争力、技术市场竞争力；上海重点依靠自上而下的政府管理、“店小二”服务精神，通过提升高技术产业价值链品牌端研发经费投入规模，形成产品品牌竞争力、技术品牌竞争力、企业品牌竞争力。三者分别围绕市场化程度不高、源头性创新不足、产学研合作不顺等主要阻碍，探索科技成果转化的市场化途径（北京中科院）、虚拟科研机构构建模式（深圳虚拟大学园）、科技金融服务制度设计（上海科技投贷联动试点）等经验值得借鉴。当然，模式只能借鉴、不能复制，不同城市需对各自高技术产业核心竞争力的形成条件做系统分析，跨越核心竞争力形成过程中可能存在的障碍。

第 8 章

提升中国高技术产业核心竞争力的适宜制度

本章以制度经济学视角，构建提升我国高技术产业核心竞争力的适宜性制度保障体系。即系统阐述提升我国高技术产业技术竞争力、市场竞争力、品牌竞争力的国际机遇与挑战，并结合实证分析、案例分析结果提出核心竞争力的最优提升路径与适宜性制度安排。

8.1 提升核心竞争力的国际机遇与挑战

经济全球化水平不断提高背景下，任何国家形成或增强高技术产业核心竞争力均绕不开复杂多变的国际经济环境。随着我国的国际分工由水平分工向垂直分工逐渐靠拢[①]，高技术产业核心生产要素的直接价值化效率不仅受欧美发达国家主导的科技革命直接影响，更受“一带一路”沿线国家参与科技合作深度和广度的间接影响。上述影响主要作用于我国高技术产业研发人员、研发经费投入规模，及其在产业价值链技术端、市场端、品牌端直接创造的市场价值产出规模、技术价值产出规模和品牌价值产出规模。

8.1.1 提升技术竞争力的国际机遇与挑战

1. 国际机遇

提升我国高技术产业技术竞争力的国际机遇主要是第六次科技革命的

---

① 水平分工主要是指经济发展水平基本相同的国家间，以劳动力、原材料为主的分工；垂直分工主要是指经济发展水平不同国家之间的技术分工。

“科技全球化”和“科技大爆发”，前者有效促进全球高技术产业的科技活动内容、目的和范围达成共识，研发人员、研发经费等核心生产要素自由流动、合理配置，技术成果共享规则公平高效（张延茜，2009；刘宇、康健、邵云飞，2019）；后者则以互联网、大数据、云计算等领域的技术大爆发为辐射前沿面，快速提升我国高技术产业核心生产要素在全球范围内的流动效率。

（1）科技全球化机遇。

科技全球化的核心是科技人才全球化（Jürgen Renn，2015），外显为全球科学家、科研人员知识共享、合作研发意识显著增强。美国《2018年科学与工程指标》数据显示，2006～2016 年国际合作的全球科学与工程论文（作者至少来自 2 个国家）比例由 16.7% 上升至 21.7%；美国与其他国家研究人员合作的科学与工程论文约占 37%，相对于 2006 年提高了约 12 个百分点；我国在国内发表的、与国外研究人员合著的论文（中国人为第一作者）约占 71.6%，主要涉及 155 个国家，合作数量排名前六的依次为美国、澳大利亚、英国、加拿大、日本和德国等发达国家，总体表现出“垂直分工”特征。

科技全球化为我国高技术产业研发人员的全球化提供了历史性机遇。我国高技术产业国际科技合作项目数、参与国际科技合作人数均呈明显的上升趋势，前者从 1995 年的 27785 项上升至 2017 年的 103473 项[①]，增长近 3 倍；后者从 93981 人次上升至 253609 人次，增长幅度达 170%（见图 8－1）。如出国的国际科技合作项目数从 18845 项上升至 73324 项，来华的国际科技合作项目数从 8940 项上升至 30149，总体表现出“走出去”特征；又如出国的国际科技合作参与人数从 58883 人次上升至 137463 人次，来华的国际科技合作参与人数从 35098 人次上升至 116146 人次，总体表现出“引进来”特征。

（2）科技大爆发机遇。

科技大爆发主要表现为全球新兴技术专利申请数量激增，为我国高技术产业研发人员、研发经费等核心生产要素的高效配置奠定了技术基础。以人工智能为例，据世界五大知识产权局（IP5）数据显示，2010～2015 年，人工智能发明专利授权量年平均增长 6%，是所有专利年平均增长率的 2 倍；2015 年，全球人工智能发明专利申请量达 1.8 万

---

① 如未特别说明，本章数据均来自《中国高技术产业统计年鉴》。

件，日本、韩国和美国合计占比超过62%。另据乌镇智库发布的《全球人工智能发展报告（2018）》显示，2009~2018年的10年间，人工智能专利申请数量进入爆发期，我国专利数增长率相对较高，2017年的增长率达92%。

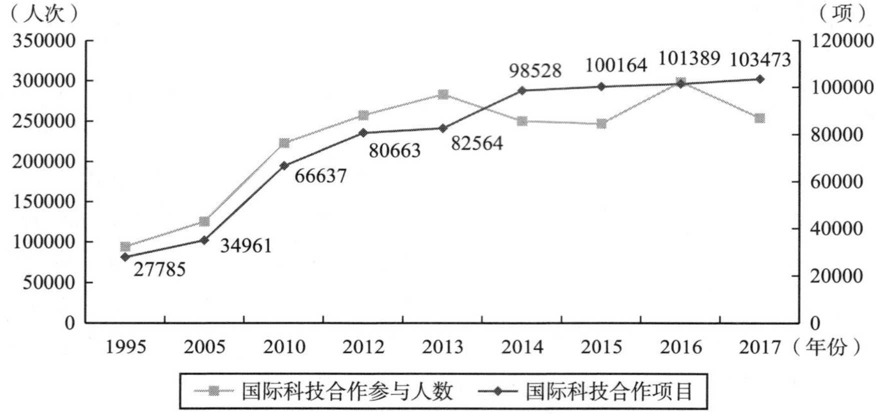

图8-1 中国高技术产业国际科技合作变化趋势

科技大爆发还体现在高技术产业技术专利的全球化布局上。据世界知识产权组织数据显示，全球PCT国际专利申请数先后在1991年、2004年存在较大幅度增长，2010年前后出现第三次大爆发迹象，表现出显著性、持续性特征（见图8-2）。2018年，视听技术、电信技术、半导体技术、药物技术、化学技术等高技术领域的PCT专利申请数增长率分别为8.9%、8.4%、9.8%、5.3%、4.1%和4.3%，均高于所有领域3.9%的平均增长幅度。

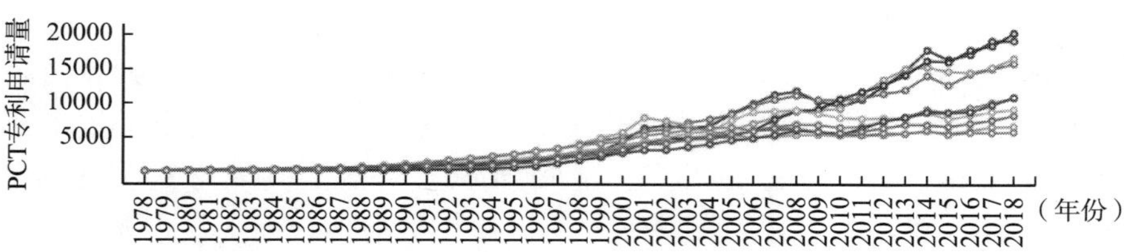

图8-2 全球高技术产业PCT国际专利数变化趋势

注：按2018年PCT专利申请量从高到低的领域依次为：数字视听技术、计算机技术、药品监测技术、药物技术、运输技术、测量技术、医药制造技术、试听技术、生物技术、精细化工技术。

2. 国际挑战

（1）全球基础研究竞争加剧。

从全球基础研究的相关政策制定看，大部分国家足够重视、科学布局。如美国早在2007年颁布的《竞争法》中提出，10年内实现国家科学基金会、能源部科学办公室、国家标准技术研究院联邦三大基础科学资助机构的研发经费预算翻番；韩国每5年发布一次的《基础研究振兴综合规划》均强调提高基础研究经费投入规模。又如法国2017年颁布的《高等教育与科研白皮书》《国家科研战略》，将大数据、地球系统、系统生物学及其应用作为优先行动计划；欧盟启动有史以来最大的未来新兴技术（FET）基础研究项目①，即以信息通信技术为前沿基础研究的关键着力点，促进信息科学与脑科学、纳米科学、生物化学和医学等学科领域的交叉基础研究。

从全球基础研究投入规模来看，大部分国家存在较大幅度增长。科技部《国际科学技术发展报告（2018）》数据显示，2010～2015年的10年间，中国、韩国、俄罗斯、法国、英国、美国和日本的基础研究投入年平均增长率分别为16.0%、11.5%、9.2%、4.9%、4.4%、3.5%、2.8%，普遍高于各自的GDP增长速度。尽管我国2018年研发经费投入实现连续2年的两位数增长，基础研究投入首次突破1000亿元大关，但基础研究投入总量仅占美国的30%，基础研究投入占研发总投入比重也远低于其他国家。2015年，法国、韩国、美国、英国、印度、日本的基础研究投入占研发总投入比重依次为24.4%、17.2%、16.9%、16.9%、16%、11.9%，而我国该比重仅为5.1%，2018年也仅为5.7%②。

全球基础研究投入的差异化反映出高技术人才培养质量、高技术企业研发能力的非均衡化，外显为研发资金、高质量科研产出集中于少数国家、少数企业（Davide，Alfredo & Antonello，2013）。我国基础研究投入的严重不足直接导致高技术产业的全球高端科技产出比例偏低，核心技术、源头技术长期受制于人的局面尚未发生根本性改变。科技日报2019年相关统计显示，我国高技术产业领域仍存在（不仅限于）35项受国外限制的技术（见表8－1）。

---

① 包括“人脑计划”和“石墨烯”2个旗舰技术项目，每个项目经费10亿欧元，实施周期达10年。

② 资料来源于中国《2018年全国科技经费投入统计公报》《经济合作发展组织（OECD）数据库》。

表8-1 高技术产业部分“卡脖子”关键技术的国际差距

技术名称（主要涉及产业）	国际差距
航空钢材（航空、航天器及设备制造业）	目前全球飞机起落架材料使用范围最广的是美国的300M钢，该材料采用真空热处理技术，避免了无氧化脱碳、增碳和晶界氧化等缺陷。而国产超强度钢材有时会出现点状缺陷、硫化物夹杂、粗晶、内部裂纹、热处理渗氢等问题，这与冶炼过程中纯净度不够有关
光刻机（电子及通信设备制造业）	作为制造芯片的关键仪器，光刻机的精度决定了芯片性能的上限。而在“十二五”科技成就展览上，我国生产的最好的光刻机，加工精度是90纳米（国外已经做到了十几纳米），这相当于2004年上市的奔腾四CPU水准
核心工业软件（计算机及办公设备制造业）	智能制造需要以计算机辅助的工业软件替代人脑计算，如芯片设计生产“必备神器”EDA工业软件。与美国比较，国产EDA软件性能表现出对先进技术和工艺支持不足等“代差”问题。国外EDA三巨头公司（Cadence，Synopsys & Mentor）占据全球该行业每年总收入的70%
医学影像设备元器件（医疗仪器设备及仪器仪表制造业）	目前我国医学影像设备的大部分元器件依赖进口，至少要花10年、20年才能达到发达国家现有水平。如传统医学成像（CT、磁共振等）技术，我国最早的专利比美国平均晚20年，专利数量仅为美国的1/10，所有相关的知识产权、原创成果、科研积累均在国外
环氧树脂（信息化学品制造业）	碳纤维质量比金属铝轻，但强度高于钢铁，还有耐高温、耐腐蚀、耐疲劳、抗蠕变等特性，其中关键的复合辅材就是环氧树脂。目前国内生产的高端碳纤维，所使用的环氧树脂全都是进口的；所能生产的T800等较高端的碳纤维，与日本东丽掌握该技术时间相差近30年

（2）全球科技制度保障体系日益完善。

随着我国高技术产业部分技术研发进入“无人区”，科技制度保障体系不完善的阻碍效应日趋明显。国务院发展研究中心发布的《世界前沿技术发展报告（2017）》指出，我国在信息与通信、数字经济等诸多技术领域已处于国际前列；麦肯锡全球研究院（MGI）公布的《中国的数字经济：全球领先力量》显示，我国在虚拟现实、自动驾驶、机器人、无人机和人工智能等主要数字技术领域的PCT国际专利拥有量位居全球前三。

相对大部分发达国家不断完善的科技制度保障体系，我国增强高技术产业技术竞争力仍面临诸多制度问题，如涉及知识产权制度、科技成果转化制度的科技体制改革“硬骨头”尚未取得根本性突破，涉及孵化器、众创空间、科技社会组织的创新政策和体制仍未健全（特约评论员，2019；Oyeyemi，2001）。上述制度缺陷直接导致我国高技术产业的高水平研发人员规模较小、结构不合理，改变国际技术格局的战略科学家、实现颠覆性创新的人才缺乏，以及技术研发活动的“数据孤岛”“信息烟囱”，即合作研发少、重复研发多、共享研发不足、盲目研发突出等老大难问题。

8.1.2 提升市场竞争力的国际机遇与挑战

1. 国际机遇

提升我国高技术产业市场竞争力的国际机遇是第四次工业革命带来的高技术产品贸易全球化和区域一体化①；即在不改变高技术产业核心生产要素投入规模情况下，为大幅度提升高技术产业价值链市场端直接创造的市场价值产出规模提供了历史性机遇。第四次工业革命以石墨烯、量子信息、生物技术等高技术产业有机融合为重要特征，有效打通了大多数高技术产业间的贸易壁垒，为高技术产品的全球贸易和“一带一路”沿线国家的区域贸易提供了可能性。

在高技术产品贸易全球化方面，以贸易保护主义、内顾倾向主义、单边贸易倾向为主要表现形式的逆全球化苗头日益明显，但仍无法阻挡高技术产业市场全球化（Roshan & Pandian，2017）。我国高技术产品仍可在世界贸易组织成员国（地区）享受关税优惠政策，高技术企业同样可从全球采购中降低生产、销售成本。据商务部数据显示，2018 年，我国高技术产品（不包括技术专利）出口额约为 1.3 万亿元，占出口总额比重达 28.3%，位居全球首位。从与主要国家的高技术产品进出口额比较看，我国高技术产业市场竞争力的显性优势较为明显，如 2017 年，我国高技术产品出口额位居首位（约为美国的 2.74 倍），进口额位居第二，贸易顺差达 3280.04 亿美元（见表 8-2）。

表 8-2　　2017 年部分国家高技术产品进出口比较

项目	中国	美国	德国	日本	俄罗斯
出口额（亿美元）	4960.44	1809.67	1875.2	335.25	46.42
进口额（亿美元）	1680.4	4408.16	1517.22	923.22	381.37
贸易顺差（亿美元）	3280.04	-2598.49	357.98	-587.97	-334.95

资料来源：UN Comtrade 数据库。

① 如未特别说明，本小节所指的高技术产品包括技术专利和新产品。

在高技术产品区域一体化方面，“一带一路”为提升我国高技术产业市场竞争力提供了重大历史机遇。“一带一路”沿线国家约覆盖全球60%人口、30% GDP和贸易，是我国高技术产品实现多边贸易、平等贸易的重要支撑平台。

我国大部分企业已与“一带一路”沿线国家建立了良好的经贸关系。社科院《“一带一路”建设发展报告》显示，2018年，我国企业在“一带一路”沿线56个国家的非金融类直接投资达156.4亿美元，同比增长8.9%，占同期总额的13%，主要投向的国家包括新加坡、老挝、越南、巴基斯坦、马来西亚、俄罗斯、柬埔寨和泰国等；在20多个国家建设56个经贸合作区。2014～2016年，我国与“一带一路”沿线国家的贸易规模持续扩大，贸易总额超过3万亿美元。

“一带一路”合作内容主要包括基础设施建设互联互通、贸易便利化，以此打破区域贸易壁垒，提高贸易合作水平，推动装备制造合作。如商务部数据显示，2017年，中欧班列达3000列（超过过去5年总和），班列路线57条，国内开行城市35个，可通达沿线12个国家的34个城市；2014年以来，回程班列年平均增长352%，共同为高技术产品交易提供了坚实的硬性基础设施保障。

2. 国际挑战

我国高技术产业市场竞争力的国际挑战主要在于，全球性经贸摩擦正在打破多边贸易体制下稳定和可预期的高技术产品贸易环境，如影响高技术产品市场信心，阻碍高技术产品原材料和中间产品的贸易渠道等。

美欧、美俄等经济体之间的经贸冲突不断，使得我国高技术产品贸易全球化受到前所未有的挑战。世界贸易组织发布的全球贸易景气指数（World Trade Outlook Indicator，WTOI）显示，2018年1～4季度，该指数分别为102.3、101.8、100.3和98.6，呈逐季放缓之势；2019年第1季度仅为96.3，是2010年3月以来的最低值。此起彼伏的高技术产品经贸摩擦具有长期性、复杂性和不确定性，严重制约着我国高技术产品市场竞争力的提升。

随着中美贸易战的不断升级，全球高技术产品市场竞争已进入白热化状态，给我国高技术产品抢占市场占有率和形成国际市场竞争力带来了严峻的挑战。一方面，随着中美贸易战所引起的全球高技术产品，尤其是拥有自主产权、掌握核心技术的高技术产品市场竞争日益激烈，各国均选择采取各种贸易保护措施保证自身高技术产品的国际占有率，如美国就以加征关税的方式对我国高技术产品出口进行打击性封锁，以此降低我国高技术产业价格优势。另一方面，中美贸易战必然引起我国高技术产品的生产成本、销售成本大幅度上升，这在与印度、越南等较低水平的人力成本国家竞争中表现得尤为明显，具体表现为国外发达国家的高技术产品生产、加工制造厂均表现出向后者迁移的趋势。

上述挑战所带来的结果主要反映在高技术产品竞争指数和价格指数①上。从竞争指数看，我国高技术产品全球市场竞争力总体处于优势，大多数高技术产品的贸易竞争指数为正；但从价格指数看，总体劣势则较为明显，与美国的总体差距较大，大部分高技术产品价格指数低于德国、日本（见表 8－3）。

表 8－3　2017 年部分国家高技术产品市场竞争力比较

HS 编码	中国		美国		德国		日本		俄罗斯	
	贸易竞争指数	价格指数	贸易竞争指数	价格指数	贸易竞争指数	价格指数	贸易竞争指数	价格指数	贸易竞争指数	价格指数
300215	－0.912	0.068	0.030	0.420	0.335	0.836	－0.766	0.162	－0.900	0.059
300490	－0.692	0.054	－0.495	1.064	0.306	0.852	－0.662	0.334	－0.895	0.224
847130	0.983	1.035	－0.769	1.105	－0.283	0.859	－0.848	0.562	－0.978	0.896
847150	0.749	0.884	－0.570	1.587	－0.082	0.710	－0.907	0.884	－0.851	5.121
847170	0.007	1.191	－0.252	1.702	－0.250	0.967	－0.635	1.191	－0.966	0.935
847330	0.402	0.333	－0.176	*	－0.226	1.387	－0.278	4.441	－0.955	4.223
851712	0.988	1.326	－0.651	0.811	－0.367	0.883	－0.987	0.140	－0.928	0.689
851762	0.731	0.936	－0.463	*	－0.265	1.032	－0.635	0.936	－0.841	1.486
851770	0.106	0.227	－0.244	*	－0.097	0.973	0.082	5.086	－0.835	2.381
852872	0.996	0.641	－0.878	1.246	－0.807	0.641	－0.846	0.734	0.040	1.132
852990	0.006	0.060	－0.049	*	－0.217	1.037	－0.072	1.710	－0.654	12.886

资料来源：UN Comtrade 数据库，反映进出口贸易额在百亿规模以上高技术产品，其中 HS 编码 300215、300490 为医药制造业产品，编码 847130、847150、847170、847330 为电子计算机及办公设备制造业产品，编码 851712、851762、851770、852872、852990 为电子及通信设备制造业产品，编码 880240、880330 为航空航天制造业产品，编码 901890 为医疗仪器及仪表制造业产品。＊表示无数据。

① 价格指数＝（出口额/出口数量）/（进口额/进口数量）。

8.1.3 提升品牌竞争力的国际机遇与挑战

1. 国际机遇

提升我国高技术产业品牌竞争力的国际机遇主要在于，“一带一路”倡议推动构建的“智力丝绸之路”“数字丝绸之路”等国际化、品牌化平台，有效提升我国高技术产业技术品牌竞争力、产品品牌竞争力、企业品牌竞争力。

“智力丝绸之路”是提升我国高技术产业技术品牌竞争力的重要支撑平台。据中国社科院报告称，“一带一路”沿线国家约覆盖全球50%以上的研发人员，为高技术产业的区域化科技合作提供了充沛的人才支持。当前，“一带一路”沿线各国正积极探索沿线国家科研机构、高校、企业等创新主体的研发人才流动体制，推动共建联合实验室、联合研究中心和区域技术转移协作网络平台。我国已建成多个面向“一带一路”沿线国家的新型科技园区，其内部多边技术转移中心、创新合作研究中心是我国高技术产业技术研发的国际名片。

“数字丝绸之路”为提升我国高技术产业产品品牌竞争力提供了广阔的新兴市场。“一带一路”倡议强调，“数字丝绸之路”作为科技经济化的主要表现形式（黄玉沛，2019），是扩大区域科技与经济边际界限的关键力量，更是沿线各国高技术产品高效取代低质量、低附加值等传统产品的重要途径。相对其他“一带一路”沿线国家，我国在大数据、云计算、智慧城市等涉及电子及通信设备制造业、计算机及办公设备制造业等领域具有较为明显的技术优势，是“一带一路”数字经济基础设施建设相关高技术产品的供给主体。

在上述背景下，我国已有小部分高技术企业形成全球品牌效应，为提升我国高技术产业的总体企业品牌竞争力奠定了基础。以华为为例，其在全球范围内建立以研发中心、创新人才为主体的全球创新网络，为形成技术品牌竞争力提供了良好的外部环境；建立的全球销售网络，为我国高技术企业抢占国际市场、获取超额利润提供了重要参考；所形成的全球品牌竞争力是我国高技术产业的重要名片。根据品牌调研机构 Ipsos 报告显示，华为全球整体品牌知名度达 88%，全球消费者品牌考虑度从 2017 年的 44%上升至 46%，海外多个国家消费者考虑度提升超过 50%。

2. 国际挑战

我国高技术产业品牌竞争力的挑战主要在于国家品牌、城市品牌尚未完全建立，直接导致高技术产业技术品牌竞争力、产品品牌竞争力总体不强，对外体现在高技术制造业前端研发仍以发达国家为主，中后端加工制造正逐渐向印度、越南等其他国家转移；对内则表现为高技术产业的大部分技术标准尚未获得国际话语权，科技社会组织的国际地位亟待提高，服务高技术产业技术推广、技术鉴定和产品发布、产品销售等市场化能力有待加强。

此外，我国大多数高技术企业品牌意识相对较弱，形成品牌的企业数量和品牌年龄先天不足。2018 年，我国进入世界品牌 500 强的高技术企业仅为 8 个，平均品牌年龄低于 46 年，前者远低于美国（28 年）、日本（10 年），后者低于德国、韩国和法国[①]（见表 8－4）。

表 8－4　　高技术企业品牌数量和品牌年龄的国际比较

产业	中国	美国	德国	日本	韩国	法国
医药制造业	*	4/140. 25	1/155	*	*	*
航空、航天器及设备制造业	2/46	4/82. 25	1/92	*	*	3/48
电子及通信设备制造业	4/35. 75	5/42. 2	1/171	3/93. 7	1/80	2/36
计算机及办公设备制造业	2/32. 5	9/57. 1	*	6/96	*	*
医疗仪器设备及仪器仪表制造业	*	2/87	*	*	*	*
信息化学品制造业	*	4/143. 25	1/153	1/87	*	*

资料来源：《世界品牌 500 强》报告。前端数据为企业数，后端数据为品牌年龄，* 表示无。

8.2　提升核心竞争力的适宜性制度安排

综合前面分析结果，我国高技术产业研发人员、研发经费等核心生产要素直接价值化效率的国内外环境已发生根本性变化，亟须重新确定提升核心竞争力的最优路径，并构建相应的制度保障体系。

① 报告中的行业分类标准与高技术产业不同，故对其进行了重新归类，其中制药行业归于医药制造业，航空、飞机制造与航务 2 大行业归于航空、航天器及设备制造业，互联网、电信 2 大行业归于电子及通信设备制造业，计算机与通信行业归于计算机及办公设备制造业，医疗健康行业归于医疗仪器设备及仪器仪表制造业，化工行业归于信息化学品制造业。

8.2.1 提升核心竞争力的路径变化

1. 我国高技术产业核心竞争力的传统提升路径

如前所述，高技术产业核心生产要素直接创造的价值包括技术价值、市场价值和品牌价值，三种价值存在经济学逻辑理论上的内生性关系，不同重点、不同顺序的价值创造效率大小直接决定核心竞争力的强弱。从这个角度看，我国高技术产业核心竞争力的传统提升路径主要以市场竞争力为突破口，反向驱动技术竞争力、品牌竞争力形成（见图8－3黑粗线所构成的箭头三角形两边），总体表现出“逆向生长”“政府主导”“外部依赖”等典型后发国家高技术产业核心竞争力形成与提升特征（Siddivò，2012）。

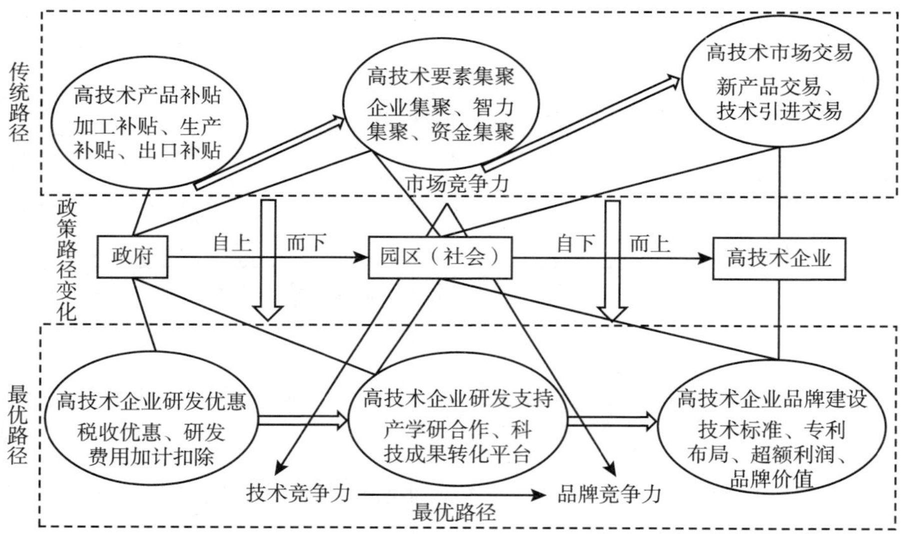

图8－3 提升高技术产业核心竞争力的路径变化

我国高技术产业核心竞争力的传统提升路径以“高技术产业市场价值产出规模”为主。从图8－3的上半部分可以看出，我国高技术产业核心竞争力的传统提升路径具体过程如下：在提升核心竞争力的初期，以政府产业规划为主导，针对高技术产业价值链加工、制造等低附加值企业定向补贴，提高核心生产要素创造的市场价值产出规模。此阶段的企业定向补贴主要表现为内资企业的直接补贴，大部分市场价值并非完全由国内高技术产业研发人员、研发经费等核心生产要素直接创造。

在提升核心竞争力的中期，政府通过建立高技术产业园区实施反向补贴，即借助国内外高技术产业核心生产要素的集聚效应，降低高技术企业创造市场价值的流动性成本。此阶段的反向补贴主要表现为间接补贴，高技术产业核心生产要素直接创造的价值大部分仍为市场价值。

在提升核心竞争力的后期，高技术企业参与全球高技术产品交易市场竞争，并在保证核心生产要素投入规模不变情况下，利用其在直接创造市场价值过程中的技术积累、技术引进，提升技术价值产出规模、品牌价值产出规模，即逐渐向高技术产业价值链条技术端、品牌端外向型靠拢；该阶段的高技术企业大部分为大型国有企业，高技术产品交易包括新产品交易和技术交易。

上述高技术产业核心竞争力的传统提升路径总体符合我国宏观经济发展历程，“以市场换技术”有效弥补了高技术产业研发人员、研发经费等核心生产要素不足，为核心竞争力向“正向生长”“市场主导”“内部推动”的最优提升路径转移提供了基础性保障。

2. 我国高技术产业核心竞争力的最优提升路径

实际上，提升我国高技术产业核心竞争力的国内外环境已发生如下根本性变化。其一，我国高技术产业核心竞争力内部的技术竞争力与品牌竞争力存在良性的互动关系；在去除自身因素冲击影响情况下，核心竞争力内部的技术竞争力对市场竞争力、品牌竞争力的相对贡献率最大。其二，以技术竞争力为支撑点的北京高技术产业核心竞争力静态综合效率值位居全国第一，高于分别以市场竞争力、品牌竞争力为支撑点的广东和上海。其三，第六次科技革命、第四次产业革命带来的“科技全球化”“科技大爆发”为高技术产业研发人员、研发经费等核心生产要素的全球化高效配置提供了前所未有的历史机遇。因此，以技术竞争力为突破口，成了提升我国高技术产业核心竞争力的重要方向。

同样从高技术产业核心生产要素直接创造技术价值、市场价值、品牌价值先后顺序的角度看，我国高技术产业核心竞争力的最优提升路径可简单概括如下：以“高技术产业技术价值产出效率”为突破口，内向性推动市场竞争力、品牌竞争力提升。

从图 8 –4 的下半部分可以看出，我国高技术产业核心竞争力的最优提升路径具体过程如下：首先，提升高技术产业核心生产要素直接技术化能力，即政府、科技社会组织以市场化方式给予高技术产业价值链技术研发端企业支持，如政府提供科技财政支持、研发费用加计扣除等，有效降低中小型高技术企业技术研发成本；科技社会组织搭建产学研合作平台，提高高技术产业核心生产要素的总体配置效率。

其次，提升高技术产业技术价值、市场价值产出规模，有效链接高技术产业价值链技术端与市场端。即政府、科技社会组织支持高技术企业建设高效的科技成果转化平台，高效促进技术发明专利转化为现实生产力。

最后，推动高技术产业核心竞争力向产业价值链品牌端转移，形成总体由高附加值产出构成的完整价值链条。即内资高技术企业参与国际标准制定，获取全球市场超额利润，形成具有全球影响力的品牌效应。

除高技术产业内部核心生产要素直接创造技术价值、市场价值、品牌价值的顺序不同外，核心竞争力传统提升路径与最优提升路径的重要区别还在于外部宏观政策路径的不同。前者以自上而下的政府规划为主，探索自中而下的园区聚集模式；后者则以自下而上的市场化为主，形成企业主导、政府保障、科技社会组织参与的多元主体配置核心生产要素模式（见图 8－3 中间部分）。

8.2.2 提升核心竞争力的制度保障

构建和完善制度型基础设施，是我国高技术产业从技术引进的生产领域向技术进步源泉的知识创造领域成功转型升级的重要保障（洪银兴，2001）。根据前面我国高技术产业核心竞争力提升路径、政策路径变化，以及核心竞争力外部影响因素的实证分析结果，构建以科技体制改革为重要突破口，涵盖高技术产业核心竞争力内部组织升级和外部生态优化两大方面的制度保障体系，前者包括高技术人才服务制度、高技术企业服务制度，后者包括知识产权保护制度、科技成果转化制度[①]（见图 8－4）。

① 尽管不同制度的直接作用对象有所差异，但其最终落脚点仍为高技术产业技术竞争力、市场竞争力和品牌竞争力。如科研人员自主性保护制度既直接提升技术竞争力，也间接增强市场竞争力、品牌竞争力。

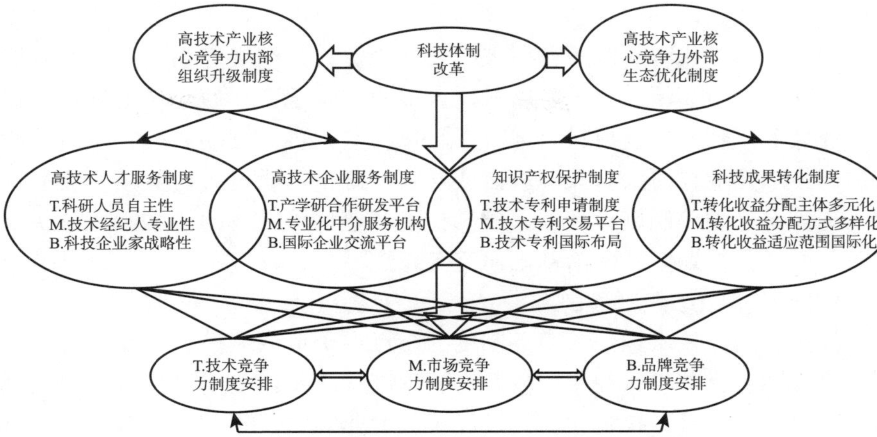

图 8－4　提升高技术产业核心竞争力的制度保障体系

1. 高技术人才服务制度

高技术人才是高技术产业核心生产要素的关键主体，主要包括科研人员、技术经纪人、科技企业家。一般来说，科研人员是高技术产业技术竞争力的智力源泉，技术经纪人是市场竞争力的重要助推器，科技企业家是品牌竞争力的战略布局者。高技术人才服务制度的核心是效率，即将高技术人才从旧科技体制的束缚中解救出来，最大限度地发挥其技术研发、市场转化、品牌建设能力。

（1）科研人员服务制度。

在知识经济时代，知识所有者正取代资本所有者，成为决定高技术产业核心竞争力强弱的主体。高技术产业科研人员是超常型知识、默示型知识等特有知识的凝结体，客观上要求人才服务制度保障其自主性研发、自主性流动权益。

高技术产业科研人员研发服务制度重点保障研发自主、项目自主，前者强调研发方向、研发内容的自主性，如根据个人兴趣爱好选择基础研究领域，自我控制参与非学术活动或弱相关学术研究次数与时间；后者突出技术应用项目申报、项目财务管理、结项年限选择等自主性。此外，在科研人员职称、绩效评价体系中，纳入实验报告、会议论文等阶段性研究成果，适当降低纯粹硬性的论文、专著或发明专利等最终成果指标权重，保障其长期性自主研发权益。

高技术产业科研人员自主性流动服务制度以推动高技术企业、高校、科研院所等体制内外的科研人员“走出去”“引进来”双向自由流动为重点，如鼓励高校或科研院所科研人员离岗创业，并在规定期限内保留其原岗位；又如保障高校、科研院所科研人员完成本职工作后，自由选择高技术企业兼职或技术研发成果就地有偿转化权益；再如推动高校、科研院所聘请高技术产业科研人员兼职教授或导师。此外，通过科研奖励、股票期权、退休金计划等制度设计，保障高技术产业科研人员的技术研发成果收益权，激励其长期坚持前沿基础研究工作。

（2）技术经纪人服务制度。

高技术产业技术经纪人服务制度的重点在于形成完整、专业的技术经纪人培养体系，首先，在于高校教育管理制度改革：以增设技术经纪人课程为起点，鼓励具有技术、法律、经济等专业知识背景的学生参与，并给予相应课程学分；其次，结合教师的专业水平和实战经验，组建专业知识互补、年龄结构合理的师资队伍，从供给端提升技术经纪人培养的专业性；最后，连同教育部、科技部等相关部门，制定国家层面的技术经纪人专业设置制度、培养体系保障制度。

专业技术经纪人的培养离不开技术经纪人协会等相关科技社会组织支持。高技术产业技术经纪人服务制度应重点提供如下支持：其一，引导高技术企业选择专业技术经纪人社会组织提供技术研发成果的交易或转化服务，运用市场化方式淘汰一批低水平的技术经纪人社会组织；其二，鼓励地方政府的相关课题经费适当向技术经纪人社会组织倾斜，并给予成长阶段的技术交易服务机构政策支持；其三，优化技术经纪人社会组织科技成果转化的评价体系，适当增加弹性指标，如从单纯的技术交易合同数量，向对接次数评价指标转化①。

专业技术经纪人的培养同样离不开相应的物质激励。高技术产业技术经纪人服务制度应在市场化定价基础上，对技术经纪人在高技术产业技术成果转化收益中所获取的比例给予科学规定和合理保障。如相对以色列高技术产业技术成果转化收益在科研单位、技术经纪人、科研团队的分配比例为3:3:4，我国高技术产业技术成果转化则较为复杂，不同产业、不同地区、不同技术的成果转化难易程度不同，可规定技术经纪人收益比例在20% ~50%的范围内上下浮动。

① 调研发现，高技术产业的技术交易具有极大的不确定性，极小部分成功签约仅需对接2~5次，大部分需对接上100次（也不一定成功签约），故仅按技术交易合同数认定工作量是存在偏颇的。

（3）战略型科技企业家服务制度。

高技术产业发展的核心是企业家精神，即以企业家精神为基础的创新创业是提升高技产业核心竞争力的根本性力量（李新春、宋宇、蒋年云，2004）。高技术产业战略型科技企业家直接把控高技术产业的技术研发方向、区域化布局、企业品牌竞争力建设，有效推动高技术产业核心生产要素技术化、品牌化。

高技术产业战略型科技企业家服务制度应以培养战略型科技企业家为突破口，充分发挥其提升高技术产业核心竞争力的领导作用。在培养战略型科技企业家方面，积极建设高技术企业家相关工程，如搭建高技术企业家交流平台，通过“创新小生态”和集体学习机制促进不同高技术产业间的企业家交流，探索不同教育背景的高技术企业家间相互促进、以老带幼的培养模式；又如给予具有企业管理经验、技术研发能力的高技术企业家适当的教育经费支持，鼓励其参与国际高水平科技活动，助力其成长为将产品开发、市场开拓走在市场变化前面的战略型企业家。在发挥战略型科技企业家作用方面，始终尊重市场力量，扩宽科技型企业家与高技术产业相关政府部门直接沟通的渠道，由下至上地实现高技术产业化、产业技术化。

2. 高技术企业服务制度

高技术企业是提升高技术产业核心竞争力的核心主体，是打破科技与经济固有边界的主力军（姚永玲，2009）。高技术企业先天性地偏向市场化运行模式，缺乏对高技术产业政策、产业组织发展脉络，以及社会创新文化的认知和改造能力，故高技术企业服务制度应重点以产学研合作研发、中介服务机构、国际企业交流等支持性政策为突破口。

（1）产学研合作服务制度。

产学研合作是提升高技术企业核心竞争力的重要途径。高技术企业服务制度应充分发挥高校、科研院所的基础研究优势，突出企业在产学研合作中的主体地位，解决高技术产品与市场不匹配的老大难问题，实现真正意义上的产学研一体化，为提升高技术产业技术竞争力、市场竞争力奠定坚实基础。

以企业为主体的高技术产业产学研合作研发平台，正面临高校与企业的评价体系不一致，合作研发成果的转化预期不相同（高校重证书价值，轻市场价值）等诸多矛盾，故高技术企业服务制度应重点从制度层面打破两者间的天然壁垒，如对参与高技术产业产学研合作研发平台的科研人员给予适当的职称评价倾斜，鼓励双方以市场化方式对产学研合作成果进行定价、交易等。

随着以大型高技术企业为主导研发的产学研合作平台逐渐兴起，政府部门应对此类研发合作行为给予政策支持，如税收优惠、研发加计扣除等。但在实际操作过程中，仍面临大部分优惠政策落地性不够问题，如研发加计扣除的前提是对企业税收查账，但查账将提高企业其他成本，故部分高技术企业不愿申请此项优惠。解决上述问题的关键在于财政政策与税收政策双管齐下，对高技术企业账务要求上给予相应的宽松，降低高技术企业优惠政策的多变性。

（2）中介机构服务制度。

提升高技术企业核心竞争力离不开众创空间、孵化器等中介服务机构支持，尤其是高技术企业发展初期与跨领域企业或科研院所合作更绕不开专业性的中介服务机构。需要强调的是，中介服务机构所涉及的范围广泛，而实际合作和现实政策对其仍存在诸多误解，如中介服务机构的技术服务、技术开发、技术咨询均属于技术转移服务，不是单纯地指技术交易服务；又如技术交易的特征是以人为载体，而不是技术的一锤子买卖，技术购买者不一定会用技术，卖掉技术不影响发明者对技术知识的使用。

高技术企业服务制度应在正确理解中介服务机构本质特征基础上，有倾向性的培育相关中介服务机构，尤其注重为中介服务机构正名，正视其在高技术产业市场竞争力提升过程中的重要地位，鼓励相关专业人才加入中介服务机构；在中介服务机构成长早期给予相应的财政支持，并将上述支持政策纳入制度保障体系当中，保证制度性支持的长期稳定性。

（3）企业国际交流服务制度。

企业国际交流是提升高技术产业核心竞争力的重要外部因素，高水平企业交流平台构建离不开高技术企业、政府和科技社会组织支持。高技术企业服务制度应明确企业国际交流平台构建过程中，高技术企业、政府和科技社会组织等参与主体的角色分工，如高技术企业根据技术研发路线和品牌建设需求，主导高技术产品发布、技术展示、技术交流、项目合作；政府结合高技术产业结构优化升级、区域合理布局等产业政策实施效果，制定差异化的财政、税收优惠政策；科技社会组织整合高技术产业技术创新、品牌创新等社会资源，提供平台宣传、政策宣传等服务。

3. 知识产权保护制度

知识产权保护制度是提升高技术产业核心竞争力良好生态环境的重要

构成部分，其对我国高技术产业核心竞争力的正向保障效应重点体现在专利申请、专利交易、专利布局三个方面。

（1）专利申请制度。

国外大多数学者认为我国高技术产业技术专利质量偏低（Warner，2015；Fisch，2016），但这并不能否认专利在我国高技术产业抢占新产品市场份额，获取超额利润过程中的重要作用。专利申请制度应注重保障高技术产业专利申请的专业性和适用性，即适当简化高技术企业或研发人员专利申请程序，提升技术专利申请的前瞻性。此外，充分借鉴国外发达国家高技术产业专利申请制度，提高国内高质量专利直接转化为 PCT 国际专利的效率。

（2）专利交易制度。

高技术产业专利交易制度应注重独立第三方专业评价、政府或大型高技术企业背书担保政策落地性，即在充分考虑专利价值本身内含的经济价值、技术价值、法律价值、战略价值情况下，积极培育专利评价服务机构，推动其提升专业水平、扩宽服务范围，解决高技术产业专利交易的定价过程复杂、定价标准多样，以及高技术企业与研发人员对技术专利价值认定的天然分歧等问题。

（3）专利布局制度。

专利布局是高技术产业技术品牌化的重要途径，常被误认为是单纯的企业市场行为。专利布局制度应结合高技术产业发展规律、宏观产业政策，注重解决高技术企业专利布局的短视性、盲目性问题，如推动人工智能、大数据等相关高技术企业专利在全球价值链技术端布局，鼓励内资高技术企业参与发明专利布局，提升高质量技术专利申请、布局的财政补贴、税收优惠等政策落地性。

4. 科技成果转化制度

科技成果转化是链接高技术产业技术竞争力与市场竞争力的重要桥梁，提升品牌竞争力的加速器。在实地调研中发现，科技成果转化面临早期估值难、作价入股难、权属分离难、国际转化难等现实问题，故高技术产业科技成果转化制度的重点应集中于成果定价、收益分配比例、分配方式和分配范围等方面。

（1）转化收益分配主体制度。

我国高技术产业技术成果收益分配制度以科技成果转化法为主，该法明确规定了科技成果转化的收益分配主体。但在高技术产业技术成果收益分配的具体实施过程中，仍缺少落地性的制度政策支持，如对收益分配的持续性问题，并没有给出明确规定。高技术产业的技术研发是长期性的，如果只研发出 1/3，所产生的早期收益将如何分配，这是在实际调研中遇到最多的问题，目前仍没有得到有效解决，主要原因在于没有相应的制度参考和政策指导。

我国大部分高技术产业的技术研发成果属于职务发明，存在所有权、使用权和分配权的相互交叉，客观上为明确转化收益主体带来了困难，直接导致大量研发成果“锁”在实验室，无法市场化。高技术产业科技成果转化制度应探索高校、大型国有企业科技成果权属问题，促进科技成果持有权、使用权、收益权三权分离，确定收益分配的主体。

（2）转化收益分配方式制度。

我国高技术产业的研发成果转化收益方式较为单一，主要包括企业一次性买断和技术入股两大类。针对大多数高技术企业不愿因技术入股破坏股权结构，科研人员对于一次性买断的积极性偏低等调研过程中发现的现实问题，高技术产业转化收益分配方式制度应探索其他形式的分配方式，如将技术成果纳入高技术企业经营主渠道、对外转让、许可他人实施、作价入股成立新公司等；采用溢价协商方式分配收益，制定配套政策予以制度性保护。

（3）转化收益适用范围制度。

我国高技术产业研发成果转化收益的适用范围仍仅限于研发人员、研发机构和高技术企业，较少涉及中介服务机构和国外发达国家相关企业、科研院所。高技术产业成果转化制度应增加主体、注重与国际接轨，即从鼓励高技术企业国外购买技术研发成果，到吸引国外高技术企业在国内进行科技成果转化。此外，探索运用市场化方式，打破国有企业创新属性和国有资产属性之间的制度壁垒，实现高技术产业技术转化收益的全方位连通。

8.3 本章小结

本章重点分析了第六次科技革命、第四次工业革命、全球经贸摩擦以及“一带一路”倡议给我国高技术产业核心竞争力提升带来的机遇和挑战，如以“科技全球化”“科技大爆发”为重要特征的第六次科技革命将有效促进我国高技术产业研发人员、研发经费等核心生产要素自由流动、合理配置，又如全球性经贸摩擦正在打破多边贸易体制下稳定和可预期的高技术产品贸易环境。结合实际提出以“高技术产业技术价值产出效率”为突破口，内向性推动市场竞争力、品牌竞争力提升的核心竞争力最优提升路径，并以此构建以科技体制改革为重要突破口，涵盖高技术产业核心竞争力内部组织升级和外部生态优化两大方面的适宜性制度保障体系，进一步激发高技术产业科研人员、技术经纪人、战略型科技企业家的潜力，优化高技术产业产学研合作、专利的申请、交易、布局，以及技术成果转化收益的分配主体、分配方式、适用范围等外部环境。

附　　录

附表 1　　中国高技术产业核心竞争力绝对水平综合得分情况（分地区）

排名	省份	平均得分	排名	省份	平均得分
1	广东	0.27748726	17	西藏	-0.002465227
2	上海	0.228930726	18	湖北	-0.006408961
3	浙江	0.201560633	19	重庆	-0.014949813
4	福建	0.155846425	20	甘肃	-0.018656871
5	北京	0.153436213	21	河北	-0.06256007
6	天津	0.115909027	22	广西	-0.068297127
7	云南	0.048648199	23	贵州	-0.070507881
8	河南	0.046700386	24	宁夏	-0.082414782
9	山东	0.036782974	25	陕西	-0.099389754
10	湖南	0.026585974	26	内蒙古	-0.101023229
11	黑龙江	0.01560454	27	山西	-0.153441158
12	江苏	0.01366467	28	吉林	-0.177041911
13	四川	0.012803433	29	青海	-0.180451329
14	新疆	0.012015373	30	辽宁	-0.180678951
15	海南	0.007601511	31	江西	-0.182961796
16	安徽	-0.000763225			

附表2　　中国高技术产业核心竞争力绝对水平综合得分情况（分行业）

排名	类别	平均得分	排名	类别	平均得分
1（大类）	电子及通信设备制造业	0.062345543	10（中类）	视听设备制造	0.017563918
2（大类）	医药制造业	-0.01393033	11（中类）	化学药品制造	0.017223686
3（大类）	航空、航天器及设备制造业	-0.08118676	12（中类）	电子真空器件制造	0.010928346
4（大类）	计算机及办公设备制造业	-0.09684498	13（中类）	电子器件制造	-0.017220906
5（大类）	医疗仪器设备及仪器仪表制造业	-0.17770766	14（中类）	计算机零部件制造	-0.021452087
1（中类）	通信终端设备制造	1.039060374	15（中类）	生物药品制造	-0.022030829
2（中类）	通信系统设备制造	0.863375558	16（中类）	办公设备制造	-0.027805021
3（中类）	通信设备制造	0.479174263	17（中类）	中成药生产	-0.031721314
4（中类）	雷达及配套设备制造	0.193506604	18（中类）	医疗仪器设备及器械制造	-0.055316187
5（中类）	其他电子设备制造	0.092445183	19（中类）	电子元件制造	-0.058474231
6（中类）	计算机整机制造	0.083815056	20（中类）	航天器制造	-0.071532939
7（中类）	仪器仪表制造	0.045795191	21（中类）	飞机制造	-0.074396565
8（中类）	广播电视设备制造	0.041148018	22（中类）	半导体分立器件制造	-0.076523658
9（中类）	集成电路制造	0.039732525	23（中类）	计算机外围设备制造	-0.112703399

附表3　　高技术产业核心竞争力 Malmquist 指数（区域）

省份	2007 年	2008 年	2009 年	2010 年	2011 年	2012 年	2013 年	2014 年	2015 年	2016 年	平均值
安徽	1.12	1.13	1.07	0.71	2.04	1.26	2.08	0.98	0.91	1.63	1.29
北京	2.55	1.39	0.84	0.78	1.60	1.87	1.11	1.17	1.15	1.13	1.36
福建	0.90	0.69	0.93	0.97	1.66	1.19	1.18	1.30	1.17	1.64	1.16
甘肃	0.84	0.91	1.23	2.45	1.02	1.44	1.09	1.62	0.95	2.02	1.36
广东	1.01	1.62	1.46	1.10	1.36	1.39	1.07	1.03	0.97	1.19	1.22
广西	1.32	0.78	1.93	0.70	1.69	0.67	1.23	1.09	1.18	2.53	1.31
贵州	0.67	2.20	0.74	1.57	0.51	1.88	3.40	0.40	1.15	0.90	1.34
海南	1.67	0.67	4.56	0.76	2.12	1.35	1.79	1.90	1.15	1.08	1.71
河北	1.08	0.94	1.91	0.70	1.09	1.46	1.08	1.35	1.38	1.42	1.24
河南	0.76	1.64	0.79	1.21	0.80	0.79	1.22	1.53	0.92	1.19	1.09
黑龙江	1.17	1.18	1.03	1.13	1.50	0.94	1.13	1.26	1.73	1.54	1.26
湖北	1.05	1.53	2.07	0.56	1.71	1.02	1.31	1.37	1.30	1.47	1.34
湖南	0.56	0.93	1.91	0.82	0.94	0.81	1.14	1.63	1.11	1.29	1.11
吉林	1.17	0.74	1.42	0.68	1.31	1.50	0.90	1.04	1.08	1.40	1.12
江苏	1.88	0.88	0.85	1.20	1.94	0.98	1.56	1.29	0.98	1.36	1.29
江西	1.59	0.93	0.83	1.39	1.27	1.02	1.47	0.72	1.08	1.44	1.17
辽宁	1.52	0.85	1.25	0.78	1.94	0.80	1.06	1.10	1.45	1.35	1.21
内蒙古	11.96	0.17	3.17	0.94	1.95	0.46	1.14	0.93	2.68	0.85	2.43
宁夏	1.29	1.01	1.40	0.52	1.68	0.30	2.70	4.56	0.81	1.15	1.54
青海	1.12	1.03	0.72	1.27	0.39	0.19	4.23	1.87	1.00	2.33	1.42
山东	0.93	0.92	1.46	1.07	1.34	1.17	1.24	1.19	1.59	1.01	1.19
山西	1.20	1.27	0.78	0.85	0.84	1.91	1.05	1.18	1.72	0.92	1.17
陕西	0.23	0.35	0.54	0.68	2.11	1.59	1.37	0.86	1.52	1.13	1.04
上海	0.75	1.04	1.61	0.82	1.21	1.57	0.87	1.46	1.19	1.86	1.24
四川	1.07	1.47	0.46	0.97	3.49	1.16	0.86	1.62	1.16	1.52	1.38
天津	1.24	1.68	0.95	0.93	1.42	1.32	1.36	0.91	1.95	1.04	1.28
西藏	0.21	0.12	0.15	0.16	14.79	1.00	0.83	1.04	1.11	1.00	2.04
新疆	0.53	0.43	1.88	0.06	12.86	1.09	0.59	2.00	0.98	0.88	2.13

续表

省份	2007 年	2008 年	2009 年	2010 年	2011 年	2012 年	2013 年	2014 年	2015 年	2016 年	平均值
云南	0.56	2.58	0.49	1.19	1.24	1.35	1.15	0.75	1.51	0.97	1.18
浙江	0.83	1.73	1.35	0.82	2.23	1.03	1.09	1.21	1.12	1.17	1.26
重庆	1.28	0.96	1.92	0.76	0.90	0.88	1.01	1.05	1.15	1.06	1.10
平均值	1.42	1.09	1.35	0.92	2.29	1.14	1.40	1.34	1.26	1.34	—
标准差	0.82	0.41	0.59	0.29	1.57	0.33	0.48	0.40	0.27	0.31	—

附表 4　　高技术产业核心竞争力 Malmquist 指数（产业）

产业	2007 年	2008 年	2009 年	2010 年	2011 年	2012 年	2013 年	2014 年	2015 年	2016 年	平均值
办公设备制造	0.48	0.86	1.50	1.48	0.84	1.21	1.02	0.51	1.84	1.29	1.10
半导体分立器件制造	1.17	0.94	0.47	1.76	0.37	2.40	1.26	2.46	0.32	0.99	1.21
电子器件制造	1.07	1.16	0.65	1.16	1.45	1.09	1.14	1.50	0.57	1.67	1.15
电子元件制造	1.05	1.13	0.65	1.27	1.59	0.41	1.01	2.02	0.40	1.47	1.10
电子真空器件制造	1.39	1.19	0.81	1.39	0.74	1.45	2.70	0.01	35.19	1.76	4.66
飞机制造	1.77	2.14	1.10	0.82	1.47	0.47	1.06	1.13	0.01	1.70	1.17
广播电视设备制造	2.22	0.89	1.14	1.16	1.01	0.59	1.15	0.54	1.46	1.06	1.12
航天器制造	1.66	1.66	1.47	1.21	1.07	0.52	1.99	0.13	7.60	1.37	1.87
化学药品制造	1.20	1.21	0.88	1.23	1.58	0.61	4.82	0.17	1.04	1.11	1.38
集成电路制造	0.03	0.79	0.62	1.43	0.90	1.65	1.24	3.19	0.29	1.18	1.13
计算机零部件制造	1.10	1.20	10.07	1.02	1.01	0.73	1.28	0.98	2.01	1.01	2.04
计算机外围设备制造	1.11	1.13	1.28	0.56	3.15	0.73	1.19	1.04	1.26	1.11	1.25
计算机整机制造	0.91	0.79	0.19	1.03	2.91	1.07	1.09	0.51	1.70	1.39	1.16
雷达及配套设备制造	1.30	1.31	0.64	1.04	1.55	1.36	0.83	0.50	1.80	1.46	1.18
其他电子设备制造	0.91	1.88	0.91	0.88	2.20	0.77	1.02	0.31	1.96	1.08	1.19
生物药品制造	0.98	1.58	0.43	1.92	1.03	0.62	4.50	0.18	0.93	1.16	1.33
视听设备制造	0.77	1.18	1.26	2.16	0.66	0.26	1.03	4.20	0.23	1.20	1.29
通信设备制造	4.62	7.79	0.33	1.59	0.81	3.82	0.57	5.64	0.15	3.31	2.86
通信系统设备制造	1.33	1.11	0.76	1.16	0.94	1.81	0.68	0.81	0.79	1.22	1.06

续表

产业	2007年	2008年	2009年	2010年	2011年	2012年	2013年	2014年	2015年	2016年	平均值
通信终端设备制造	32. 45	0. 47	0. 47	1. 18	1. 20	3. 04	1. 08	0. 35	1. 46	1. 01	4. 27
医疗仪器设备及器械制造	0. 95	1. 03	0. 83	0. 84	0. 92	0. 94	1. 00	0. 98	1. 00	1. 04	0. 95
仪器仪表制造	1. 00	1. 00	1. 00	0. 75	0. 90	0. 94	1. 00	1. 00	1. 00	1. 00	0. 96
中成药生产	1. 05	1. 08	0. 89	1. 63	1. 17	0. 56	4. 52	0. 17	1. 08	1. 11	1. 33
平均值	2. 63	1. 46	1. 23	1. 25	1. 28	1. 18	1. 62	1. 23	2. 79	1. 33	—
标准差	2. 77	0. 67	0. 82	0. 30	0. 49	0. 64	0. 91	1. 01	3. 24	0. 30	—

附表 5　　PVAR 模型稳健性检验

变量	L. h_ Δlncc	L. h_ Δlntc	L. h_ Δlnmc	L. h_ Δlnbc	变量	L. h_ Δlncc	L. h_ Δlntc	L. h_ Δlnmc	L. h_ Δlnbc
L. h_ Δlncc	0. 078 (0. 464)	0. 481*** (2. 304)	0. 304 (1. 511)	0. 337 (1. 248)	L3. h_ Δlncc	0. 282*** (2. 797)	0. 397*** (2. 824)	0. 559*** (4. 323)	-0. 078 (-0. 325)
L. h_ Δlntc	0. 077 (0. 540)	0. 606*** (3. 500)	-0. 184 (-1. 380)	-0. 269 (-1. 236)	L3. h_ Δlntc	0. 146* (1. 736)	0. 237*** (2. 089)	-0. 429*** (-4. 300)	0. 153 (0. 769)
L. h_ Δlnmc	0. 219*** (2. 386)	-0. 143 (-1. 212)	0. 441*** (4. 815)	-0. 28 (-1. 928)	L3. h_ Δlnmc	0. 138** (2. 069)	-0. 03 (-0. 332)	0. 072 (0. 690)	-0. 166 (-1. 045)
L. h_ Δlnbc	0. 049 (1. 158)	-0. 028 (-0. 501)	0. 031 (0. 655)	0. 354 (3. 915)	L3. h_ Δlnbc	0. 05 (0. 546)	-0. 097 (-0. 697)	0. 006 (0. 119)	0. 2** (1. 943)
L2. h_ Δlncc	0. 028 (0. 196)	0. 293 (1. 590)	0. 513*** (3. 341)	-0. 15 (-0. 553)	L4. h_ Δlncc	0. 218*** (2. 699)	0. 24*** (2. 598)	-0. 119 (-0. 784)	0. 236 (1. 166)
L2. h_ Δlntc	0. 27*** (2. 335)	0. 482*** (3. 515)	-0. 283*** (-2. 948)	0. 175 (0. 716)	L4. h_ Δlntc	0. 122* (1. 808)	0. 133* (1. 650)	0. 001** (2. 014)	0. 08 (1. 473)
L2. h_ Δlnmc	0. 04 (0. 528)	-0. 075 (-0. 772)	0. 143* (1. 682)	-0. 29* (-1. 829)	L4. h_ Δlnmc	0. 105** (2. 018)	-0. 062 (-0. 892)	0. 148* (1. 725)	-0. 367*** (-2. 501)
L2. h_ Δlnbc	0. 03 (0. 450)	-0. 009 (-0. 095)	0. 078 (1. 249)	0. 333*** (2. 862)	L4. h_ Δlnbc	0. 037 (0. 542)	0. 045** (2. 498)	-0. 049* (-1. 724)	0. 049 (0. 523)
L. h_ Δlncc	0. 099 (1. 325)	0. 525* (1. 714)	0. 266* (1. 803)	0. 314 (1. 279)	L3. h_ Δlncc	0. 261** (2. 122)	0. 367* (1. 709)	0. 550*** (5. 057)	-0. 113 (-0. 234)

续表

变量	L. h_ Δlncc	L. h_ Δlntc	L. h_ Δlnmc	L. h_ Δlnbc	变量	L. h_ Δlncc	L. h_ Δlntc	L. h_ Δlnmc	L. h_ Δlnbc
L. h_ Δlntc	0. 082 (0. 315)	0. 569 *** (3. 543)	−0. 117 (−0. 179)	−0. 332 (−0. 432)	L3. h_ Δlntc	0. 120 (0. 287)	−0. 394 *** (−3. 678)	−0. 288 *** (−3. 651)	0. 009 (0. 116)
L. h_ Δlnmc	0. 216 * (1. 868)	−0. 136 (−1. 179)	0. 599 *** (3. 127)	−0. 108 (−1. 094)	L3. h_ Δlnmc	0. 153 ** (2. 647)	0. 058 * (1. 648)	0. 142 (1. 388)	−0. 256 (−0. 662)
L. h_ Δlnbc	0. 052 (1. 230)	−0. 320 (−1. 978)	0. 056 ** (2. 161)	0. 429 (0. 064)	L3. h_ Δlnbc	0. 015 (0. 471)	−0. 038 (−1. 465)	0. 003 *** (4. 560)	0. 359 (0. 694)
L2. h_ Δlncc	0. 024 (0. 298)	0. 286 (0. 461)	0. 437 ** (2. 020)	0. 291 (0. 431)	L4. h_ Δlncc	0. 291 ** (2. 356)	0. 289 ** (2. 685)	−0. 107 *** (−3. 853)	0. 159 (0. 266)
L2. h_ Δlntc	0. 256 *** (2. 629)	0. 474 * (1. 824)	−0. 293 * (−1. 705)	0. 246 (0. 800)	L4. h_ Δlntc	0. 071 * (1. 723)	0. 122 *** (3. 323)	0. 002 ** (2. 559)	0. 066 (1. 069)
L2. h_ Δlnmc	0. 042 (0. 285)	−0. 080 (−0. 111)	0. 141 (0. 910)	−0. 205 (−0. 039)	L4. h_ Δlnmc	0. 106 ** (1. 962)	−0. 056 * (−1. 744)	0. 169 (1. 253)	−0. 371 (−1. 021)
L2. h_ Δlnbc	0. 028 (0. 309)	−0. 086 (−0. 636)	0. 087 * (1. 934)	0. 422 ** (1. 960)	L4. h_ Δlnbc	0. 052 (0. 542)	0. 052 ** (2. 449)	−0. 053 *** (−3. 726)	0. 088 (0. 169)

注：表中第1排为系数，括号内为t值；h_表示变量已经过Helmert转换，L. h、L1. h、L2. h、L3. h分别表示变量的滞后1阶、滞后2阶、滞后3阶和滞后4阶；*、**、***分别表示10%、5%、1%的显著性水平。上半部分和下半部分分别为区域综合效率和规模效率数据所产生的PVAR模型回归结果。对比发现，两种数据的PVAR模型结果系数大小和显著性水平差异性较小，表明通过模型稳健性检验。

附表6　　面板数据双向固定效应模型的稳健性检验

参数	因素	研发人员支持	科技财政支持	知识产权保护	对外开放支持	科技社会组织支持
综合效率	核心竞争力	0. 22601 *** (0. 0002)	0. 196059 * (0. 0627)	−0. 059486 (0. 2407)	0. 088475 (0. 2252)	0. 080906 * (0. 0604)
	技术竞争力	0. 42107 *** (0. 0000)	0. 234975 * (0. 0618)	−0. 098788 * (0. 1033)	0. 153002 * (0. 0795)	−0. 009296 (0. 8563)
	市场竞争力	0. 1701 *** (0. 007)	0. 343576 *** (0. 0020)	−0. 013015 (0. 8065)	0. 255522 *** (0. 0009)	0. 094553 ** (0. 0365)
	品牌竞争力	0. 134994 (0. 1412)	−0. 213554 (0. 1849)	−0. 071793 (0. 3551)	0. 493617 **** (0. 0000)	0. 153316 ** (0. 0203)

续表

参数	因素	研发人员支持	科技财政支持	知识产权保护	对外开放支持	科技社会组织支持
纯技术效率	核心竞争力	0. 253199 ** (0. 0371)	0. 17916 *** (0. 0089)	-0. 057213 (0. 177)	0. 06375 (0. 1466)	0. 061191 * (0. 0694)
	技术竞争力	0. 310952 ** (0. 0473)	0. 147611 ** (0. 0358)	-0. 02275 * (0. 0744)	0. 130676 * (0. 0647)	-0. 034455 ** (0. 0231)
	市场竞争力	0. 053352 ** (0. 0405)	-0. 091999 (0. 5372)	-0. 023099 (0. 6609)	0. 217536 * (0. 0904)	0. 064932 * (0. 0961)
	品牌竞争力	0. 143474 (0. 1259)	-0. 196426 ** (0. 0437)	0. 050846 (0. 4876)	0. 37423 * (0. 0555)	0. 123715 * (0. 0834)
规模效率	核心竞争力	0. 212601 * (0. 0907)	0. 150274 * (0. 0664)	-0. 048728 (0. 4077)	0. 093504 *** (0. 0001)	0. 088621 *** (0. 0024)
	技术竞争力	0. 3614 *** (0. 0005)	0. 224964 (0. 3332)	-0. 090087 ** (0. 036)	0. 152092 *** (0. 001)	-0. 00819 (0. 217)
	市场竞争力	0. 114217 * (0. 08237)	0. 352447 ** (0. 0237)	0. 018245 (0. 303)	0. 237171 (0. 4066)	0. 085681 ** (0. 0346)
	品牌竞争力	0. 137125 * (0. 06613)	-0. 249135 * (0. 0921)	-0. 061822 (0. 8748)	0. 509851 *** (0. 0001)	-0. 12425 * (0. 0514)

注：表中综合效率、纯技术效率和规模效率分别表示利用综合效率、纯技术效率、规模效率数据做的双向固定效应模型；第一排为影响系数，括号内为 P 值。对比发现，影响系数大小和显著性水平差异化程度低，表明模型通过稳健性检验。

附表 7　截面分位数回归模型的稳健性检验

参数	因素	研发人员支持	科技财政支持	知识产权保护	对外开放支持	科技社会组织支持
综合效率	核心竞争力	0. 841413 *** (0. 0083)	0. 820363 ** (0. 0135)	0. 648888 (0. 1232)	0. 703977 (0. 1926)	0. 151721 * (0. 0588)
	技术竞争力	0. 999432 ** (0. 0183)	0. 959162 ** (0. 025)	0. 810554 (0. 1359)	0. 434376 (0. 5065)	0. 096096 (0. 5220)
	市场竞争力	0. 187200 * (0. 0904)	0. 197659 ** (0. 0399)	0. 056249 (0. 8412)	0. 116819 * (0. 069)	0. 313822 (0. 2223)
	品牌竞争力	0. 047804 (0. 9109)	0. 938149 *** (0. 0081)	0. 057085 (0. 7931)	0. 301665 (0. 6197)	1. 253838 ** (0. 0283)

续表

参数	因素	研发人员支持	科技财政支持	知识产权保护	对外开放支持	科技社会组织支持
纯技术效率	核心竞争力	0.82601*** (0.0002)	0.796059* (0.0627)	0.594861 (0.2407)	0.688475 (0.2252)	0.150906* (0.0604)
	技术竞争力	0.958985*** (0.004)	0.906836** (0.0332)	0.769087 (0.2269)	0.481801 (0.3461)	0.092379 (0.1237)
	市场竞争力	0.212513*** (0.0026)	0.173792*** (0.0159)	0.061939 (0.1603)	0.129532*** (0.001)	0.028467 (0.7128)
	品牌竞争力	0.046346*** (0.0013)	0.967865* (0.0795)	0.058291 (0.5453)	0.321863*** (0.0034)	1.193606* (0.0614)
规模效率	核心竞争力	0.907698*** (0.001)	0.85941*** (0.0012)	0.708716* (0.0897)	0.725592 (0.7031)	0.15346** (0.0317)
	技术竞争力	0.971497*** (0.0026)	0.953597* (0.0681)	0.814919 (0.7829)	0.387441 (0.3454)	0.093908 (0.7445)
	市场竞争力	0.191931*** (0.0027)	0.194279*** (0.0045)	0.050827 (0.9875)	0.111252** (0.0112)	0.31068** (0.0154)
	品牌竞争力	0.036777*** (0.0252)	0.956206** (0.0428)	0.057403 (0.3074)	0.330607 (0.2006)	1.216927* (0.0671)

注：表中综合效率、纯技术效率和规模效率分别表示利用综合效率、纯技术效率、规模效率数据做的面板数据分位数模型；第一排为影响系数，括号内为P值。对比发现，影响系数大小变化大致相同，显著性水平差异化程度低，表明模型通过稳健性检验。限于篇幅，在此仅展示q=2的回归结果。

附表8　　中国高技术产业核心竞争力分位数模型系数及显著性水平

变量		Q=0.2 系数	Q=0.4 系数	Q=0.6 系数	Q=0.8 系数
核心竞争力 (ln(cc))	财政支持 (ln(cz))	0.820363** (0.0135)	0.757303** (0.0112)	0.72255*** (0.0075)	0.582493*** (0.0088)
	知识产权保护 (ln(zs))	0.648888 (0.1232)	0.642542* (0.0925)	0.636579* (0.0831)	0.694337** (0.031)
	研发支持 (ln(yf))	0.841413*** (0.0083)	0.483071* (0.0835)	0.20105 (0.4556)	0.157703** (0.0494)
	社会支持 (ln(sh))	0.151721* (0.0588)	0.061146 (0.3170)	0.039192 (0.4651)	0.061722 (0.3215)

续表

变量		Q=0.2 系数	Q=0.4 系数	Q=0.6 系数	Q=0.8 系数
核心竞争力 (ln(cc))	对外支持 (ln(dw))	0.703977 (0.1926)	0.342949 (0.2921)	0.301280 (0.3344)	0.353731 * (0.0970)
	R^2	0.274927	0.258234	0.30189	0.387062
技术竞争力 (ln(tc))	财政支持 (ln(cz))	0.959162 ** (0.025)	0.837149 ** (0.0174)	0.751065 ** (0.017)	0.623055 ** (0.0182)
	知识产权保护 (ln(zs))	0.810554 (0.1359)	0.674189 * (0.1031)	0.667953 * (0.1121)	0.768043 ** (0.0426)
	研发支持 (ln(yf))	0.999432 ** (0.0183)	0.438395 (0.2065)	0.264624 ** (0.0401)	0.223152 ** (0.0413)
	社会支持 (ln(sh))	0.096096 (0.5220)	0.099620 (0.1784)	0.046393 * (0.0849)	0.091073 (0.2849)
	对外支持 (ln(dw))	0.434376 (0.5065)	0.459138 (0.2622)	0.323922 (0.4003)	0.474665 * (0.0701)
	R^2	0.249146	0.219707	0.281096	0.353975
市场竞争力 (ln(mc))	财政支持 (ln(cz))	0.197659 ** (0.0399)	0.249884 (0.2042)	0.520952 *** (0.0009)	0.504871 *** (0.0001)
	知识产权保护 (ln(zs))	0.056249 (0.8412)	0.001903 (0.9946)	0.103959 (0.7110)	0.229631 * (0.0574)
	研发支持 (ln(yf))	0.187200 * (0.0904)	0.025912 (0.9003)	0.136461 (0.5593)	0.166674 (0.4554)
	社会支持 (ln(sh))	0.313822 (0.2223)	0.329736 (0.2320)	0.275903 (0.4054)	0.360151 * (0.0649)
	对外支持 (ln(dw))	0.116819 * (0.069)	0.138082 * (0.0919)	0.131155 ** (0.0156)	0.134849 *** (0.003)
	R^2	0.236451	0.209885	0.317905	0.468811
品牌竞争力 (ln(bc))	财政支持 (ln(cz))	0.938149 *** (0.0081)	0.619615 * (0.0661)	1.019298 ** (0.0248)	0.966436 ** (0.0153)
	知识产权保护 (ln(zs))	0.057085 (0.7931)	0.055265 (0.8316)	0.041353 * (0.1078)	0.043030 (0.6584)

续表

变量		Q=0.2 系数	Q=0.4 系数	Q=0.6 系数	Q=0.8 系数
品牌竞争力(ln(bc))	研发支持(ln(yf))	0.047804 (0.9109)	0.512476 (0.3309)	0.212156* (0.0944)	0.043466 (0.9301)
	社会支持(ln(sh))	1.253838** (0.0283)	0.579095 (0.2124)	0.850061* (0.0767)	0.806726** (0.0477)
	对外支持(ln(dw))	0.301665 (0.6197)	0.477363 (0.5602)	0.399501 (0.6030)	0.469460* (0.0984)
	R^2	0.204978	0.183666	0.242754	0.220711

注：第一排数字为回归系数，括号内为 p 值。*、**、*** 分别表示 10%、5%、1% 的显著性水平。下划线表示不显著。

参 考 文 献

[1] 白仲林. 面板数据模型的设定、统计检验和新进展 [J]. 统计与信息论坛, 2010 (10): 4-13.

[2] 保永文, 马颖. 中国制造业技术创新与产业国际竞争力 [J]. 云南财经大学学报, 2018, 34 (8): 14-28.

[3] 本刊特约评论员. 科技体制改革要充分发挥新型研发机构的"鲶鱼效应" [J]. 中国科学院院刊, 2019, 34 (3): 7-8.

[4] 曹明, 陈荣, 孙济庆等. 基于专利分析的技术竞争力比较研究 [J]. 科学学研究, 2016, 34 (3): 380-385.

[5] 陈春宝, 杨德林. 论利用高技术提高我国产品的国际竞争力 [J]. 国际贸易问题, 1997 (4): 13-18.

[6] 陈来. 创新与发展: 高技术产业竞争力研究 [M]. 经济科学出版社, 2008.

[7] 陈俐, 冯楚健, 陈荣. 英国促进科技成果转移转化的经验借鉴——以国家技术创新中心和高校产学研创新体系为例 [J]. 科技进步与对策, 2016, 33 (15): 9-14.

[8] 陈强. 高级计量经济学及 Stata 应用 [M]. 高等教育出版社, 2016 (4): 252-254.

[9] 陈伟, 方竹兰. 科技类社会组织服务企业创新能力的指标体系研究——基于中关村科技类社会组织调研数据 [J]. 首都师范大学学报: 社会科学版, 2019, 247 (2): 69-78.

[10] 程进, 陈小文, 王晖. 我国技术引进与外商投资的实证分析 [J]. 国际贸易问题, 2003 (10): 33-38.

[11] 储昭昉. 中国高技术产品贸易出口竞争力的实证分析 [J]. 国际经贸探索, 2011, 27 (11): 33-38.

[12] 邓剑秋, 冯桂林. 湖北名牌产品市场竞争力调查与分析 [J]. 湖北社会科学, 2003 (11): 44-46.

[13] 丁然. 中国制造业技术创新与出口的关系研究 [D]. 首都经济贸易大学, 2015.

[14] 丁任重, 蔡竞. 提高四川主要工业产品市场竞争力的思考 [J]. 理论与改革, 2000 (2): 86-90.

[15] 丁文桓, 冯英浚, 康宇虹. 同时面向投入和面向产出的一种数据包络分析 (DEA) 模型 [J]. 数量经济技术经济研究, 2001, 18 (11): 41-44.

[16] 杜莉, 黄晓辰. 大陆与台湾高技术产品在美国市场的竞争状况分析——基于出口相似度指数与转移份额分析方法 [J]. 亚太经济, 2014 (3): 133-138.

[17] 杜莉, 谢皓. 中国与墨西哥高技术产品在美国市场的竞争状况分析——基于出口相似度指数与转移份额分析方法 [J]. 中国软科学, 2011 (10): 46-53.

[18] 段婕, 孙明旭. 高技术产业、传统产业与区域经济三系统耦合协调度实证研究 [J]. 科技进步与对策, 2017, 34 (23): 54-63.

[19] 樊纲. 论竞争力——关于科技进步与经济效益关系的思考 [J]. 管理世界, 1998 (3): 10-15.

[20] 方毅, 徐光瑞. 我国地区高技术产业竞争力评价 [J]. 中国科技论坛, 2009 (5): 69-73.

[21] 方竹兰, 于畅. 论中国原始型创新的流程及治理机制 [J]. 首都师范大学学报 (社会科学版), 2017 (4): 38-49.

[22] 方竹兰. 从人力资本到社会资本 [J]. 学术月刊, 2003 (2): 77-83, 91.

[23] 方竹兰. 论硅谷的超常型默示知识管理制度及其对中国的启示 [J]. 首都师范大学学报 (社会科学版), 2012 (1): 41-49.

[24] 封伟毅, 李建华, 赵树宽. 技术创新对高技术产业竞争力的影响——基于中国 1995-2010 年数据的实证分析 [J]. 中国软科学, 2012 (9): 154-164.

[25] 冯德连, 边英姿. 中部地区高新技术产业外贸竞争力的影响因素与提升对策 [J]. 华东经济管理, 2017, 31 (11): 71-77.

[26] 弗里德里希·奥古斯特·冯·哈耶克. 经济、科学与政治: 哈耶克论文演讲集 [R]. 2003.

[27] 傅禄寿, 朱军, 张斌. 深圳高新技术产业发展的调查与思考

[J]. 上海经济研究, 1999 (9): 38 – 42.

[28] 高正, 陈志军. 产学研合作与动态创新能力的关系研究——战略变革前瞻性和学习承诺的调节作用 [J]. 东岳论丛, 2019, 40 (3): 82 – 94.

[29] 顾晓燕, 刘丽. 知识产权贸易对中国高新技术产业技术创新的影响 [J]. 经济问题探索, 2014 (12): 50 – 54.

[30] 郭东杰. 中国高技术产业内贸易与竞争力分析——"里昂惕夫之谜"的综合解释 [J]. 经济学家, 2010 (9): 19 – 26.

[31] 郭峰濂, 盛水源. 我国高新技术产品对外贸易发展特点、问题及对策 [J]. 国际贸易, 2006 (11): 16 – 21.

[32] 洪嵩, 洪进, 赵定涛. 高技术产业与区域经济共同演化水平研究 [J]. 科研管理, 2014, 35 (6): 84 – 93.

[33] 洪银兴. 关于新时期全面深化改革的几个问题 [J]. 教学与研究, 2015, 49 (9): 35 – 39.

[34] 洪银兴. 制度创新与技术创新是经济增长的源泉——《体制转型期的中国经济增长》评价 [J]. 管理世界, 2001 (3): 217 – 217.

[35] 胡大立, 谌飞龙, 吴群. 品牌竞争力的内涵及其源流分析 [J]. 经济问题探索, 2005 (10): 28 – 31.

[36] 胡亚茹, 陈丹丹. 中国高技术产业的全要素生产率增长率分解——兼对"结构红利假说"再检验 [J]. 中国工业经济, 2019, 371 (2): 138 – 156.

[37] 黄玉沛. 中非共建"数字丝绸之路": 机遇、挑战与路径选择 [J]. 国际问题研究, 2019 (4): 50 – 63.

[38] 黄兆银. 论我国高新技术产业发展的品牌战略——以"武汉·中国光谷"为例 [J]. 科技进步与对策, 2006, 23 (10): 60 – 62.

[39] 江兵, 夏晖, 刘洪. 高技术产品国际市场竞争力中外比较和分析 [J]. 中国软科学, 2000 (2): 70 – 72.

[40] 江苏主要产品市场竞争力系统分析和市场策略研究课题组. 关于江苏产品市场竞争力的研究报告 [J]. 江苏社会科学, 1996 (3): 3 – 7.

[41] 姜博, 马胜利, 王大超. 中国高技术产业创新质量内涵与测度研究 [J]. 社会科学, 2019, 463 (3): 64 – 75.

[42] 金碚, 谢晓霞. 美国高技术产业的创业与创新机制及启示 [J]. 管理世界, 2001 (4): 63 – 70.

［43］李桂春，佟春杰．我国区域高技术产业竞争力分析［J］．中国科技论坛，2009（2）：36－39.

［44］李海超，李志春．高技术产业原始创新系统分析及创新能力评价研究［J］．中国管理科学，2015，23（11）：672－678.

［45］李和宇．武汉市高新技术产业的总量趋势与行业竞争力分析［J］．科技进步与对策，2005，22（7）：130－132.

［46］李金华．新工业革命进程中中国先进制造业的格局与调整路径［J］．学术论坛，2018，41（2）：75－85.

［47］李苗苗，肖洪钧，赵爽．金融发展、技术创新与经济增长的关系研究——基于中国的省市面板数据［J］．中国管理科学，2015，23（2）：162－169.

［48］李勤昌，刘明霞，焦亚南．技术创新、出口本国增加值与全球竞争力——来自中国制造业的证据［J］．宏观经济研究，2019，242（1）：112－126.

［49］李邃．中国高技术产业创新能力对产业结构优化升级的影响研究［D］．南京航空航天大学，2010.

［50］李天籽，王伟，邓丽君．基于PVAR模型的东北地区城市化、工业化与人口集聚分析［J］．人口学刊，2018，40（6）：77－87.

［51］李伟铭，刘骋，王浩．我国区域高技术产业竞争力差异与空间分布特征研究［J］．中国科技论坛，2013，1（4）：65－71.

［52］李向东、季庆庆．创新效率动态演化：基于中国高技术产业的实证研究［M］．光明日报出版社，2014：7－13.

［53］李新春，宋宇，蒋年云．高科技创业的地区差异［J］．中国社会科学，2004（3）：17－30.

［54］李艳．我国高技术制造业产业集中度对市场绩效的影响［D］．湖南大学，2009.

［55］李子奈．高级经济计量学［M］．中国社会科学出版社，2008（6）：46－57.

［56］连燕华，马晓光，李尚昆．我国高技术产品进出口的现状分析［J］．科技管理研究，2001（5）：12－15.

［57］梁莱歆，张永榜．我国高新技术企业技术竞争力实证分析［J］．科研管理，2005，26（1）：19－23.

［58］林峰．财政支出扩张是否加剧了贸易平衡恶化？——对世界主

要经济体的实证考察［J］. 世界经济研究，2015（2）：88－95.

［59］林海明，张文霖．主成分分析与因子分析的异同和SPSS软件——兼与刘玉玫、卢纹岱等同志商榷［J］. 统计研究，2005，22（3）：65－75.

［60］林海明．因子分析的精确模型及其解［J］. 统计与决策，2006（14）：4－5.

［61］林海明．因子分析模型的改进与应用［J］. 数理统计与管理，2009，28（6）：998－1012.

［62］刘爱东，刘亚伟．大中型工业企业核心技术竞争力与R&D投入的实证研究［J］. 科技进步与对策，2008，25（4）：67－69.

［63］刘晶，张冠珏．企业群体的崛起对我国经济改革的影响［J］. 教学与研究，1986（6）：73－75.

［64］刘楠，杜跃平．政府补贴方式选择对企业研发创新的激励效应研究［J］. 科技进步与对策，2005，22（11）：18－19.

［65］刘筱，Sonn J W，王铮．弱研发城市的高技术产业发展——以深圳高技术产业集群发展为例［J］. 科学学研究，2014，32（1）：34－43.

［66］刘永志，何敬中．我国改革开放前的引进国外人才工作［J］. 国际人才交流，2005（1）：36－37.

［67］刘宇，康健，邵云飞．供给侧改革视域下高技术产业创新投入要素与成果产出关系研究——来自我国医药制造业的耦合证据［J］. 科技进步与对策，2019（11）：64－69.

［68］刘玉芬，张目．西部地区高技术产业自主创新能力评价指标体系构建［J］. 科技管理研究，2010，30（14）：82－84.

［69］鲁志国，潘凤，闫振坤．全球湾区经济比较与综合评价研究［J］. 科技进步与对策，2015（11）：112－116.

［70］陆建人．高技术产业与商品经济［J］. 管理世界，1988（2）：171－178.

［71］马轶男．品牌竞争力的评价指标体系的构建［J］. 经济问题探索，2013（3）：153－157.

［72］倪珊．高技术企业技术标准竞争力形成机制研究［D］. 湖南大学，2016.

［73］潘霞，鞠晓峰，陈军．基于因子分析的我国29个地区高新技术产业竞争力评价研究［J］. 经济问题探索，2013（4）：65－69.

[74] 裴长洪，王镭．试论国际竞争力的理论概念与分析方法 [J]．中国工业经济，2002 (4)：41－45.

[75] 秦轶．技术创新、企业社会责任与品牌价值 [D]．南京财经大学，2017.

[76] 秦臻，秦永和．中国高技术产业国际竞争力分析——以航空航天器制造业为例 [J]．中国软科学，2007 (4)：102－108.

[77] 邱士雷，吴宗杰，董会忠．中国高技术产品出口影响因素实证分析——基于时序变量 VAR 模型 [J]．科技管理研究，2017，37 (11)：105－111.

[78] 任胜钢，彭建华．基于因子分析法的中国区域创新能力的评价及比较 [J]．系统工程，2007，25 (2)：87－92.

[79] 尚涛，郭根龙，冯宗宪．我国服务贸易自由化与经济增长的关系研究——基于脉冲响应函数方法的分析 [J]．国际贸易问题，2007 (8)：94－100.

[80] 史及伟．中国高新技术产业发展规律研究 [M]．人民出版社，2007 (6)：128－131.

[81] 舒予．基于因子分析和方差最大化模型的科研评价指标体系构建 [J]．情报杂志，2015 (12)：33－37.

[82] 苏娜．高技术产业与区域经济协调发展研究 [M]．经济科学出版社，2011.

[83] 苏玉娟，董华．企业技术创新的内源动力和外源支持 [J]．山西财经大学学报，2001 (2)：112－113.

[84] 苏治，徐淑丹．中国技术进步与经济增长收敛性测度——基于创新与效率的视角 [J]．中国社会科学，2015 (7)：4－25.

[85] 孙芳丽．基于自组织理论的高技术企业核心竞争力演化机理研究 [D]．山东大学，2009.

[86] 孙文全．我国区域技术市场交易与高新技术产业开发区发展的关系 [J]．科技进步与对策，2003，20 (6)：39－40.

[87] 唐建．高新技术产业高端化与区域经济转型升级——以江苏为例 [J]．江海学刊，2008 (6)：63－67.

[88] 陶用之，曾艳，袁界平．提高我国高新技术产业专利产出水平的对策研究 [J]．科技进步与对策，2006，23 (4)：101－104.

[89] 王缉慈．关于我国高技术产业概念及其有关问题的讨论 [J]．

中国工业经济，1991（11）：42－46.

［90］王建月．中部地区高技术产业技术创新与区域经济协调发展研究［D］．南昌大学，2018.

［91］王磊．高新技术企业雇主品牌竞争力影响机制及其协同进化研究［D］．天津大学，2010.

［92］王伟光，马胜利，姜博．高技术产业创新驱动中低技术产业增长的影响因素研究［J］．中国工业经济，2015（3）：70－82.

［93］王娅莉，杨宏进．高技术产业化的技术获取与竞争力［J］．科研管理，2002，23（1）：42－45.

［94］王勇．我国高新技术企业核心竞争力形成机理研究——基于社会资本的视角［J］．华东经济管理，2012，26（2）：112－114.

［95］王玉，许俊斌．中国高新技术产业发展效率的影响因素［J］．经济管理，2011（9）：17－25.

［96］王玉春．高技术产业及其不同发展阶段的厘定［J］．产业经济研究，2006（6）：76－77.

［97］王正新，郑弘浩，胡稳权．高技术制造业出口贸易波动因素分解——基于恒定市场份额模型的实证分析［J］．中国科技论坛，2017（9）：46－55.

［98］卫兴华．关于深化对劳动和劳动价值理论的认识问题［J］．经济学动态，2000（12）：9－17.

［99］魏洁云，江可申．基于面板向量自回归模型高技术产业创新动态影响的研究［J］．系统管理学报，2014，23（4）：572－577.

［100］魏权龄，卢刚．DEA 方法与模型的应用——数据包络分析（三）［J］．系统工程理论与实践，1989，9（3）：21－30.

［101］温军，张森．经济开放度与中国国际技术创新——基于省际PCT 国际专利申请数据的经验研究［J］．国际贸易问题，2018（11）：120－131.

［102］文丰安，蒋利佳．科教兴国、人才强国与文化强国三大战略的辩证思考［J］．管理世界，2013（1）：178－179.

［103］吴晓波，张好雨．从二次创新到超越追赶：中国高技术企业创新能力的跃迁［J］．社会科学战线，2018，280（10）：92－97.

［104］吴学锋，张晓峒．近单位根过程脉冲响应函数的置信区间［J］．统计研究，2012，29（1）：19－25.

[105] 武海峰，牛勇平．我国高技术产业国际竞争力分析［J］．山东社会科学，2009（18）：167－167.

[106] 肖仁桥，钱丽，陈忠卫．中国高技术产业创新效率及其影响因素研究［J］．管理科学，2012（5）：87－100.

[107] 谢菲．数据包络分析的应用拓展及与主成分分析的相关性研究［D］．天津大学，2003.

[108] 谢言，高山行．基于自主创新的企业技术竞争力研究［J］．科学学与科学技术管理，2013，34（1）：85－96.

[109] 谢章澍，朱斌．高技术产业竞争力评价指标体系的构建［J］．科研管理，2001，22（3）：1－6.

[110] 徐传谌，周渤．中国高技术产业竞争力研究［J］．求是学刊，2014（3）：79－83.

[111] 徐传谌，周渤．中央企业核心竞争力的测度与分析［J］．学习与探索，2014（2）：96－99.

[112] 亚当·斯密．国民财富的性质和原因的研究［M］．商务印书馆，1972（3）：1－5.

[113] 严勇，庄建．国外核心竞争力理论综述［J］．社会科学，2000（4）：77－78.

[114] 严勇．国外核心竞争力理论综述与启示［J］．经济学动态，1999（10）：66－70.

[115] 杨旭，田艳慧，郝翌．测算我国技术进步率及其经济增长贡献率的新方法［J］．数量经济技术经济研究，2017（7）：58－73.

[116] 姚永玲．从创新效率与经济增长关系看科技政策［J］．管理世界，2009（12）：170－171.

[117] 叶文锦．技术创新与高技术产业国际竞争力的研究［D］．浙江工业大学，2012.

[118] 叶小玲，叶晓倩．我国企业竞争力现状分析及核心竞争力的培育［J］．管理世界，2003（5）：143－144.

[119] 余春生，吴添祖，冯勤．高新技术企业发展一般规律研究［J］．软科学，2000，14（3）：21－24.

[120] 余学林．数据包络分析（DEA）的理论、方法与应用［J］．科学学与科学技术管理，1992（9）：27－33.

[121] 俞涔，严焰．高新技术产品出口竞争力分析：浙江案例［J］.

科技进步与对策，2012，29（10）：28－32.

［122］袁建文．高科技企业的品牌竞争力［J］．学术交流，2003（2）：82－85.

［123］曾繁华，龙苗．企业技术竞争力评价指标体系研究：构建、测评与结论［J］．统计与信息论坛，2008，23（8）：9－14.

［124］斋藤优．技术开发论——日本的技术开发机制与政策［M］．科学技术文献出版社，1996.

［125］张达君，赵鑫．高技术产业对经济增长的影响机制及发展建议［J］．经济纵横，2017（10）：87－92.

［126］张可，高庆昆．基于突破性技术创新的企业核心竞争力构建研究［J］．管理世界，2013（6）：180－181.

［127］张鹏，李悦明，张立琨．高技术产业发展的影响因素及空间差异性［J］．中国科技论坛，2015（6）：100－105.

［128］张曙霄，戴永安．异质性、财政分权与城市经济增长——基于面板分位数回归模型的研究［J］．金融研究，2012（1）：107－119.

［129］张同斌，高铁梅．财税政策激励、高新技术产业发展与产业结构调整［J］．经济研究，2012（5）：58－70.

［130］张维群．指标体系构建与优良性评价的方法研究［J］．统计与信息论坛，2006，21（6）：36－38.

［131］张延茜．当代科技全球化的主要特征及动因研究［D］．成都理工大学，2009.

［132］张钟文，叶银丹，许宪春．高技术产业发展对经济增长和促进就业的作用研究［J］．统计研究，2017（7）：39－50.

［133］张子林，胡洋．高新技术产业发展影响因素的灰色关联度分析——以吉林省为例［J］．社会科学战线，2011（12）：91－95.

［134］章成帅．中国高技术产业创新效率研究：一个文献综述［J］．中国科技论坛，2016（4）：56－62.

［135］赵国庆．高级计量经济学——理论与方法［M］．中国人民大学出版社，2014（1）：23－28.

［136］赵学增．论经济增长方式的选择［J］．中国社会科学，1997（4）：102－112.

［137］赵玉林．高技术产业发展对产业结构优化升级作用的实证分析［J］．科研管理，2008，29（3）：35－42.

［138］赵玉林．高技术产业发展与经济增长［M］．中国经济出版社，2010.

［139］郑亚莉，宋慧．中国知识产权保护对高技术产业竞争力影响的实证研究［J］．中国软科学，2012（2）：147－155.

［140］周材荣．FDI、产业聚集是否有助于国际竞争力提升——基于中国制造业PVAR模型的实证研究［J］．经济理论与经济管理，2016，36（10）：56－69.

［141］朱华桂．论企业核心竞争力理论渊源［J］．南京社会科学，2002（9）：16－20.

［142］Abrevaya J. Leapfrog estimation of a fixed-effects model with unknown transformation of the dependent variable［J］. Journal of Econometrics，2012，93（2）：203－228.

［143］Abrigo MRM，Love I. Estimation of Panel Vector Autoregression in Stata［J］. The Stata Journal：Promoting communications on statistics and Stata，2016，16（3）：778－804.

［144］Anderw Campbell，Kathleen Sommers Luchs. Core Competency-based Strategy［M］. International Thomson Business Press，1997.

［145］Arellano M，Bover O. Another Look at the Instrumental Variable Estimation of Error－Components Models［J］. CEP Discussion Papers，1990，68（1）：29－51.

［146］Arellano M. Modelling Optimal Instrumental Variables for Dynamic Panel Data Models［J］. Working Papers，2003，70（2）：238－261.

［147］Arora，A.，Fosfuri，A.，Gambardella，A. Markets for Technology［M］. MIT Press，2002.

［148］Baltagi B H，Feng Q，Kao C. Testing for sphericity in a fixed effects panel data model［J］. Econometrics Journal，2011，14（1）：25－47.

［149］Bargegil A.，Modrego A. The impact of research and technology organizations on firm competitiveness：Measurement and determinants［J］. Journal of Technology Transfer，2011，36（1）：61－83.

［150］Barney J. Firm Resources and Sustained Competitive Advantage［J］. Journal of Management，2009，17（1）：3－10.

［151］Bennett D，Vaidya K. Meeting technology needs of enterprises for national competitiveness［J］. International Journal of Technology Management，

2005, 32 (12): 112 - 153.

[152] Blundell R, Bond S. GMM Estimation with persistent panel data: an application to production functions [J]. Econometric Reviews, 2000, 19 (3): 321 - 340.

[153] Bottazzi G, Secchi A. Explaining the distribution of firm growth rates [J]. Rand Journal of Economics, 2010, 37 (2): 235 - 256.

[154] Brignall T J, Fitzgerald L, Johnston R, . Performance measurement in service business [J]. Financial Management, 1991, 69 (10): 34 - 36.

[155] Buchinsky M, Hahn J. An Alternative Estimator for the Censored Quantile Regression Model [J]. 1998, 66 (3): 653 - 671.

[156] Cefis, E. Ciccarelli, M. Profit differentials and innovation [J]. Economics of Innovation and New Technologies, 2005, 14 (12): 43 - 61.

[157] Cefis E. Persistence in innovation and profitability [J]. Rivista internazionale di scienze sociali, 2003, 111 (1): 19 - 37.

[158] Charnes A, Cooper W W, Rhodes E. Measuring the efficiency of decision making units [J]. European Journal of Operational Research, 1978, 2 (6): 429 - 444.

[159] Chung - Jen Chen. A multiple criteria evolution of high-tech industries for the science-based industrial parkin Taiwan [J]. Information & Management, 2004 (41): 839 - 851.

[160] Chursin A, Makarov Y. Theoretical Approaches to Formation of the Systems of High-tech Industries Competitiveness Management [M]. Management of Competitiveness, 2015.

[161] Cimini G, Gabrielli A, Sylos L F. The Scientific Competitiveness of Nations [J]. Plos One, 2014, 9 (12): 461 - 470.

[162] Clark, K. B. Fujimoto, T. Product Development Performance: Strategy, Organization, and Management in the World Auto Industry [M]. Harvard Business School Press, 2001.

[163] Clive W. J. Granger. Testing For Causality: A Personal Viewpoint [J]. Journal of Economic Dynamics and Control, 1980, 2 (1): 329 - 352.

[164] Coad, A. The growth of firms: a survey of theories and empirical evidence [M]. Edward Elgar Publishing, UK, 2008.

[165] Dasgupta, David P, P. A. Towards a new economics of science

[J]. Harvard business review, 1994, 23 (2): 487 -521.

[166] Davide Castellani, Alfredo Jimenez, Antonello Zanfei. How remote are R&D labs? Distance factors and international innovative activities [J]. Journal of International Business Studies, 2013, 47 (7): 649 -675.

[167] Davies W, Brush K E. High-tech industry marketing: the elements of a sophisticated global strategy [J]. Industrial Marketing Management, 1997 (2): 61 -67.

[168] Diwan, Chakraborty C. High Technology and International Competitiveness [J]. Cancer Letters, 1991, 143 (1): 1 -5.

[169] Dosi, Marengo, Fagiolo. Learning in Evolutionary Environments [M]. Cambridge University Press, 2005.

[170] Doz Y. Managing Core Competency for Corporate Renewal: Towards a Managerial Theory of Core Competencies [J]. Technology in Society, 1996, 7 (2): 105 -125.

[171] Drucker, Peter F. Innovation and Entrepreneurship: Practice and Principles [J]. Social Science Electronic Publishing, 1985, 4 (1): 85 -86.

[172] Eric Von Hipple. Appropriability of innovation benefit as a predictor of the source of innovation [J]. Research Policy, 1982, 11 (2): 110 -115.

[173] Erie Von Hippel. The Sources of Innovation [M]. Oxford University Press, 1988.

[174] Fang - Mei Tseng. Measuring business performance in the high-tech manufacturing industry: a case study of Taiwan's large-ized TFT - LCD panel companies [J]. Omega, 2009 (37): 686 -697.

[175] Fare, Rolf, Shawna Grosskopf, Mary Norris. Productivity Growth, Technical Progress, and Efficiency Change in Industrialized Countries [J]. American Economic Review, 1994, 84 (5): 1040 -1044.

[176] Fisch, Christian, Block, Joern, Sandner, Philipp. Chinese university patents: quantity, quality, and the role of subsidy programs [J]. Journal of Technology Transfer, 2016, 41 (1): 60 -84.

[177] Fisher I, Walras L. Geometrical Theory of the Determination of Prices [J]. Annals of the American Academy of Political & Social Science, 1892, 3 (1): 45 -64.

[178] Freeman J R, Quinn D P. The Economic Origins of Democracy Re-

considered [J]. American Political Science Review, 2012, 106 (1): 58 - 80.

[179] Freeman S. Multinational Enterprise Subsidiaries and their CSR: A Conceptual Framework of the Management of CSR in Smaller Emerging Economies [J]. Journal of Business Ethics, 2014, 122 (1): 125 - 136.

[180] Frisch R. Alfred Marshall's Theory of Value [J]. Quarterly Journal of Economics, 1950, 64 (4): 495 - 524.

[181] Fulvio Castellacci. Innovation and the competitiveness of industries: Comparing the mainstream and the evolutionary approaches [J]. Technological Forecasting & Social Change, 2008, 75 (7): 984 - 1006.

[182] Geroski P. A. , Machin, S. , Van Reenen. The Profitability of Innovating Firms [J]. The RAND Journal of Economics, 1993, 24 (2): 198 - 211.

[183] Graham S. , Sichelman T. Why Do Start-ups Patent? [J]. Berkeley Technology Law Journal, 2008, 23 (3): 1 - 34.

[184] Gschwandtner A. Profit persistence in the "very" long run: evidence from survivors and exiters [J]. Applied Economics, 2005, 37 (7): 793 - 806.

[185] Guellec, D. , Van Pottelsberghe de la Potterie, B. The Economics of the European Patent System [M]. Oxford University, 2007.

[186] Hamel G, Prahalad C K . Strategic Intent: To Revitalise Corporate Performance, We Need a Whole New Model of Strategy [J]. Harvard business review, 1990, 67 (3): 63 - 76.

[187] Hamermesh, Richard G. Making Strategy Work [M]. John Wiley & Sons, 1986.

[188] Hannan, M. T, Carroll. Organizational evolution in a multinational context: entries of automobile manufacturers in Belgium, Britain, France, Germany, and Italy [J]. American Sociological Review, 1995, 60 (4): 509 - 528.

[189] Hardaker C. An Integrated Approach Towards Product Innovation in International Manufacturing organizations [J]. European Journal of Innovation Management, 1998: 67 - 73.

[190] Harrell C, Debreu G. Theory of Value: An Axiomatic Analysis of

Economic Equilibrium [M]. Yale university Press, 1959.

[191] Hartwig J. Is health capital formation good for long-term economic growth? –Panel Granger-causality evidence for OECD countries[J]. Journal of Macroeconomics, 2010, 32 (1): 314 –325.

[192] Helmut Lütkepohl. Variance Decomposition [M]. Macroeconometrics and Time Series Analysis, 2010.

[193] Highsmith J, Cockburn A. Agile Software Development: The Business of Innovation [J]. Economic Review, 2001, 12 (4): 23 –37.

[194] Hofer, Charles, W., Schendel, Dan. Strategy Formulation: Analytical Concepts [M]. West Publishing Company, 1978.

[195] Jaffe, A., Lerner, J. Innovation and Its Discontents: How Our Broken Patent System Is Endangering Innovation and Progress and What to Do About It [M]. Princeton University Press, 2007.

[196] Jie Gao. Service-oriented manufacturing: a new product pattern and manufacturing paradigm [J]. Intell Manuf, 2011, 18 (22): 435 –446.

[197] John Elder. An Impulse Response Function for a Vector Autoregression with Multivariate – GARCH – in – Mean [J]. Economics Letters, 2002, 79 (1): 21 –26.

[198] Joung J, Kim K. Monitoring emerging technologies for technology planning using technical keyword based analysis from patent data [J]. Technological Forecasting & Social Change, 2017, 11 (4): 281 –292.

[199] Jürgen Renn. The History of Science and the Globalization of Knowledge [M]. Springer International Publishing, 2015.

[200] Kelejian H H, Piras G. AJtest for dynamic panel model with fixed effects, and nonparametric spatial and time dependence [J]. Empirical Economics, 2016, 51 (4): 1581 –1605.

[201] Koenker, Roger, Machado, Jose A. F. GMM inference when the number of moment conditions is large [J]. Journal of Econometrics, 1999, 9 (3): 231 –239.

[202] Kris M Y. Law, Relationships with supply chain partners affecting internal operation of high-tech manufactures in TW [J]. Journal of High Technology Management Research, 2009, 3 (20): 31 –39.

[203] Lamoreaux N R, Sokoloff K L. Colloquium Paper: Long-term

change in the organization of inventiveactivity [J]. Proc Natl Acad Sci USA, 1996, 93 (23): 12686 - 12692.

[204] Lamoreaux N R, Sokoloff K L. Inventive activity and the market for technology in the United States, 1840 - 1920 [J]. Nber Working Papers, 1999 (23): 81 - 93.

[205] Lee, Lung-fei, Yu, Jihai. A spatial dynamic panel data model with both time and individual fixed effects [J]. Econometric Theory, 2010, 26 (2): 564.

[206] Lee J, Kim H. Determinants of new product outcome in a developing country: a longitudinal analysis [J]. International Journal of Research in Marketing, 1986 (3): 143 - 156.

[207] Lin Y, Wang Y, Kung L A. Influences of cross-functional collaboration and knowledge creation on technology commercialization: Evidence from high-tech industries [J]. Industrial Marketing Management, 2015 (49): 128 - 138.

[208] ltami, Hiroyuki Roehl, Thomas. Mobilizing Invisible Assets [M]. Harvard University Press, 1987.

[209] Malaga M. The European Patent with Unitary Effect: Incentive to Dominate? [J]. IIC - International Review of Intellectual Property and Competition Law, 2014, 45 (6): 621 - 647.

[210] Mallinckrodt, C. H, Clark, W. S, David, S. R. Type I Error Rates from Mixed Effects Model Repeated Measures versus Fixed Effects Anova with Missing Values Imputed via Last Observation Carried Forward [J]. Therapeutic Innovation & Regulatory Science, 2001, 35 (4): 1215 - 1225.

[211] Malmquist S. Index numbers and indifference surfaces [J]. Trabajos de Estadistica, 1953, 4 (2): 209 - 242.

[212] Markusen A R, Lee Y - S, Di Giovanna S. Second tiercities: rapid growth beyond the metropolis [M]. University of Minnesota Press, 1999.

[213] Markusen A R. Studying regions by studying firms [J]. Professional Geographer, 1994, 46 (4): 477 - 490.

[214] Martinelli D, Cimellaro G P, Renschler C S. Quantification of the Economic Resilience from the Community Level to the Individual Business Level: The Bay Area Case Study [J]. Journal of Business, 2014, 12 (3):

1518 - 1529.

[215] M. B. Priestley, T. Subba Rao. A Test for Non - Stationarity of Time - Series [J]. Journal of the Royal Statistical Society, 1969, 31 (1): 123 - 137.

[216] Ming - Chin Tsai. Demanding choice of high-tech industry for logistics service providers-an empirical case an off-shore science park in TW [J]. Industrial Marketing Management, 2007 (36): 617 - 626.

[217] Mohr J. Marketing of High Technology Products and Innovations [M]. Prentice Hall, 2001.

[218] Mueller, D. The Dynamic of Company Profits: An International Comparison [M]. Cambridge University Press, 1990.

[219] Nard C. A. , Morriss A. P. Constitutionalizing Patents: From Venice to Philadelphia [J]. Nephron Clinical Practice, 2006, 2 (2): 223 - 321.

[220] Nelson, R. R. , Winter, S. G. An Evolutionary Theory of Economic Change [M]. Harvard University Press, 1982.

[221] Oyeyemi Adegbite. Business Incubators and Small Enterprise Development: The Nigerian Experience [J]. Small Business Economics, 2001, 17 (3): 157 - 166.

[222] Peng Y, Wang X. Research on the relationship of the weaker enterprises post-merger brand strategy and consumers' purchase intention [J]. Journal of Marketing Science, 2014, 1 (1): 34 - 52.

[223] Persson K G. Pre - industrial economic growth: social organization and technological progress in Europe [J]. Economic History Review, 2015, 42 (3): 437 - 438.

[224] Polanyi, M. The Tacit Dimension [M]. Anchor Books, 1967.

[225] Porter, Michael, E. Competition Advantage [M]. The Free Press, 1985.

[226] Porter, Michael. Competition Strategy [M]. The Free Press, 1980.

[227] Raymond L, St - Pierre J. R&D as a determinant of innovation in manufacturing SMEs: an attempt at empirical clarification [J]. Technovation, 2010 (30): 48 - 56.

[228] Redden D T, José R. Fernández, Allison D B. A simple significance test for quantile regression [J]. Statistics in medicine, 2004, 23 (16):

2587 –2597.

[229] Rüger S. Innovation Processes [M]. Proteomics in Drug Research, 2012.

[230] Roger W Koenker, Jr. Gilbert Bassett. Regression Quantile [J]. Econometrica, 1978, 46 (1): 33 –50.

[231] Romer, Paul M. Increasing Returns and Long – Run Growth [J]. Journal of Political Economy, 1986, 94 (5): 1002 –1037.

[232] Roshan K. Pandian. Does Manufacturing Matter for Economic Growth in the Era of Globalization? [J]. Social Forces, 2017, 95 (3): 319 –335.

[233] R. Y. Rubinstein, Wiley. Simulation and the Monte – Carlo method [J]. Advances in Mathematics, 1981, 60 (1): 123 –140.

[234] Saji K B, Mishra S S. Antecedents and consequences of technology acquisition intent: empirical evidence from global high-tech industry [J]. Journal of Strategic Marketing, 2012, 20 (2): 165 –183.

[235] Santos E E, Chu P Y. Efficient and Optimal Parallel Algorithms for Cholesky Decomposition [J]. Journal of Mathematical Modelling, 2003, 2 (3): 217 –234.

[236] Schumpeter J A. Capitalism, Socialism, and Democracy [J]. American Economic Review, 1942, 3 (4): 594 –602.

[237] Schumpeter J A. The Theory of Economic Development [M]. Harvard University Press, 1911.

[238] Selznick P. Foundations of the Theory of Organization [J]. American Sociological Review, 1952, 13 (1): 25 –35.

[239] Seppo M, Lilles A. Indicators Measuring University – Industry Cooperation [J]. Social Science Electronic Publishing, 2012, 20 (1): 73 –85.

[240] Shane S. Uncertainty Avoidance and the Preference for Innovation Championing Roles [J]. Journal of International Business Studies, 1995, 26 (1): 47 –68.

[241] Siddivò, M, de Chiara, A. High-tech industry clustering in less favoured areas: International comparison of two aerospace industrial districts in China and Italy [J]. Canadian Journal of Genetics & Cytology, 2012, 22 (1): 27 –33.

[242] Simonen J. , Svento R. , Juutinen A. Specialization and diversity

as drivers of economic growth: Evidence from High – Tech industries [J]. Papers in Regional Science, 2014, 94 (2): 229 – 247.

[243] Solow R M. Technical Change And The Aggregate Production Function [J]. Review of Economics and Statistics, 1957, 39 (3): 312 – 320.

[244] Stobaugh R B., Hayes R H. Nine Investments Abroad and Their Impact at Home: Case Studies on Multinational Enterprise and the U. S. Economy [J]. Harvard Business Review, 1976, 21 (3): 79 – 87.

[245] Takahashi T. The role of knowledge and organisation in the competitiveness of Japanese high-tech industry [J]. International Journal of Technology Management, 2001, 22 (5): 480 – 502.

[246] Thieme R J, Song M, Shin G – C. Project management characteristics and new product survival [J]. Journal of Product Innovation Management, 2003, 20 (2): 104 – 119.

[247] Traill B, Silva J G D. Measuring international competitiveness: The case of the European food industry [J]. International Business Review, 2011, 5 (2): 151 – 166.

[248] Varian H R. Copying and copyright [J]. Nurs Rsa, 2005, 19 (2): 121 – 138.

[249] Warner E. Patenting and Innovation in China Incentives, Policy, Outcomes [J]. Dissertations & Theses – Gradworks, 2015 (1): 37 – 61.

[250] Weinstock H. R, Miller P. D. Innovation – Theory and Practice [J]. The Elementary School Journal, 1975, 75 (5): 316 – 322.

[251] Winter, S. G., Szulanski, G. Replication of organizational routines: Conceptualizing the exploitation of knowledge assets [M]. Oxford University Press, 2002.

[252] Winter, S. G. Towards an evolutionary theory of production [M]. Oxford University Press, 2005.

[253] Yingyi Tsai. Innovative R&D and optimal investment under uncertainty in high-tech industries: an implication for emerging economics [J]. Research Policy, 2009 (38): 1388 – 1395.

[254] Yusuf S, Nabeshima K. Strengthening China's Technological Capability [J]. Policy Research Working Paper, 2007 (38): 1 – 38.